GEORGE BERKELEY

Eine Abhandlung über die Prinzipien der menschlichen Erkenntnis

Nach der Übersetzung von
Friedrich Überweg
mit Einleitung, Anmerkungen und Registern

neu herausgegeben von

ALFRED KLEMMT

FELIX MEINER VERLAG
HAMBURG

PHILOSOPHISCHE BIBLIOTHEK BAND 20

1869 Übersetzt, herausgegeben und mit Anmerkungen versehen von Friedrich Ueberweg ([6] 1920).

1957 Nach der Übersetzung von Friedrich Ueberweg mit Einleitung, Anmerkungen und Registern neu herausgegeben von Alfred Klemmt.

1979 Verbesserter Nachdruck der Ausgabe von 1957.

CIP-Kurztitelaufnahme der Deutschen Bibliothek

Berkeley, George:
Eine Abhandlung über die Prinzipien der menschlichen Erkenntnis / George Berkeley. Nach d. Übers. von Friedrich Ueberweg mit Einl., Anm. u. Reg. neu hrsg. von Alfred Klemmt. – Verb. Nachdr. d. Ausg. von 1957. – Hamburg : Meiner, 1979.
(Philosophische Bibliothek ; Bd. 20)
Einheitssacht.: A treatise concerning the principles of human knowledge ⟨dt.⟩
ISBN 3–7873–0493–2

 Druck: Proff GmbH & Co. KG, Bad Honnef. Einbandarbeiten: Himmelheber, Hamburg. Printed in Germany.

INHALT

Vorwort des Herausgebers

Im Jahre 1869 ist das philosophische Hauptwerk Berkeleys erstmals in deutscher Übersetzung von Friedrich Überweg herausgegeben worden — es war die erste Übersetzung aus dem Englischen überhaupt. Diese für die damalige Zeit vorbildliche, mehrfach wieder aufgelegte Ausgabe ist seit längerem vergriffen und in mancher Hinsicht veraltet. Damals ging ihr die erste vollständige englische Gesamtausgabe Berkeleys von A. C. Fraser parallel. Inzwischen ist das Studium der Lehre eines der klassischen Denker der neueren Zeit wesentlich vertieft worden, was schon darin seinen charakteristischen Ausdruck findet, daß auch dieser Neuausgabe der „Prinzipien" eine wohl endgültige neue englische Gesamtausgabe der Werke Berkeleys parallel geht. Es ist die seit 1948 im Erscheinen begriffene, auf insgesamt neun Bände berechnete Prachtausgabe, die A. A. Luce und T. E. Jessop bei Nelson veranstalten. Die Mehrzahl dieser bewundernswert sorgfältigen, mit einem gelehrten Apparat von umfassender Sachkenntnis ausgestatteten Bände liegt bereits vor, insbesondere sind alle Werke Berkeleys nun im neuen, zeitgemäßen Gewande zugänglich. Der Ausgabe ist zugleich eine eingehende und wahrscheinlich erschöpfende Biographie des Denkers von Luce mit auf den Weg gegeben worden, die 1949 ebenfalls bei Nelson unter dem Titel "The Life of George Berkeley Bishop of Cloyne" erschien. Am Schluß dieser Biographie wird übrigens darauf hingewiesen, daß Berkeleys Ruhm heute höher steht als jemals zuvor und wir gegenwärtig mehr über ihn wissen als irgendeine frühere Generation, seine eigene sogar nicht ausgenommen. Auch von psychoanalytischer Seite aus sind die Persönlichkeit, das Leben und die Philosophie Berkeleys kürzlich einer Durchleuchtung unterworfen worden in einer Schrift von J. O. Wisdom, betitelt "The Unconscious Origin of Berkeley's Philosophy" (London 1953).

Jessop hat die „Prinzipien" auch gesondert bei Nelson herausgegeben (letzte Ausgabe von 1949) unter Zugrundelegung der ersten Auflage von 1710 mit genauer Angabe der Varianten der zweiten Auflage von 1734, desgleichen hat er 1952 eine Auswahl aus Berkeleyschen Schriften ("Berkeley Philosophical Writings") bei Nelson herausgebracht, die neben den frühen

Werken von 1709, 1710 und 1713 auch spätere Schriften („De Motu“ von 1721, „Alciphron“ von 1732 und „Siris“ von 1744) berücksichtigt. Eine besonders wohlfeile Ausgabe der „Neuen Theorie des Sehens“, der „Prinzipien der menschlichen Erkenntnis“ und der „Drei Dialoge zwischen Hylas und Philonous“, eingeleitet von A. D. Lindsay, ist 1954 als Bd. 483 der Everyman's Library wieder aufgelegt worden (allerdings mit veraltetem Literaturverzeichnis) unter dem Titel “A New Theory of Vision and Other Writings“.

Das hervorstechendste Merkmal der alten Ausgabe von Überweg war die Fülle der 42 Seiten umfassenden Anmerkungen, in denen dieser ausgezeichnete Denker es sich hatte angelegen sein lassen, weitreichende philosophiegeschichtliche Zusammenhänge klarzustellen und für ein geschichtliches Verständnis der Philosophie überhaupt werbend auf den Plan zu treten. Nicht zuletzt dank Friedrich Überweg besteht heute ein solches Bedürfnis nicht mehr. Andererseits aber fehlt bei der alten Ausgabe eine Einführung in die philosophischen Hauptprobleme der „Prinzipien“ so gut wie ganz, sie ist insbesondere ersetzt durch einen kurzgefaßten Lebenslauf, der heute in jeder Geschichte der Philosophie oder bei Rudolf Metz („George Berkeley, Leben und Lehre“, Stuttgart 1925, S. 1—43) nachgelesen werden kann und daher für den vorliegenden Zweck auf eine tabellarische Übersicht über die wichtigsten Lebens- und Erscheinungsdaten der Werke Berkeleys reduziert wurde. Jede eingehende Beschäftigung mit dem Leben Berkeleys wird sich freilich auf die oben genannte Schrift von A. A. Luce stützen müssen.

Die vorliegende Neuausgabe legt alles Gewicht auf das Verständnis gerade der Hauptprobleme der Berkeleyschen Philosophie, soweit sie sich um die „Prinzipien“ herumgruppiert, und sucht diesem Verständnis vor allem durch eine Einleitung den Weg zu bereiten, die bei den „Philosophischen Kommentaren“ von 1707/08 (dem fälschlich so genannten „Tagebuch“) einsetzt und mit einer knappen Würdigung der „Drei Dialoge zwischen Hylas und Philonous“ von 1713, der halbpopulären Darstellung der Hauptgedanken der „Prinzipien“, endet. Dabei werden auch die internen Schwierigkeiten des Berkeleyschen Philosophierens beleuchtet, was inbezug auf die „Prinzipien“ in wohlfundierter Weise nur geschehen kann, wenn die Zusätze der zweiten Auflage da, wo sie von Wichtigkeit sind, als solche kenntlich gemacht werden, wie es in dieser Neuausgabe nunmehr geschehen ist.

Die Anmerkungen sind nahezu ausschließlich auf die neuzeitliche Philosophie beschränkt worden und stellen eine ins einzelne gehende Ergänzung zur Einleitung dar. Durch die Hineinarbeitung des seit Überwegs Tode erschienenen umfangreichen Schrifttums über Berkeley (allerdings nur, soweit es die „Prinzipien" betrifft) haben sie ein ganz neues Gesicht erhalten, so daß sie dem gegenwärtigen Stand der Berkeley-Forschung gerecht werden. Von den Überwegschen Anmerkungen ist kaum irgend etwas verwertet worden, und auch dieses wenige hat dann meist einen anderen Sinn erhalten; ich habe daher auch davon Abstand genommen, die gelegentlichen Verwertungen als solche kenntlich zu machen.

Schließlich ist zur Erleichterung des Überblicks über den Gedankengang und den wesentlichsten Inhalt der zwar leicht und flüssig geschriebenen, aber doch recht problemreichen Schrift noch eine Analyse ihres Inhalts beigefügt worden, desgleichen zur schnelleren Gesamtorientierung ein Personen- und ein Sachregister.

Was die Übersetzung anlangt, so ist sie sorgfältig revidiert und da, wo es erforderlich schien, in einen genaueren Einklang mit dem Original gebracht worden. An einer ganzen Reihe von Stellen wurde auch der englische Ausdruck bzw. Text in Klammern neu hinzugefügt. Dadurch, daß der Übersetzung auch das veraltete sprachliche Gewand abgestreift werden mußte, ist keine Seite unverändert geblieben, sondern jede Seite mehr oder minder stark überarbeitet worden, so daß fast von einer Neuübersetzung gesprochen werden kann. Wenn ich mich trotzdem entschlossen habe, den Namen Friedrich Überwegs als Übersetzer stehen zu lassen und überhaupt von einer völligen Neufassung des Textes abzusehen, so deswegen, weil einmal der Kernbestand der Übersetzung durchaus sinngemäß und gediegen ist, und zum andern, weil mir dies auch den historischen Verdiensten Überwegs am besten zu entsprechen scheint, die, wie die neue Gesamtausgabe Berkeleys beweist, im heutigen England noch immer unvergessen sind.

Im übrigen kann ich Überweg darin nur vollauf zustimmen, daß es unter den Werken neuerer Philosophen — abgesehen von den „Meditationen" des Descartes — schwerlich eine Schrift geben dürfte, die so geeignet wäre zur Einführung in die Philosophie der Neuzeit wie die „Prinzipien der menschlichen Erkenntnis" von George Berkeley. Wie immer man zu ihnen auch stehen mag, man wird bereitwillig das Urteil unterschreiben, das der neueste Herausgeber der „Prinzipien" und der „Dialoge“, T. E. Jessop, über die beiden Schriften fällt mit den Worten: “Judged by the criteria of originality of thought and quality of expression both of them are masterpieces“ (Bd. II, Editor's Preface).

Berlin-Hermsdorf, im Oktober 1956

Alfred Klemmt

Einleitung des Herausgebers

Als George Berkeley im frühen Alter von fünfzehn Jahren 1700 das Trinity College in Dublin bezog, lag das Erscheinen des Hauptwerks von John Locke zehn Jahre zurück. Von den Aufsehen erregenden Entdeckungen Isaac Newtons einmal abgesehen, war es dasjenige Werk, das von allen philosophischen Schriften der letzten Zeit damals ganz besonders im Brennpunkt des allgemeinen Interesses stand, so daß sich auch unter den Dubliner Studenten Gruppen zum Zweck der Diskussion der neuen Lehre bildeten, denen sich Berkeley zugesellte.[1]

Damit hatte der junge Denker den Grund und Boden gefunden, auf dem sich seine eigene Philosophie maßgeblich entwikkeln sollte. Denn Berkeley ist ohne Locke so wenig zu denken wie Locke ohne Descartes und wie Hume ohne Berkeley, Locke und Descartes zusammengenommen. So wie Locke mit dem bewußtseinsimmanenten Ansatz des kartesischen cogito ergo sum erstmals systematisch ernst zu machen und, soweit er streng wissenschaftlich eingestellt war (und nicht als Praktiker des Lebens naiv realistisch dachte), eine umfassende Philosophie der unmittelbaren und der mittelbaren Erfahrung des Bewußtseins zu entwickeln versuchte, so liegt die denkerische Leistung Berkeleys darin, diese von Locke eingeschlagene Richtung mit erstaunlichem Radikalismus fortgesetzt und seinen großen Vorgänger in allen Hinsichten auf das entschiedenste bekämpft und weiter entwickelt zu haben, in denen er ihm nicht konsequent genug in seinem Versuch einer kritischen Überwindung der überlieferten Metaphysik gewesen zu sein schien. Dieselbe Leistung, wie sie Berkeley an Locke vollzog, vollzog dann im Sinne der kritischen Sicherstellung einer konsequenten Erfahrungsphilosophie der sog. Bewußtseinstatsachen Hume an Berkeley.

---

[1] Vgl. hierzu A. A. *Luce* „The Life of George Berkeley" London usw. 1949, S. 31/2, 35/6, 38—40, wobei von L. allerdings neben dem Einfluß Lockes derjenige Malebranches überbetont wird, wie dies überhaupt eine Eigenart der neueren englischen Berkeley-Forschung ist, wovon noch zu reden sein wird. Auch der Einfluß Malebranches ist freilich, wie wir sehen werden, sehr erheblich gewesen, wenn Berkeley selber es auch nicht wahrhaben wollte. Über das persönliche Zusammentreffen Berkeleys mit Malebranche a. a. O., S. 70/1.

Daß dies in der Tat der entscheidende Ansatz des Berkeleyschen Philosophierens gewesen ist, beweisen eindeutig jene berühmten Aufzeichnungen — fast 900 an der Zahl —, die der frühreife, geniale Jüngling im Alter von 22 und 23 Jahren vom Sommer 1707 bis zum Frühherbst 1708 in zwei Notizbüchern gemacht hat, die A. C. Fraser in seiner Gesamtausgabe 1871 erstmals aus den Berkeley Papieren des Britischen Museums veröffentlicht hat — allerdings in verkehrter Reihenfolge und mit manchen Mängeln behaftet, wie sich später herausstellte. Fraser hatte den Aufzeichnungen den Titel gegeben „Commonplace Book of occasional metaphysical thoughts“ (als Bd. 196 der „Philosophischen Bibliothek“ 1926 erschienen unter dem Titel „Philosophisches Tagebuch“).

Gegen diesen Titel haben nun die Herausgeber der neuen Gesamtausgabe nachdrücklich Einspruch erhoben und zugleich eine so „drastische“ Überprüfung der Echtheit, des Wortlauts und der Reihenfolge der Eintragungen vorgenommen, daß „recht eigentlich“ ein neues Werk daraus entstanden ist (Bd. I, General Preface). Hinsichtlich des Titels bemerkt Luce: „The notebooks, however, are not a Commonplace book; they are commentaries on the arguments for immaterialism which Berkeley had in his mind, and probably on paper also, before he began to make the entries.“ (Bd. I, S. 3). Als neuer Titel der Notizbuchaufzeichnungen ist nunmehr eingeführt worden *Philosophical Commentaries.* Es versteht sich von selber, daß heute nur noch nach der Numerierung der neuen Gesamtausgabe zitiert werden kann, bei der das zweite Notizbuch (B), das im Exemplar des Britischen Museums in falscher Reihenfolge mit dem ersten (A) zusammengebunden worden war, wie dies seit längerem üblich ist, sinngemäß an erster Stelle steht. Aus allen angegebenen Gründen erscheint auch eine Verweisung auf die deutsche Ausgabe der „Philosophischen Bibliothek“ fortan untunlich.

Ungleich wichtiger indessen als alle diese technischen Dinge sind die Schlüsse, die uns der freilich außerordentlich mannigfaltige Inhalt der „Philosophischen Kommentare“ auf die geistige Verfassung des Denkers unmittelbar vor der Veröffentlichung seiner grundlegenden Werke zu ziehen erlaubt. Mit Recht sagt Luce über ihre Bedeutung: “As an intimate revelation of an author‘s thoughts, this work is perhaps unique in philosophical literature and its importance for the interpretation and genetic study of Berkeley‘s Publications can hardly be overstated." (Life, S. 47.)[2] Übrigens bereitet Buch B in erster Linie die „Theorie des Sehens" von 1709 vor, Buch A dagegen wesentlich die „Prinzipien" von 1710, doch ist diese Einteilung keinesfalls streng, sie gilt nur im großen und ganzen.

Die erste zu treffende Feststellung von grundsätzlicher Wichtigkeit ist nun die, daß die innere Beschäftigung mit Lockes „Essay über den menschlichen Verstand" in den Aufzeichnungen der beiden Notizbücher eine dominierende Rolle spielt. Wohl spiegelt sich die Größe und Fruchtbarkeit der wissenschaftlichen und philosophischen Epoche, in die Berkeley hineingeboren wurde, schon rein äußerlich auch darin, daß etwa ein dutzendmal die Namen Newton, Descartes, Malebranche und Hobbes vorkommen (etwa ein halb dutzendmal auch derjenige Spinozas, während der Name unseres großen Leibniz nur einmal Erwähnung findet), aber etwa sechsmal so häufig wie der meistgenannte dieser Namen begegnet uns derjenige Lockes im Verlauf der Aufzeichnungen dieses Jahres, das von Luce das annus mirabilis der geistigen Entwicklung des werdenden Philosophen genannt wird (Bd. I, S. 5).

Da die Aufzeichnungen lediglich für den privaten Gebrauch vorgenommen worden sind (z. T. als Vermerke, die bei dem Vorwort, der Einleitung, der Problembehandlung der späteren gedruckten Werke beachtet werden sollten), selber also nicht für den Druck bestimmt waren, ermöglichen sie naturgemäß einen unmittelbaren Einblick in die Werkstatt der Berkeleyschen Gedankenbildung und legen dabei auch ein ebenso unwillkürliches wie einwandfreies Zeugnis ab für den überragenden Einfluß Lockes auf Berkeley. Die Frage drängt sich daher auf: inwiefern zeigt sich in diesem „wunderbaren Jahr" der Entstehung der „Philosophischen Kommentare" der Einfluß Lockes als schlechthin grundlegend? Worin stimmt Berkeley seinem großen Vorgänger prinzipiell zu und — worin weicht er von ihm ab?

Wenn wir diese Frage im folgenden zu beantworten versuchen, so liegt es im Wesen der Sache, daß wir hierbei nur diejenigen Partien der „Philosophischen Kommentare" heranziehen (und auch von ihnen nur einige wenige besonders charakteristische im Wortlaut), die eine erste Aufzeichnung der Hauptgedanken der „Prinzipien" darstellen, deren Verständnis damit in vollkommenster Weise der Weg bereitet wird. Nur der so überaus glückliche Zufall, der uns die frühen Aufzeichnungen

[2] Vgl. hierzu auch *Rudolf Metz* „George Berkeley, Leben und Lehre", Stuttgart 1925, S. 7/8.

der beiden Notizbücher erhalten hat, ermöglicht eine so einzigartige Form der Einführung. Und Luce hat nur allzu sehr recht, wenn er in "Berkeley's Immaterialism" (London usw., 2. Aufl. 1950, S. VII) sagt: "This is a new document to-day ..... In the light of this new-old document .... the key doctrines of the 'Principles' can be read more clearly and interpreted more precisely than has hitherto been possible."[3]

Der erste fundamentale Punkt der Übereinstimmung zwischen Berkeley und Locke ist diejenige methodische Grundhaltung, die der Bischof Stillingfleet in seinen so überaus langwierigen und hartnäckigen polemischen Auseinandersetzungen mit Locke the new way of ideas genannt hatte: die These also, daß unsere Erkenntnis es prinzipiell überhaupt nur mit *„Ideen"* als den „unmittelbaren Gegenständen" des Bewußtseins zu tun haben könne. Dem gibt Berkeley z. B. Ausdruck mit den Worten: "Nothing but ideas perceivable" (50). Ein andermal stellt er es als „Axiom" auf: "No reasoning about things whereof we have no idea" (354, 421). Oder er unterstreicht: "All knowledge about our ideas" (378,2, 522). Und auch Berkeley definiert ebenso wie Locke die Idee als "immediate object of thought" (427a). Die These besagt also: Gegenstände der *Erkenntnis* im *eigentlichen* Sinne sind ausschließlich *Ideen.* Darüber hinaus stimmt Berkeley in Buch B zunächst auch dem weitergehenden Lockeschen Grundsatz zu, daß überhaupt kein Wort ohne Idee gebraucht werden darf (312,3, 356, 378,1), ja, auch in späteren Zusammenhängen des Buches A erscheint dieser Grundsatz wieder (abgesehen von 422 in 638 und 639), aber hier erfolgt dann sehr bald (661, 663, 667 usw.) die Einschränkung des Grundsatzes auf die „nichtdenkenden Dinge" — nur von ihnen gibt es fortan, wie wir sehen werden, „Ideen" nach Berkeley —, womit zugleich der Begriff der Erkenntnis (auf den wir noch zurückkommen werden) im engeren Sinne auf Ideen eingeschränkt wird. Vgl. hierzu „Prinzipien" Einführung §§ 19, 20, 24, Hauptteil §§ 27, 89, 135.[4]

[3] Die in Klammern gesetzten Ziffern bezeichnen in den Ausführungen dieser Einleitung stets die Nummern der Eintragungen der „Philosophischen Kommentare" nach der neuen Gesamtausgabe der Werke Berkeleys von Luce und Jessop.

[4] Im Hinblick auf diese ganze Frage sagt T. E. *Jessop* von der Berkeleyschen Philosophie: „It may be roughly described as a logical and empirical purification of the Cartesian ‚way of ideas' or subjectivism, in the large form given to this by Malebranche and Locke" (Bd. II, S. 8). Wie problematisch dieser Versuch einer „logischen und empirischen Reinigung" ist, werden wir bald sehen. Übrigens spielt die Wesensbestimmung der „Ideen" als „unmittelbare Gegenstände des Verstandes" eine große Rolle im *dritten* der „Drei Dialoge zwischen Hylas und Philo-

Die „Ideenlehre" in diesem Sinne ist gleichbedeutend mit der These einer *grundsätzlichen Bewußtseinsimmanenz aller Dinge,* d. h. aller sogenannten Gegenstände des Denkens, die hier von vornherein als bloße Bewußtseinsinhalte aufgefaßt werden. Idee ist gleich Gegenstand gleich Bewußtseinsinhalt. So sagt denn Berkeley ausdrücklich: "We see the Horse it self, the Church it self it being an Idea & nothing more" (427). Ja, er behauptet geradezu, daß die Annahme einer Verschiedenheit von „Ideen" und „Dingen" alle „reale" Wahrheit unmöglich macht und einen allgemeinen Skeptizismus zur Folge hat: „The supposition that things are distinct from Ideas takes away all real Truth, & consequently brings in a Universal Scepticism, since all our knowledge & contemplation is confin'd barely to our own Ideas" (606). Demzufolge sind alle Dinge nur Gedankendinge, die zwar als solche durchaus „existieren" und ein „Sein" haben, aber eben lediglich in einem wie immer gearteten Verstand: "According to my Doctrine all things are entia rationis i. e. solum habent esse in Intellectu" (474). Das hindert freilich nicht, daß die Unterscheidung zwischen entia rationis und entia realia insofern ihren Sinn behält, als entia realia die unmittelbaren oder aktuellen Wahrnehmungen, entia rationis im engeren Sinne dagegen die Einbildungen sind (473, 474 a, 535, 546, 546 a, 582, 657 a, 775, 823, 843). Jedenfalls sind nach alledem Bewußtsein, Wahrnehmung und Existenz der Ideen ein und dasselbe: "Consciousness, perception, existence of Ideas seem to be all one" (578). Mit grundsätzlicher Bestimmtheit heißt es auch im dritten der „Drei Dialoge": »Ist es nicht deine Meinung, daß wir durch unsere Sinne nur die Ideen wahrnehmen, die in unserem Geist existieren?" „Gewiß". (Bd. II, S. 247.) Und schon im ersten Dialog wird die These der Bewußtseinsimmanenz alles Vorstellbaren überhaupt eindeutig festgestellt mit Wendungen wie: „Ohne Frage, das, was vorge-

nous", wo es beispielsweise heißt: „Wenn du unter Ideen Erdichtungen und Einbildungen des Geistes verstehst, dann sind dies keine Ideen. Wenn du aber unter Ideen *unmittelbare Gegenstände des Verstandes* verstehst oder sinnliche Dinge, die nicht unwahrgenommen oder außerhalb des Geistes existieren können, dann sind diese Dinge Ideen." (Bd. II, S. 251.) Daß der Begriff des „unmittelbaren Gegenstandes" ein Unbegriff ist, so etwas wie ein hölzernes Eisen, habe ich in meiner Schrift über „*John Locke* Theoretische Philosophie", Meisenheim am Glan/Wien 1952, S. 31—88 ausführlich dargelegt. Ein Gegenstand kann *als solcher* niemals Bewußtseinsinhalt und ein Bewußtseinsinhalt *als solcher* niemals Gegenstand sein. Diesen Sachverhalt in seinem ganzen Umfang und in seiner vollen Tragweite zu erfassen und alle sich daraus ergebenden Konsequenzen zu ziehen, ist unzweifelhaft eine der erkenntnistheoretischen und ontologischen Hauptaufgaben der Gegenwartsphilosophie.

stellt wird, ist im Geist“ oder „Alles, was unmittelbar wahrgenommen wird, ist eine Idee: und kann irgendeine Idee außerhalb des Geistes existieren?“ (A.a.O., S. 200 ff.).

Eine weitere grundsätzliche Übereinstimmung zwischen Berkeley und Locke liegt in der Auffassung der Wahrnehmung als ausschließlich *passiv*. In diesem Sinne heißt es bei Berkeley: “Whatsoever has any of our ideas in it must perceive, it being that very having, that passive reception of ideas that denominates the mind perceving. that being the very essence of perception, or that wherein perception consists.“ (301.) Das bloße Haben der Ideen also, die passive Aufnahme der Ideen — eben das soll das eigentlichste Wesen der Wahrnehmung ausmachen, das, worin sie besteht. Oder noch einmal kürzer formuliert: “The bare passive reception or having of ideas is call'd perception“ (378, 10). An dieser Stelle erhebt sich nun allerdings eine Schwierigkeit für Berkeley, mit der er schwerstens ringt, nämlich die Interpretation des Verhältnisses von *Wahrnehmung* (perception) und *wahrnehmen* (perceive). Entweder, so scheint es, ist auch das Perzipieren ebenso wie die Perzeption eine Idee — dann müßte es sich dabei freilich um eine andere Art von Ideen handeln —, oder das Perzipieren ist keine Idee, sondern ein Akt (act), eine Wollung (volition) — dann aber kann es schwerlich völlig passiv sein (644—646, 657—660, 663, 667, 672 a—674, 684, 706, 777, 808, 828, 829, 833, 841, 842, 848). Auf dieses Problem wird in Kürze zurückzukommen sein, denn seine Entscheidung ist für den Gesamtcharakter der Philosophie Berkeleys von zentraler Bedeutung, da seine Wesensbestimmung der Kausalität damit aufs engste zusammenhängt, und sich von hier aus der Blick auf eine der grundlegenden Verschiedenheiten der Berkeleyschen Lehre gegenüber derjenigen Lockes eröffnet.

Eine solche Verschiedenheit liegt, obwohl sie an dieser Stelle irrtümlicherweise immer wieder gesehen worden ist und auch Berkeley selber von ihr überzeugt war, nicht vor hinsichtlich des *Partikularismus* der Ideen und seines Widerspiels, der Lehre von den sog. Allgemeinbegriffen oder abstrakten Ideen. Beide nämlich, Locke sowohl als auch Berkeley, lehnen abstrakt-allgemeine Ideen im engeren Sinne des Wortes Idee ab, woraus im Falle Lockes ebenso wie im Falle Berkeleys die nominalistische Begriffsauffassung folgt. Bei Berkeley heißt es schon zu Beginn des Buches A: “No general Ideas“ (401) und an anderer Stelle: “All abstract ideas whatsoever are particular. I can by no means conceive a general idea. 'Tis one thing to abstract one idea from another of a different kind. & another thing to abstract an idea from all particulars of the same kind.“ (497, ferner 512, 513, 524, 552, 564, 566, 586, 591, 594, 602, 642, 688, 703, 725, 779.) Was Locke anlangt, so muß ich in diesem Zusammenhang auf die Darlegungen in meiner diesbezüglichen Schrift verweisen, in der auch auf den Irrtum Berkeleys eingegangen ist.[5]

In einem Falle allerdings hat Locke dem Verdacht, als ob er abstrakt-allgemeine Ideen, die zugleich individuell sind, anerkenne, Vorschub geleistet und zwar im Falle des eben deshalb berühmt gewordenen allgemeinen Dreiecks (Essay Buch IV Kap. 7 § 9). Diese Stelle hat offenbar die leidenschaftliche Polemik Berkeleys entfesselt, und so nimmt er sich denn auch in den „Philosophischen Kommentaren“ vor, von hier aus den „tödlichen Streich“ gegen Locke zu führen (687), aber in Wahrheit handelt es sich dabei lediglich um eine allerdings fatale Unklarheit des Ausdrucks bei Locke. Auch in den diesbezüglichen Abschnitten der „Neuen Theorie des Sehens“ (§§ 122—126) ebenso wie in den „Prinzipien“ (Einführung §§ 15 und 16) spielt das allgemeine Dreieck demgemäß die entscheidende Rolle.

Die wirklichen Unterschiede der Lehren Berkeleys und Lockes, die freilich ihre Gemeinsamkeit nicht nur nicht aufheben, sondern, wie wir sehen werden, nur umso schärfer hervortreten lassen, liegen an ganz anderen Stellen. Die wichtigste dieser Stellen ist naturgemäß das *immaterialistische Prinzip* der Berkeleyschen Philosophie selber, das in den frühen Aufzeichnungen zunächst “the immaterial hypothesis“ genannt (19) und an einer späteren Stelle dann ausdrücklich formuliert wird mit dem vielberufenen “Existence is percipi or percipere“ (429), wobei die beiden letzten Worte bezeichnenderweise erläutert werden durch “or velle i. e. agere“ (429 a), womit vernehmlich das oben näher bezeichnete Problem anklingt. Allem bisher Gesagten zu-

[5] A. a O., S. 106—110. Schon *Metz* hat in bezug auf die Berkeleysche Abstraktionslehre treffend hervorgehoben, „daß die Gegnerschaft gegen Locke keineswegs so radikal ist, wie es den Anschein haben könnte, daß vielmehr weitgehende Übereinstimmung zwischen beiden Denkern vorhanden ist“ (a. a. O., S. 65). Übrigens beruft sich Berkeley im *ersten* der „Drei Dialoge“ auf den Partikularismus der Ideen als eine allgemein angenommene Maxime mit den Worten: „It is an universally received maxim, that every thing which exists is particular“ (Bd. II, S. 192). Daß diese These der ausschließlichen Individualität alles real Existierenden (die z. B. in der Gegenwart noch von Nicolai Hartmann mit allem Nachdruck vertreten wurde) ontologisch ebenso unhaltbar ist wie der ihr methodologisch in der Regel zugeordnete Nominalismus der Allgemeinbegriffe, sei nur beiläufig erwähnt. Vgl. hierzu in meiner oben angeführten Schrift außer dem Kapitel über den Nominalismus (S. 89 ff.) das Kapitel „Zum principium individuationis“ (S. 260 ff.).

folge bedeutet das esse est percipi seinem eigentlichsten Sinn und Wesen nach ebenso sehr: *Sein ist Wahrnehmung* wie *Sein ist Wahrgenommenwerden,* denn zwischen Wahrnehmung (perceptio) und Wahrgenommenem (perceptum), idea und ideatum ist bei Berkeley kein prinzipieller Unterschied. Das Recht und die Tragweite dieses Prinzips wird später eingehend zu erörtern sein. Erläutern wir es zunächst nach einigen Seiten hin anhand der so instruktiven frühen Aufzeichnungen, die ja vor allem das philosophische Hauptwerk Berkeleys unmittelbar vorbereiten.[6]

Nahezu am Beginn der Notizen steht eine besonders radikale Formulierung der ebenso „verblüffenden" wie „einleuchtenden" Wahrheit, die den jungen Denker schier überwältigt: "Nothing properly but persons i. e. conscious things do exist, all other things are not so much existences as manners of the existence of persons" (24). Die hauptsächlichste Arbeit im annus mirabilis wird nun darin bestehen, die systematischen Konsequenzen dieser überwältigenden „Wahrheit" möglichst vollständig zu entwickeln und etwaige Einwände gegen sie zu entkräften. Daß mit diesem Satz aber — entgegen anderen Auslegungen — in der Tat auch die spätere Lehre Berkeleys am reinsten und klarsten ausgesprochen ist, wird sich noch erweisen.

Da ist zunächst die mehrfach unterstrichene Auffassung, daß nur durch das immaterialistische Prinzip die Existenz oder Realität der Dinge gesichert erscheint, insofern nunmehr jedweder Zweifel an ihnen geradezu sinnlos wird. Denn eben die allem Skeptizismus zugrunde liegende Fragestellung, ob die Ideen als Bilder ihren Urbildern „ähnlich" seien oder nicht, entfällt, wenn *die Ideen selber die Urbilder* darstellen, die nur sich selber gleichen können, nicht aber einem wie immer gearteten Etwas, das nicht Idee ist und das mit ihnen zu vergleichen wir gänzlich außerstande sind. Daher begegnen in den verschiedensten Variationen die triumphierenden Feststellungen "The mind can compare nothing but its' own ideas" (378, 18) und "After all nothing can be like an idea but an idea" (484, ferner etwa 46, 47, 51, 280, 299, 861, 862). Vgl. hierzu in den „Prinzipien"

[6] Schon hier sei auf eine verwirrende Unklarkeit hingewiesen, die im Briefwechsel Samuel Johnsons mit Berkeley später eine große Rolle spielt. Berkeley bezeichnet das Sein der Ideen mit percipi und das *Sein* der *Geister* mit *percipere.* Das letzte ist, sofern es nicht eine Nachlässigkeit des Ausdrucks darstellt, unter allen Umständen *falsch,* denn die Seinsweise der Geister selber ist offensichtlich eine *andere* als die ihrer Äußerungs- und Verhaltensweisen und geht darin nicht auf, wie Samuel Johnson Berkeley dann mit großer Eindringlichkeit vorhält. Bei alledem geht es um das schwerwiegende Problem der *geistigen Substanzen.*

die §§ 40, 41, 86—89, 133. Auch im ersten der „Drei Dialoge" heißt es: „Aber wie kann das, was empfindbar ist, dem gleichen, was nicht empfindbar ist? . . . Kann irgend etwas einer Empfindung oder Idee gleichen außer eine andere Empfindung oder Idee?" (Bd. II, S. 206).

Allerdings „existieren" die „Dinge", z. B. irgendwelche Körper, Bäume im Park, Pferde im Stall, Bücher im Studierzimmer, Farben, Gerüche usw., für Berkeley als Ideen auch dann, wenn wir sie nicht wahrnehmen, und zwar als *mögliche* Wahrnehmungen im Geist: esse est percipi posse. Und das heißt letzten Endes als Kräfte der aktiven Seele selber bzw., wie Berkeley sich bisweilen genauer ausdrückt (802), als *Wirkungen* dieser Kräfte: esse est causari. Der erste lateinische Satz drückt die *grundsätzliche* Wesensbestimmung des Seins als *mögliche* Wahrnehmung aus; der zweite, ihn ergänzende die Wesensbestimmung des *aktuell* wahrgenommenen Seins als *tatsächliche* Kraftwirkung, in vollständiger Formulierung also: esse est percipi et causari oder, da das Sein ja in der Wahrnehmung selber besteht, die Verursachung der Wahrnehmung zugleich die Verursachung des Seins ist: esse est percipi causari. Mit Berkeleys eigenen Worten: "Bodies etc do exist whether we think of'em or no, they being taken in a twofold sense. Collections of thoughts & collections of powers to cause those thoughts. these later exist, tho perhaps a parte dei it may be one simple perfect power." (282.) Freilich gibt es, wie wir wissen, keinerlei Existenz außerhalb des Geistes überhaupt: "Houses trees etc tho' indefinitely extended matter do exist. are not without the mind." (289). Und: "Impossible any thing Besides that wch thinks & is thought on should exist. Making thought to be active." (437 und 437 a). Daher ist denn auch die Existenz der Dinge selber nichts von der Einbildung oder Wahrnehmung der Dinge Verschiedenes: "The Existence of any thing imaginable is nothing different from Imagination or perception" (792, ferner 79, 80, 98, 185 a, 312,1, 347, 363, 408, 472, 473, 477 a, 547, 563, 589, 800—802, 874, 878, 882).

Damit ist, so sollte man meinen, dasjenige zurgenüge klargestellt, was Berkeley unter „Existenz" und „Realität" der Dinge versteht. Dadurch daß er diese Ausdrücke ohne jede Einschränkung auf die „Ideen" anwendet, die für ihn ja die „Dinge" sind, hat er seine Leser und Interpreten bis zum heutigen Tage immer wieder irregeführt und nicht selten zu der Meinung veranlaßt, als ob er an der Existenz und Realität der „Dinge" gar nicht rüttele, sondern lediglich ihren *Bezug* zu einem wahrnehmenden, vorstellenden oder denkenden Geist lehre im Sinne der grundsätzlichen Bedingtheit eines Objekts durch ein Subjekt überhaupt.[7] In Wahrheit entfällt bei Berkeley gerade dieser *Bezug* des Geistes zu den Dingen vollständig, denn, um es noch einmal mit allem erdenklichen Nachdruck zu unterstreichen, verwechselt bzw. identifiziert Berkeley Wahrnehmung und Wahrgenommenes, perceptio und perceptum, idea und ideatum, cogitatio und cogitatum oder wie immer man diesen grundlegenden und für eine erste elementare Klärung des vorstellungs- und erkenntnistheoretischen Sachverhalts schlechthin entscheidenden Unterschied bezeichnen mag. Oder noch einmal anders ausgedrückt: Bewußtseins*gegenstände* macht Berkeley zu Bewußtseins*inhalten* und zwar mit einer Vorbehaltlosigkeit und Radikalität, daß er damit dem Fundamentalirrtum des von Descartes und Locke herkommenden Bewußtseinsidealismus die schärfstmögliche Ausprägung gibt, worin gerade der so überaus instruktive Wert seiner Lehre und seine philosophische Originalität beschlossen liegt, die eben auch, wie Berkeley beweist, in der konsequentesten Weiterverfolgung von Fehlrichtungen des Denkens bestehen kann.

Zur richtigen Einschätzung dieser Leistung aber ist es unerläßlich, daß man sich völlig darüber klar wird, daß hier nicht einer der überhaupt möglichen Standpunkte und womöglich gar ewigen, sozusagen idealtypischen philosophischen Systemgedanken vorliegt, sondern ein philosophischer Kurzschluß, der als solcher bis in alle Einzelheiten hinein nachweisbar ist. Dabei ist es auch ganz gleichgültig, ob man ihn so formuliert, daß man sagt: Berkeley macht *Gegenstände* der Wahrnehmung (Dinge) zu *Wahrnehmungen* (Ideen) oder *Wahrnehmungen* (Ideen) zu Wahrnehmungs*gegenständen* (Dingen). Beides kommt im Endeffekt bei Berkeley völlig auf eines heraus.[8] Das, was Berkeley kurzerhand in eins setzt, ist in Wahrheit völlig von einander

---

[7] Dieser Täuschung unterliegt beispielsweise auf deutscher Seite *Metz* (a.a.O., S. 83/4, 86/7, 89, 93—95, 114—116). Daß eine wechselseitige Subjekt-Objekt-Bedingtheit, recht verstanden, keinen „Subjektivismus" bedeutet und keine „bewußtseinsidealistische" These ist (wofür sie auch Schopenhauer unter Berufung auf Berkeley fälschlich hielt) — eine Auffassung, die sogar in der Gegenwart noch von Karl Jaspers und Martin Heidegger geteilt wird —, sei hier nur im Vorbeigehen angemerkt.

[8] Das vermag *Metz* nicht zu sehen (a. a. O., S. 83 und 89), der sich insbesondere durch eine Stelle im *dritten* der „Drei Dialoge" irritieren läßt, an der Berkeley sagt: „Ich will nicht Dinge in Ideen verwandeln, sondern vielmehr Ideen in Dinge. Denn jene unmittelbaren Gegenstände der Wahrnehmung, die nach dir nur Erscheinungen der Dinge sind, nehme ich für die wirklichen Dinge selbst." Daß der hier verwendete Begriff der Erscheinung (appearance) nicht der Kantische ist, wird noch hervorzuheben sein. Zum Begriff der „unmittelbaren Gegenstände" vgl. die Anmerkg. auf S. XIII.

verschieden. Die Wahrnehmung des Gegenstandes (des Wahrnehmungsobjektes) und die Wahrnehmung der Gegenstandswahrnehmung (als Objekt) sind zwei ganz verschiedene Arten von Wahrnehmung, deren jeweils unaufhebbaren Sondercharakter wir mit den Begriffen der intentio recta und der intentio obliqua zu bezeichnen uns gewöhnt haben.

Dies mußte mit aller Entschiedenheit schon an dieser Stelle kritisch vorweggenommen werden, damit wir uns nicht irreführen lassen, wenn Berkeley erklärt, daß an der „Realität" der Dinge oder der Natur nach seiner Lehre nicht zu zweifeln sei: "On my Principles there is a reality, there are things, there is a rerum Natura" (305). Wir können, so versucht uns Berkeley zu überreden, ganz außer Sorge sein: wir „verlieren nichts" durch die Generalthese des Immaterialismus, und „wie wild, wie extravagant und absurd wir immer auch ein wirkliches Ding oder eine Chimäre konzipieren oder einbilden mögen", wir sollen uns dessen weiterhin „erfreuen", wir sollen dessen nicht „beraubt" werden (518). „Jedes Ding ist so real wie es immer war" (807) — nur eben als „Idee"! —, denn „Ideen der Sinne sind die wirklichen Dinge oder Archetypen, Ideen der Einbildungen, Träume usw. sind Kopien, Abbilder von ihnen" (823). Das allein ist nach Berkeley die wahre Bedeutung von „Realität" und „Existenz". Weil die Menschen sie seiner Meinung nach niemals begriffen haben, sind sie, so ist er überzeugt, in all die Irrtümer, Verwirrungen und Zweifel gefallen, denen sie bisher ausgesetzt waren (491, 593, 604, 783). Vgl. zur Frage der „Realität" und „Existenz" der Ideen in den „Prinzipien" die §§ 33—39, 48, 90 und 91.

Aber um es noch einmal unmißverständlich klarzustellen: die „Existenz" und die „Realität" der Idee im Geist ist etwas ganz Anderes als die Existenz und die Realität des in und mit der Idee erfaßten Gegenstandes dieser Idee (oder Vorstellung). Die eine stellt einen bewußtseins*immanenten* und die andere einen bewußtseins*transzendenten* Phänomenbereich dar, um nur dies eine Moment, das freilich ein kardinales ist, mit dem alle anderen Unterschiede zutiefst zusammenhängen, an dieser Stelle hervorzuheben. Denn die Seinsweise der „Ideen" (oder Vorstellungen) *im* Geist ist ein ebenso schwieriges wie eigentümliches Problem, das Berkeley völlig ungeklärt gelassen und mit jugendlicher Naivität als vermeintlich keinerlei Schwierigkeiten darbietendes Faktum ansehen zu können geglaubt hat. Den *zweiten* Teil der „Prinzipien der menschlichen Erkenntnis", der u. a. dies Problem behandeln sollte, ist uns Berkeley für immer schuldig geblieben (vgl. Anmerkung 9 auf S. 121 dieser Schrift), und auch dann ist er nicht weiter auf das Verhältnis von Geist und Idee eingegangen, als sein amerikanischer Freund und Schüler Samuel Johnson ihn auf das Gewicht der Seinsfragen, die hier beschlossen liegen, auf das nachdrücklichste hinwies (vgl. die Anmerkung auf S. LVI dieser Einleitung). So müssen wir uns denn stets vor Augen halten, daß Berkeley zwar mit bewundernswertem jugendlichem Elan ein philosophisches System von hoher Eigenart und Selbständigkeit konzipierte, es aber nur in den Grundzügen umriß, alle seine tieferen Zusammenhänge und Probleme dagegen auf sich beruhen ließ.

Gehen wir indessen noch etwas genauer der Art der Erfassung der Existenz und der Realität der Ideen nach, soweit Berkeley sie überhaupt in Erwägung gezogen hat. Seine diesbezügliche Methode unterscheidet sich von derjenigen Lockes grundsätzlich dadurch, daß bei Berkeley der Unterschied zwischen äußerer und innerer Wahrnehmung, *Sensation* und *Reflexion* entfällt; sie werden miteinander *identisch:* die sog. äußere Wahrnehmung ist als solche zugleich Wahrnehmung des „inneren“ Sinnes. Wie schwierig die konsequente Durchführung der Unterscheidung von sensation und reflection schon bei Locke wird, habe ich bei der Behandlung dieses Problems in meiner Gesamtdarstellung der theoretischen Philosophie Lockes nachgewiesen.[9] Die prinzipielle Aufhebung dieses Unterschiedes ist eine der großen Vereinfachungen, durch die das System Berkeleys zustande kommt. Daß er sich hierbei freilich in Widersprüche verwickelt und an einer Reihe von z. T. sehr gewichtigen Stellen die Reflexion im Lockeschen Sinne (als innere- oder Selbst*wahrnehmung)* ausdrücklich in Anspruch nimmt, wird noch hervorzuheben sein. Im großen und ganzen kann man gleichwohl Luce zustimmen, wenn er sagt, daß „Berkeley Lockes Ideen der Reflexion aufgab“ (Bd. I, S. 127), vorausgesetzt, daß man dabei im Auge behält, daß Berkeleys sensation der Lockeschen reflection zuzurechnen ist, da ja das Sein der Idee mit ihrem Sein als Bewußtseinsinhalt zusammenfällt, jede sensation also zugleich reflection ist. Zwar werden von Berkeley die durch die Sinne veranlaßten Ideen als Sensationen von den durch die Tätigkeiten des Geistes veranlaßten Ideen als Gedanken unterschieden (286, 378, 3-9, 490), aber in Beantwortung der Frage, „ob es irgendeinen wirklichen Unterschied gibt zwischen gewissen Ideen der Reflexion und anderen der Sensation“, heißt

[9] A. a. O., S. 46—57.

es eindeutig: "wherein I pray you does the perception of white differ from white" (585). Und mit grundsätzlichem Nachdruck wird festgestellt, daß „die Unterscheidung zwischen einer Idee und ihrer Wahrnehmung eine große Ursache für die Einbildung von materiellen Substanzen gewesen ist" (609), und daß durch die Unterscheidung zwischen Idee (oder Ding) und Wahrnehmung der Idee (oder des Dinges) — als ob das erste eine Sache der Sensation sei, das zweite aber eine Sache der Reflexion — der trügliche Schein entstanden ist, wie wenn das Ding (die Idee!) „draußen existierte" (656, vgl. auch 692 und 792).

Von hier aus fällt nun auch wenigstens einiges Licht auf das Problem, mit dem Berkeley so schwer gerungen hat: die möglichst widerspruchslose Interpretation von *Perzeption* und *Perzipieren.* Zunächst möchte er — wegen der gänzlichen Passivität der Wahrnehmung (in jenem doppelten Sinne!) — eine Wahrnehmung ohne Wollung einräumen (645, 659), während er von vornherein einen Akt des Willens ohne Wahrnehmung für unmöglich erklärt (674), da der Wille durch irgend etwas in Erregung versetzt werden muß. Schließlich aber gilt für ihn auch die Umkehrung; eine Wahrnehmung gibt es ebenso wenig ohne Wollen wie umgekehrt: "It seems to me that Will & understanding Volitions & ideas cannot be severed, that either cannot be possibly without the other" (841, vgl. auch 672 a, 777, 808, 833). Was nun hierbei den Unterschied von Perzeption und Perzipieren anlangt, so bedeutet der Inbegriff bzw. „das Gemengsel" der Perzeptionen den Verstand als Tatsache genommen bzw. seinen Inhalt: "Mind is a congeries of Perceptions" (580); der Verstand als ausgeübte Fähigkeit dagegen, also als Perzipieren genommen, ist nicht verschieden vom Willen: "The Understanding taken for a faculty is not really distinct from the Will" (614 a) und: Will and Understanding "not being even ratione different from the Spirit, Qua faculties, or Active" (871). Welche Schwierigkeiten Berkeley hatte, hier eine klare und eindeutige Haltung einzunehmen, zeigt noch sein Hauptwerk, das zwar in den Paragraphen 2, 27, 28 und 135 bis 139 die Endposition der „Kommentare" zum Ausdruck bringt, im ersten Satz von § 1 dagegen und in den §§ 25, 35 und 68 verwirrende Reminiszenzen an Lockes *Reflexion* in die Aufzählung der Ideen einmischt. Es ist daher auch nicht richtig, wenn Luce sagt, daß die „Prinzipien" die Reflexion im Lockeschen Sinne nicht erwähnen (Bd. I, S. 129), denn in den §§ 25 und 68 wird sie ausdrücklich, zu Beginn des § 1 (und anscheinend auch in

§ 35) tatsächlich als reflexion im Unterschied von sense in bezug auf *Ideen* von Berkeley in Anspruch genommen.[10]

Alle diese Schwierigkeiten werden in höchst charakteristischer Weise beleuchtet durch einen sehr gewichtigen Zusatz, den Berkeley bei der zweiten Auflage der „Prinzipien" dem § 89 beigegeben hat. Dieser Zusatz beginnt mit den Worten: "We comprehend our own existence by inward feeling or reflexion, and that of other spirits by reason. We may be said to have some knowledge or notion of our minds, of spirits and active beings, whereof in a strict sense we have no ideas" usw. (S. 75-76 dieser Schrift). Sowohl der Gebrauch des Begriffes der *Reflexion* als auch der des Begriffes der *Erkenntnis* ("some knowledge or notion of our minds") und nicht zuletzt der des Begriffes der *Idee* in diesem Zusatz verraten den überaus problematischen Charakter der Berkeleyschen Position, der auch in § 140 recht merklich wird, wo die Seele im Vorbeigehen eine Idee genannt wird, nachdem zu Beginn des Paragraphen bereits darauf hingewiesen worden ist, daß wir „in einem weiteren Sinne" durchaus „eine Idee oder vielmehr einen Begriff[11] vom Geist haben", da wir ja sonst die Bedeutung des Wortes Geist gar nicht verstehen würden. Auch § 142 deckt in seinem bei der 2. Aufl. hinzugefügten, übrigens größeren Teil die Berkeleyschen Schwankungen in einem Maße auf, daß darüber sein ganzes System ins Wanken kommt, das ja doch auf der Nicht-„Idealität" des Geistes (d. h. darauf, daß geistiges Sein keine „Idee" ist) beruht. Auf die bei alledem entscheidende Handhabung des Begriffes der Erkenntnis werden wir sogleich noch zurückkommen.

Immerhin steht nun mit alledem der Begriff der Seele (soul, mind, spirit, I, my self) grundsätzlich fest. Sie ist das *aktive Prinzip schlechthin* (sogar actus purus) und umfaßt kraft ihrer Aktivität sowohl den *Verstand* als auch den *Willen:* "The Will is purus actus or rather pure Spirit" (828) und "I must not

[10] Für den Beginn des § 1 möchte Jessop nur eine „zweifellos vorsätzliche Vagheit" zugeben (Bd. II, S. 41), während er die anderen Fälle gar nicht registriert. Vgl. hierzu Anmerkung 10 auf S. 121-123 dieser Ausgabe.

[11] Die Worte or rather a notion sind in der 2. Aufl. hinzugefügt worden, finden sich allerdings schon im Berkeleyschen Originalmanuskript, sind hier aber wieder gestrichen worden — auch dies ein Zeichen der Berkeleyschen Unsicherheit in all diesen Hinsichten, bei denen es sich keineswegs nur um terminologische Fragen handelt. Das im Britischen Museum befindliche Originalmanuskript der „Prinzipien" setzt bei § 85 ein und geht bis zum ersten Satz von § 145. Allerdings genügt schon die bloße Tatsache, daß das Wort notion im Originalmanuskript der „Prinzipien" an dieser Stelle vorkommt, um alles Gerede von einer „rationalistischen" *Entwicklung* Berkeleys zwischen beiden Auflagen als grundsätzlich gegenstandslos erscheinen zu lassen.

Mention the Understanding as a faculty or part of the Mind, I must include Understanding & Will etc in the word Spirit by wch I mean all that is active" (848, vgl. auch 478 und 478 a). Zugleich konsolidiert sich abschließend nun auch der *Seins*begriff. Sein ist dingliches, ideelles Sein *und* Willens- oder Kraft-Sein: "Things are two-fold active or inactive, The Existence of Active things is to act, of inactive to be perceiv'd" (673). Das Eine ist sinnlich, das Andere ist unsinnlich, übersinnlich, geistig: "The Will is . . . . not imaginable, not sensible, not intelligible, in no wise the object of the Understanding, no wise perceivable" (828, vgl. auch 362 a, 576-581, 587, 684, 706). Vom Einen gibt es Ideen, vom Andern aber, von der Seele, gibt es keine Ideen und daher auch keine Erkenntnis im engeren Sinne: „Substance of a Spirit is that it acts, causes, wills, operates, or if you please (to avoid the quibble that may be made on the word it) to act, cause, will, operate its' substance is not knowable not being an Idea" (829, auch 230, 523, 643, 644, 701, 847). Vgl. zu diesem Absatz die §§ 2, 7, 27, 138 und 141 der „Prinzipien" sowie im dritten der „Drei Dialoge" die Feststellung: „Wille und Verstand konstituieren im striktesten Sinne ein Gemüt oder einen Geist." (Bd. II, S. 240.)

Und um es noch einmal zu betonen: daß Willensäußerungen keine Ideen sein können, liegt für Berkeley darin begründet, daß eine inaktive Idee keinerlei Ähnlichkeit mit etwas Aktivem haben kann: "An Idea being it self unactive cannot be the resemblance or image of an Active thing" (684). Somit wird der Unterschied aktiv — passiv zum Angelpunkt des Berkeleyschen Systems. Passiver Gegenstand und aktive Kraft, Idee und Geist schließen einander aus und sind toto coelo von einander verschieden; aber nur der Geist hat ein selbständiges, substantielles Sein, die Idee dagegen nur ein unselbständiges, vom Geist abhängiges Sein; darin liegt zugleich die Notwendigkeit des Zusammenhanges beider Seinsarten beschlossen. Dies stellt das Hauptwerk abschließend fest mit den lapidaren Sätzen: "*Thing* or *being* is the most general name of all, it comprehends under it two kinds intirely distinct and heterogeneous, and which have nothing common but the name, viz. *spirits* and *ideas*. The former are *active, indivisible substances:* the latter are *inert, fleeting, dependent beings,* which subsist not by themselves, but are supported by, or exist in minds or spiritual substances." (§ 89, S. 75 dieser Schrift, vgl. auch die §§ 137-139, 142.)[12]

[12] Vgl. hierzu ferner im *dritten* der „Drei Dialoge" die Worte: „Das Gemüt, der Geist oder die Seele ist jenes unteilbare, unausgedehnte Etwas

An dieser Stelle sind einige Bemerkungen über den Begriff der *Erkenntnis* bei Berkeley unerläßlich. In der Lockeschen Philosophie ist die Erkenntnis auf Ideen beschränkt und zwar auf die Feststellung der zwischen ihnen bestehenden Verhältnisse oder Beziehungen (the perception of the connexion and agreement or disagreement and repugnancy of any of our ideas), während Denken im weitesten Sinne des Wortes bei Locke das bloße Haben der Ideen bedeutet, wobei jedes Wort für eine Idee stehen muß, wenn es sinnvoll und gerechtfertigt sein soll. Auch Berkeley geht, wie wir angemerkt haben, zunächst von dieser weiteren Bedeutung der Idee aus, schränkt dann aber schon in den „Kommentaren" die Ideen auf den Bereich der sinnlichen Wahrnehmung und der aus ihm abgeleiteten Vorstellungen ein, während er alle Gefühls- und Willensäußerungen der Seele sowie jedwede geistige Substanz davon ausschließt. Hand in Hand damit geht die Neigung Berkeleys, auch die Erkenntnis auf Ideen einzuschränken, so daß im engeren und eigentlichen Sinne weder irgendwelche Affektionen oder Akte der Seele noch ihre Träger (Einzelgeister, Gott usw.) erkennbar sind. Neben diesem engeren Erkenntnisbegriff gibt es aber bei Berkeley von Anfang an einen *weiteren,* der auch das Innewerden aller Regungen und Tätigkeiten der Seele sowie ihrer eigenen Existenz und der Gottes einschließt. Dies bringt nun Berkeley nicht nur in terminologische, sondern auch in sachliche Schwierigkeiten (z. B., wie wir gesehen haben, bei der Unterscheidung von Perzeption und Perzipieren, welch letzteres wegen seines vermeintlich passiven Charakters eine Idee und wegen seines Charakters als seelische Äußerung das Gegenteil davon zu sein scheint). Am messerscharfen Unterschied von aktivem und passivem Sein hängt in der Tat das ganze, die Dinge so ungeheuer vereinfachende System Berkeleys. Jede Aufweichung der „Idee" oder aber auch des „Aktus" muß hier verhängnisvoll sein. Die Lösung, soweit von einer solchen überhaupt geredet werden kann, bringt erst die zweite Auflage der „Prinzipien".

Zu Beginn des § 86 wird die menschliche Erkenntnis in zwei

(thing), das denkt, handelt und wahrnimmt. Ich sage *unteilbar,* weil unausgedehnt, und *unausgedehnt,* weil ausgedehnte, gestaltete, bewegliche Dinge Ideen sind; und dasjenige, was Ideen wahrnimmt, was denkt und will, ist offenbar selber keine Idee noch einer Idee ähnlich. Ideen sind untätige und wahrgenommene Dinge: und Geister eine Art gänzlich von ihnen verschiedener Wesen. Deshalb sage ich nicht, meine Seele sei eine Idee oder einer Idee ähnlich." (Bd. II, S. 231.) Im gleichen Dialog heißt es einige Seiten weiter kurz und bündig: „Es gibt nichts in der Welt als Geister und Ideen" (235).

Klassen eingeteilt, in die von Ideen und in die von Geistern. Der große Zusatz der zweiten Auflage zu § 89 stellt nun, wie wir bereits hervorgehoben haben, zu Beginn fest, daß wir unsere eigene Existenz „durch *inneres Gefühl* oder durch *Reflexion* erfassen", womit Berkeley ohne Zweifel in eine unmittelbare Nähe zur Lockeschen reflection gerät, die ja zur Perzeption aller Ideen unserer Innenwelt (Tätigkeiten der Seele usw.) dient und die Berkeley gerade wegen seiner Beschränkung der Idee auf „Sensationen" vermeiden wollte. Auch er also vermag der Reflexion offenbar nicht zu entraten und sich auch nicht der Einsicht zu verschließen, daß wir, wie es des weiteren an der genannten Stelle heißt, von Geistern, also von jeder Art von geistigem Sein *„einige Erkenntnis* (some knowledge) oder einen *Begriff* (notion) haben", wenn auch „im strikten Sinne" keine „Ideen". Eben hier handelt es sich um jene *weitere* Fassung des Terminus Erkenntnis, für die nun in der zweiten Auflage der „Prinzipien" der *Begriff* das eigentliche methodische Korrelat wird.

In den Paragraphen 27 und 135 wird z. B. noch darauf bestanden, daß es von Geistern keine Ideen gibt. Auch in § 142 wird (soweit der Text der ersten Auflage reicht) auf das stärkste unterstrichen, daß „Existenz" oder „Erkenntnis" im Falle von Geistern und Ideen so völlig von einander verschieden sind, daß sie überhaupt nichts Ähnliches oder Gemeinsames mit einander haben (there is nothing alike or common in them). Aber hier eben (in § 142) sucht nun eine große Hinzufügung der zweiten Auflage den Erkenntnisbegriff endgültig klarzustellen. Der Grundgedanke ist, um damit alles Bisherige noch einmal zusammenzufassen, hierbei folgender. Was ich *weiß,* davon habe ich auch einen gewissen *Begriff* (what I know, that I have some notion of). Da ich nun ein Wissen von *Geistern,* ihrer Existenz, ihren Tätigkeiten usw. habe, muß ich auch *Begriffe* (notions) von ihnen haben, widrigenfalls ich ja auch mit den entsprechenden Worten, die diese Begriffe bezeichnen, gar keinen Sinn zu verbinden vermöchte. Wenn es die Welt durchaus so haben will, bemerkt Berkeley in diesem Zusammenhang, können also die Ausdrücke „Idee" und „Begriff" wechselseitig für einander gebraucht werden (they may be used convertibly), da es sich, alles in allem, um eine terminologische Frage handele (this is after all an affair of verbal concern) — ein überaus interessantes Zugeständnis. Und schon in § 140 hatte Berkeley im Rahmen der ersten Auflage von „Ideen im weiteren Sinne" in bezug auf die Geister gesprochen unter Hinweis darauf, daß wir doch in verstehbaren Worten von ihnen reden, sie also offenbar begrifflich erfassen.[13]

Erwägt man nun, daß wir auch die Phänomene des sinnlichen Seins mit verstehbaren und daher sinnvollen Worten bezeichnen (und nicht nur etwa geistige Dinge), so ist die Quintessenz von alledem, daß einerseits von Ideen im weiteren und Begriffen im engeren Sinne, andererseits von Ideen im engeren und Begriffen im weiteren Sinne gesprochen werden darf: das erste im Falle des *geistigen*, das zweite im Falle des *sinnlichen* Seins. Anders ausgedrückt, auch das geistige Sein ist in gewissem Sinne *Idee*, aber auch das sinnliche Sein in gewissem Sinne *Begriffsgegenstand*. Das schwächt nun aber den als abgrundtief und unüberbrückbar proklamierten Gegensatz zwischen Geist und Idee auf eine Weise ab, die diese Seinslehre selber ins Wanken bringt, und macht Zusammenhänge offenbar, die sie nicht zu bewältigen vermag, wie denn insbesondere etwa auch der Unterschied von Perzeption und Perzipieren, zumal im Zusammenhang mit der Verwendung des Begriffes der Reflexion, letzten Endes sachlich und terminologisch ungeklärt bleibt, woran sich auch im ersten der „Drei Dialoge" nichts ändert, in dem auf das Problem nachdrücklich zurückgekommen wird (Bd. II, S. 194-197). Übrigens wird auch im dritten der „Drei Dialoge" von Ideen „im weiteren Sinne" d. h. von Begriffen gesprochen, desgleichen von Reflexion und zwar im Hinblick sowohl auf Einzelgeister als auch auf Gott (Bd. II, S. 231-234), wodurch alle Seinsfragen sachlich und terminologisch in diejenige Schwebe geraten, die auch in der zweiten Auflage der „Prinzipien" allzu merklich ist.[14]

Durch diese ganze Lehre ist nun nach Berkeley der Materialismus ein für allemal widerlegt, aber diese Widerlegung bedeutet ihm zugleich auch eine Widerlegung des Atheismus. Denn das eigentliche und alleinige Substrat — das Sub-stans —

[13] Insofern kann man Jessop zustimmen, wenn er sagt: „The second edition of the Principles introduced only the *term* ‚notion', not the doctrine it stands for." (Bd. II, S. 7, vgl. auch S. 53 und S. 105.) Immerhin kommt erst in der 2. Aufl. das mit diesem Ausdruck Gemeinte voll heraus.

[14] Übrigens spielt in die Zusätze der 2. Aufl. zu den §§ 89 und 142 der „Prinzipien" das Problem der Relationen hinein, die ebenfalls den Begriffen (notions) im engeren Sinne überantwortet werden, da sie uns nicht schon mit den Perzeptionen gegeben werden und von den (aufeinander bezogenen) Ideen selber verschieden sind, so daß es zusammenfassend heißt: ideas, spirits and relations are the object of human knowledge and subject of discourse. Ein besonderes Problem bildet bei alledem natürlich unter den Berkeleyschen Voraussetzungen die Erkenntnis von anderen (menschlichen) Geistern. (Vgl. hierzu die §§ 140 und 145, ferner den *dritten* der „Drei Dialoge".)

aller Weltphänomene ist für Berkeley *Gott:* die geistige Potenz schlechthin, die Kraft aller Kräfte, die einzige Ursache, die es, streng genommen, gibt. Wir selber als Einzeliche erzeugen die Ideen nicht, jedenfalls nicht die ursprünglichen Ideen, sondern finden sie vor, sind zu ihrer Anerkennung genötigt. Die materiellen Dinge oder Ideen ihrerseits können uns nicht affizieren, denn sie sind träge und passiv (131, 230, 643) — also kann es nur einen über uns selber hinausliegenden Willen geben, der jene Perzeptionen in uns will: "Those things that happen from without we are not the Cause of therefore there is some other Cause of them i. e. there is a being that wills these perceptions in us" (499). Daher beweist denn auch jede Sensation, die wir haben, das Sein Gottes: "Every sensation of mine wch happens in Consequence of the general, known Laws of nature & is from without i. e. independent of my Will demonstrates the Being of a God. i. e. of an unextended incorporeal Spirit wch is omniscient, omnipotent etc." (838). Vgl. hierzu in den „Prinzipien" bes. die §§ 29 und 72.

Die abschließenden Formulierungen bringt hier der zweite der „Drei Dialoge": „So sicher also, wie die sinnliche Welt wirklich existiert, so sicher gibt es einen unendlichen, allgegenwärtigen Geist, der sie in sich begreift und aufrecht erhält . . . . Die Menschen glauben für gewöhnlich, daß alle Dinge Gott bekannt sind oder von ihm wahrgenommen werden (perceived by God), weil sie an das Dasein eines Gottes glauben; während ich umgekehrt unmittelbar und notwendig auf das Dasein eines Gottes schließe, weil alle sinnlichen Dinge von ihm wahrgenommen werden müssen (must be perceived by him)." (Bd. II, S. 212.) Und: „Es gibt einen Geist, der mich in jedem Augenblick mit all den sinnlichen Eindrücken, die ich wahrnehme, affiziert. Und aus ihrer Mannigfaltigkeit, Ordnung und Beschaffenheit schließe ich, daß ihr Urheber unermeßlich weise, mächtig und gut ist ... Ich sage, die von mir wahrgenommenen Dinge werden vom Verstand eines unendlichen Geistes gewußt (known) und durch dessen Willen hervorgebracht." (A.a.O., S. 215). Zu beachten ist übrigens bei der ersten der beiden zitierten Stellen die Anwendung des Ausdrucks perceive auf Gott (im allgemeinen heißt es in diesem Falle know), was freilich besonders nachdrücklich darauf hinweist, daß Berkeley ausschließlich das Wissen unserer jeweils eigenen *sinnlich = partikularen* Welt durch Gott meint, nicht aber das Wissen einer *platonisch = allgemeinen* Welt von Urbildern oder Archetypen. (Vgl. hierzu die Anmerkung auf S. LVI.)

Daß Gott unter diesen Voraussetzungen unausgedehnt und unkörperlich sein muß, ist selbstverständlich, und schon die bloße Annahme eines materiellen Seins überhaupt macht nach Berkeley Gott selber ausgedehnt und materiell (290, 298, 625). Dagegen ist er überzeugt, daß seine Philosophie allein die religionsfeindlichen Doktrinen der bisherigen Systeme, z. B. Epikurs, Hobbes', Spinozas usw., zu Boden schlägt (824). Natürlich gibt es auch von Gott nach Berkeley keine Idee und keine Gewißheit (certainty) im engeren Sinne dieser Begriffe (782, 813). Siehe hierzu in den „Prinzipien" die §§ 67-71, 117, 135, 136 u. ö., ferner etwa im zweiten der „Drei Dialoge" die Stelle: „Ich verstehe nicht, wie unsere Ideen, die gänzlich leidende und untätige Dinge sind, das Wesen oder einen Teil (oder etwas irgend einem Teil Ähnliches) von dem Wesen oder der Substanz Gottes ausmachen können, der ein nichtleidendes, unteilbares, rein tätiges Wesen ist." (Bd. II, S. 213/4).[15]

So wenig aber eine Idee die Ursache ihrer Existenz in uns sein kann, so wenig kann eine Idee auch die Ursache einer anderen Idee oder eine (sekundäre, abgeleitete, übertragene) Kraft die Ursache einer anderen Kraft dieser Art sein: "One idea not the cause of another, one power not the cause of another. The cause of all natural things is onely God." (433.) Es gibt also, genau genommen, überhaupt *nur geistige Ursachen*, da nichts aktiv ist außer dem Geist: "I say there are no Causes (properly speaking) but Spiritual, nothing active but Spirit" (850). Aber eben Gott, der Geist der Geister, die Kraft der Kräfte ist keine blinde, sondern eine wissende Macht: "The propertys of all things are in God i. e. there is in the Deity Understanding as well as Will. He is no Blind agent & in truth a blind Agent is a Contradition" (812). So ist denn alles letzten Endes das Resultat einer großen Freiheit des Willens, und nicht einmal die Verbindung zweier Ideen ist notwendig: "I think not that things fall out of necescity, the connexion of no two Ideas is necessary. 'tis all the result of freedom i. e. tis all Voluntary" (884). Und schon etwas vorher heißt es in diesem Sinne: "Some

---

[15] Diese Stelle richtet sich gegen Malebranche, nach dessen Lehre Gott selber räumlich = ausgedehnt ist, wenn auch auf eine schlechthin unendliche, alle endlichen Modifikationen transzendierende Weise. Berkeley will nun Ausgedehntheit und Materialität gänzlich von Gott ausschließen und hebt an der obigen Stelle zugleich die Aktivität, die allem Vorstellen Gottes zukommt, gegen die Passivität der menschlichen Ideen ab. Indessen ist bezüglich der sinnlichen Welt stets festzuhalten: grundsätzlich ist ihr esse — vom Menschen her gesehen — percipi posse, aber dieses menschliche percipi posse ist zugleich göttliches percipi, so wie menschliches affici zugleich göttliches percipere d. h. velle ist.

Ideas or other I must have so long as I exist or Will. But no one Idea or sort of Ideas is essential." (842. Vgl. ferner 41, 84, 109, 155, 228, 282, 485, 831, 850 und in den „Prinzipien" die §§ 102, 105-109, 146-150).

Auch in seiner Kausalitätsauffassung zieht Berkeley die letzte Konsequenz aus Locke, der bereits gelehrt hatte, daß die Materie durch eigene Kraft keine Bewegung erzeugen, sondern nur mitgeteilte Bewegung weitergeben kann, so daß sie nur über eine „passive" Kraft verfügt, aber keine „aktive" Kraft besitzt, die allein diesen Namen wahrhaft verdient und die nur spirituelle Substanzen haben, also die aus Geist und Materie zusammengesetzten menschlichen Wesen wenigstens teilweise, in ausschließlicher und vollendeter Weise dagegen Gott allein.[16] Zugleich wird in der Berkeleyschen Kausalitätsauffassung der Einfluß Malebranches offenkundig, dessen System einen seiner Angelpunkte in der These hat, daß nicht einmal innerhalb der räumlichen (ausgedehnten) oder der geistigen (denkenden) Welt selber eine ursächliche Wirkung möglich und erklärlich ist ohne Gott, geschweige denn eine Wechselwirkung zwischen leiblichem und seelischem Sein, so daß bei Malebranche folgerichtig Gott zur alleinigen wahrhaften Substanz (freilich auch im schärfsten Gegensatz zu Berkeley zur unendlich ausgedehnten Substanz) und zur alleinigen wahrhaften Ursache wird.[17]

---

[16] Vgl. hierzu *„An Essay Concerning Human Understanding"*, Bk. II Chap. XXI § 2: Power, active and passive und § 4: The clearest Idea of active Power had from spirit, ferner im gleichen Buch Chap. XXIII § 28: Communication of Motion by Impulse, or by Thought, equally unintelligible. An der letztgenannten Stelle resumiert Locke seine Auffasung mit den Worten: „Pure spirit, viz. God, is only active; pure matter is only passive; those beings that are both active and passive, we may judge to partake of both." Vgl. auch Buch II Kap. 13 § 18 und Kap. 27 § 2 sowie Buch IV Kap. 9 § 2, Kap. 10 § 9—19 und Kap. 11 § 1—3 und § 8—10. Treffend sagt *Jessop* im Hinblick auf das diesbezügliche Verhältnis Berkeleys zu Locke: „As Locke admitted, the only causal power we ever know as a datum is that of our own minds, in our volitions, so that, by the analogy of experience, we must construe the cosmic cause as a mind" (Bd. II, S. 12).

[17] In diesem Sinne heißt es in den *„Entretiens sur la Metaphysique"* IV, 11: „Il n'y a nul rapport de causalité d'un corps à un esprit. Que dis-je! il n'y en a aucun d'un esprit à un corps. Je dis plus, il n'y en a aucun d'un corps à un corps, ni d'un esprit à un autre esprit. Nulle créature, en un mot, ne peut agir sur aucune autre par une efficace qui lui soit propre. . . . Car il n'y a point d'autre nature, je veux dire d'autres lois naturelles que les volontés efficaces du Tout-Puissant." In den *„Méditations Chrétiennes"* beginnt die Überschrift der fünften Meditation mit dem Satz: „Dieu seul est la cause véritable de tout ce qui se fait dans le monde", und im Zuge der Erläuterung dieses fundamentalen Satzes, bei der die Unterscheidung von „wahrhafter" und „Gelegenheits"- oder „natürlicher" Ursache der springende Punkt ist, heißt es u. a.: „Si Dieu a donc la volonté qu'un corps soit mû, cela seul le mettra en

Bezüglich des Verhältnisses Berkeleys zu Locke können wir nunmehr zusammenfassend sagen: Berkeley zieht denkbar radikale Konsequenzen aus der Lehre Lockes, indem er dessen Immanenzauffassung der Ideen sowie seinen Ideenpartikularismus und Begriffsnominalismus verschärft, dessen Thesen von dem gnoseologischen Vorrang der Reflexion vor der Sensation, von der Passivität des wahrnehmenden Verstandes und der Passivität der Kraft in der Körperwelt zuende denkt, dessen Theorie der Subjektivität der sog. sekundären Qualitäten auch auf die sog. primären Qualitäten ausdehnt, dessen Substanzbegriff allein für die geistige Welt wirklich gelten läßt und ihn hier verabsolutiert im Sinne der letzthin alleinigen Substantialität und Kausalität Gottes. So hängen beide Systeme miteinander zusammen, und so sind sie von einander verschieden. Aber noch ihre Verschiedenheiten beweisen den inneren Zusammenhang und die tiefgreifenden Gemeinsamkeiten zwischen ihnen, so daß eine Radikalkritik Berkeleys weitgehend auch eine Radikalkritik Lockes bedeutet und umgekehrt.

In grundsätzlicher Allgemeinheit hat schon Rudolf Metz den hier vorliegenden Zusammenhang richtig gesehen und formuliert, wenn er feststellt: „Berkeleys Lehre bildet das Zwischen- und Bindeglied zwischen den beiden Höhepunkten der englischen Philosophie, zwischen Locke und Hume . . . . Ohne Locke kein Berkeley, ohne Berkeley kein Hume; in dieser Formel drückt sich die organische Verbundenheit der einzelnen Glieder dieses Systems am besten aus . . . . Lockes reine Lehre ist ebenso wie die Berkeleys bewußtseinsimmanenter Empirismus. Auch er vertritt den immanenten Wahrheitsbegriff, sofern die Wahrheit der sinnlichen Erkenntnis auf der Übereinstimmung der Vorstellungen untereinander, nicht auf ihrer Beziehung zu einem transzendenten Objekt beruht. An dieser

mouvement, et l'action de la volonté de Dieu sera la force mouvante de ce corps." Und schon im grundlegenden Werk, der „*Recherche de la Vérité*", wird bereits zu Beginn des ersten Buches, das von den Sinnen handelt (in Kap. I, 2), festgestellt: „De même que l'auteur de la nature est la cause universelle de tous les *mouvements* qui se trouvent dans la matière, c'est aussi lui qui est la cause générale de toutes les *inclinations* naturelles qui se trouvent dans les esprits" usw. Vgl. zu diesem Problem in den „Prinzipien" die §§ 53, 64—66 und 148.

Daß Malebranche auch von großem Einfluß gewesen ist auf die Gestaltung von Berkeleys „Theorie des Sehens", wird treffend hervorgehoben z. B. von Metz (a. a. O., S. 46/7) und Luce (Bd. I, S. 146/7), aber auch sonst im gesamten Schrifttum über Berkeley allseitig anerkannt. Zur Frage des Verhältnisses von Berkeley und Malebranche überhaupt vgl. vor allem *Luce* „Berkeley and Malebranche" (Oxford 1934) sowie dessen Artikel über „Malebranche et le Trinity College de Dublin" in Revue Philosophique, 1938, S. 147—181, ferner den Artikel von *Jessop* über „Malebranche and Berkeley" in Revue Internationale de Philosophie, 1938, S. 121—142.

grundlegenden Einsicht hat das Denken Lockes, das zu Zugeständnissen an die naive Weltansicht stets gerne bereit war, allerdings im Verlauf seiner Untersuchung durchaus nicht streng festgehalten, sondern sie immer wieder zugunsten der Transzendenz durchbrochen. Daher läßt er auch die Substanz als unbestimmtes Etwas stehen. Berkeley hat die rücksichtslose Konsequenz aus Lockes Hin- und Herschwanken gezogen und die unreinen Bestandteile seines Denkens ausgemerzt. Insofern ist er der Vollender dessen, was man die reine, unverfälschte, ursprünglich intendierte Lehre seines Vorgängers nennen könnte." (A.a.O., S. 79 und 96/7). Die in der zweiten Hälfte dieses Zitats merklich fühlbare und uns heute schon so fern und fremd anmutende Parteinahme für den „Immanenzstandpunkt" mag auf sich beruhen. Jedenfalls ist der herausgehobene Zusammenhang zwischen Berkeley und Locke hinsichtlich der Auffassung der Außenwelt in grundsätzlicher Allgemeinheit zutreffend formuliert. Wir haben ihn im voraufgehenden sachlich genauer bestimmt.[18]

Wie Berkeley selber sein Verhältnis zu Locke beurteilt hat, mögen zwei Stellen der „Philosophischen Kommentare" belegen. An der einen sagt er: es ist wundervoll an Locke, daß er in vorgerückten Jahren überhaupt durch einen Nebel hindurchsehen konnte, der sich so lange angesammelt hatte und infolgedessen recht dicht war; das ist mehr zu bewundern, als daß er nicht weiter sah (567). An der anderen Stelle vergleicht er Locke mit einem Riesen, der einen Berg trägt, sich selber dagegen mit einem Zwerg; und nur insofern, aber auch insofern, so fügt er hinzu, könne er für stärker gelten als der Riese, als dieser den Berg, der auf ihm lastete, nur erschüttern und ins Wanken bringen konnte, er aber, der Zwerg, den Maulwurfshaufen, der auf ihm lag, abzuwerfen vermochte (678). Beide Bilder geben anschaulich wieder, wie Berkeley seine Leistung einschätzt. Für ihn verflüchtigt sich der die Sicht behindernde Nebel völlig, und ihm gelingt es seiner Meinung nach, den letzten Rest der drückenden Last der Vergangenheit d. h. der scholastischen, metaphysisch-dogmatischen Tradition abzuwerfen. Denn der Anspruch, den er auf das nachdrücklichste erhebt, ist allerdings der, die ursprünglichen Rechte des *gesunden Menschenverstandes* und der *unmittelbaren Erfahrung* gegen die Künsteleien

---

[18] Treffende Äußerungen über das Verhältnis Berkeleys zu Locke finden sich auch in den Schriften von *G. A. Johnston* „The Development of Berkeley's Philosophy", London 1923, S. 9, 31—2, 44—5, 150—1, 239—40, 284, und *G. D. Hicks* „Berkeley", London 1932, S. 70, 98—9, 101, 252 ff.

und nutzlosen Spintisierereien der Leute der „Schule“ endgültig wiederhergestellt zu haben. In diesem Sinne sagt er aus vollster Überzeugung: “ I am but one of common sense“ (368) und “I side in all things with the Mob“ (405) oder “We must wth the Mob place certainty in the senses“ (740). Und ausdrücklich macht er es sich zur Pflicht: „To be eternally banishing Metaphisics etc. & recalling Men to Common Sense“ (751). Vgl. hierzu in den „Prinzipien“ den § 101 und im dritten der „Drei Dialoge“ die Worte: „Ich bin von gewöhnlichem (vulgärem) Zuschnitt, einfältig genug, um meinen Sinnen zu glauben und die Dinge zu lassen, wie ich sie finde“ (Bd. II, S. 229).

Knüpfen wir hieran an und gehen nunmehr zur Kritik der Lehre Berkeleys und des Berkeleianismus der Gegenwart über. Kaum je hat ein Denker so nachdrücklich den gesunden Menschenverstand für sich in Anspruch genommen, und kaum je ist ein Denker so entschieden gerade von ihm abgelehnt worden. Das lag an einer auffallenden Selbsttäuschung Berkeleys. Jede Art von Metaphysik wollte er „in alle Ewigkeit hinein verbannen“ kraft des Prinzips der „reinen“ Erfahrung, aber eben dieses Prinzip war, so wie es Berkeley verstand, *metaphysisch* im eminentesten Sinne des Begriffes, denn es bedeutete nicht mehr und nicht weniger als die denkbar extremste Auffassung des *Seins* unter dem Gesichtspunkt der *Bewußtseinsimmanenz,* zumal nicht skeptisch eingeschränkt wie bei Hume und weitgehend auch schon bei Locke, sondern dogmatisch gewendet in Form eines *absoluten Spiritualismus,* den man auch theozentrischen Phänomenalismus oder sensualistisch-idealistischen Panentheismus nennen mag. Bedenkt man, daß für den commonsense der naive Realismus eine Selbstverständlichkeit ist, wird man Luce nicht zustimmen können, wenn er sagt: “His philosophy is metaphysics, but he claims, with reason, that it is commonsense“ (Bd. I, S. 135). Auch an anderen Stellen seiner Werke sucht Luce die Übereinstimmung der Philosophie Berkeleys mit dem gesunden Menschenverstand aufrecht zu erhalten, so z. B. in der Schrift „Berkeley's Immaterialism“ (S. VI) mit den Worten: “I hold that Berkeley's immaterialism is sound commonsense, and is seen to be such when it is cleared of misunderstandings and correctly presented.“

Natürlich entfällt für Berkeley jede Möglichkeit des Skeptizismus, des Materialismus und des Atheismus, wenn erst einmal die „Ideen“ als letztursprüngliche „Dinge“, als „Archetypen“ verselbständigt sind und zudem jeder Eigenkraft beraubt werden. Aber dies ist ohne allen Zweifel eine Problemlösung nach dem Prinzip der Zerhauung des gordischen Kontens, eine allzu große Vereinfachung von in Wahrheit ungleich verwickelteren und vielseitigeren Problemzusammenhängen. Wenn daher Jessop urteilt: "It is the simplest of all Philosophies, and the simplification is the work of genius" (Bd. II, S. 8), so wird man zwar die erste Hälfte des Satzes vollauf gerechtfertigt finden, bezüglich der zweiten Hälfte aber ganz erhebliche Einschränkungen machen müssen. Auch wenn er ihn — ebenso wie Luce in allen seinen Schriften — einen erkenntnistheoretischen „Realisten" nennt (a.a.O., S. 10/11), wird man entgegnen dürfen, daß dieser mit einer so ungeheuren sensualistischen und positivistischen Einseitigkeit intonierte „Realismus" — zumal der eigenen Intention nach — ein *Idealismus* ist, genauer ein *Bewußtseins*idealismus, und ein prinzipieller *Spiritualismus,* muß doch auch Jessop zugeben: "The corporeal . . . . is entireley an assemblage of 'ideas'. So far he is a phenomenalist . . . . ." (a.a.O., S. 11). Aber hierbei hat „Phänomen" keineswegs den Sinn des Kantischen Begriffes der „Erscheinung", denn diesem ist, wie wir heute nach Ablegung der neukantischen Scheuklappen immer schärfer zu sehen beginnen, durchaus ein *ontologischer* Charakter zu eigen, wie denn Kant selber seine sog. Tranzendentallogik mit Recht primär als kritische Realontologie verstanden hat, d. h. als eine Seinslehre, die das Erscheinungssein aus einem höchst eigentümlichen Zusammenspiel von subjektiven und objektiven Faktoren herleitet. Sein Gegensatz zu Berkeley ist also völlig legitim und stellt keineswegs ein Mißverständnis der Lehre Berkeleys dar, wie dies fälschlich immer wieder behauptet worden ist.[19] An Kant gemessen ist und bleibt Berkeleys Idealismus durchaus „dogmatisch".

[19] Dabei darf man freilich so wenig wie im Falle Lockes Kants Äußerungen über Berkeley auf die Goldwaage legen, denn er hat sich mit dem Werk beider nicht wirklich vertraut gemacht. Z. B. ist die Bemerkung gegen Schluß der „transzendentalen Ästhetik" der Kr. d. r. V., daß Berkeley „die Körper zu bloßem Schein herabsetzt", ungenau, aber gleichwohl trifft sie den beiderseitigen Unterschied in der Auffassung der *Realexistenz* der Körper, die Kant mit seinem Begriff der „Erscheinung" neu interpretiert, Berkeley dagegen prinzipiell leugnet. Noch ungenauer ist freilich die Bemerkung aus der „Widerlegung des Idealismus", daß Berkeley „die Dinge im Raum für bloße Einbildung erklärt", da sie den von Berkeley durchaus anerkannten Unterschied von Sinneswahrnehmung und Einbildung bzw. die Art und Weise, wie Berkeley diesen Unterschied versteht, unberücksichtigt läßt. Am wenigsten trifft die Stelle aus dem „Anhang" der „Prolegomena" Berkeley, der hier in den ungerechtfertigten Verdacht gerät, *primär* ein Vertreter der „reinen" *Vernunft*philosophie zu sein, die bei ihm zwar vorhanden ist, aber in einer ganz rudimentären Form. „Reinen Intellekt" als solchen hat Berkeley allerdings von den „Drei Dialogen" ab ausdrücklich anerkannt, obwohl er in seinem Notizbuch noch erklärt hatte nicht zu wissen, was das sei. Mit Recht stellt daher *Luce* in

Das verkennt auch Luce, der in seiner Schrift „Berkeley's Immaterialism" z. B. Kant, Hegel und Bradley in einen Topf wirft und diesen mit Idealismus etikettiert, wobei er unter Idealismus eine Lehre versteht, die den Sinnen mißtraut bzw. die Sinneswelt für eine Illusion hält und die Schätzung der Kräfte des menschlichen Geistes übertreibt (a.a.O., S. 27). Nun ist, um den letzten Punkt vorwegzunehmen, gewiß zuzugeben, daß Kant die aktiven Kräfte des Geistes beim Aufbau der realen Welt ein wenig überschätzt hat, aber daß er sie grundsätzlich anerkannt und das ihnen eigene Schwergewicht in seiner Seins- und Erkenntnislehre voll in die Wagschale geworfen hat, gibt seiner Philosophie eine unverkennbare Überlegenheit über jede Lehre, welche die prinzipielle Bedeutung der aktiven Kräfte des menschlichen Geistes verkennt oder nicht nach Gebühr zu würdigen weiß. Daß Kant ferner den Sinnen bzw. der Empfindung eine höchst gewichtige Rolle innerhalb des Gesamtgefüges unserer Erkenntnis zuerkennt, steht außer jeder Frage und hat denn bei ihm auch zur Folge, daß er keineswegs ein bloßer „Idealist" ist, sondern ein bei all seinem unbestreitbaren Idealismus *zugleich* sehr *realistischer* Denker, dessen große, auch heute noch wegweisende Leistung in der theoretischen Philosophie die Schaffung einer *kritischen Ontologie* gewesen ist..

Die Frage ist ja primär gar nicht die, wie *hoch* die Erkenntniskraft der *Sinne* veranschlagt wird (Berkeley — und in seinem Gefolge Luce — überschätzt sie auf eine schwer verständliche, aber vielleicht traditionell englische Weise), sondern entscheidend für die Gesamtbeurteilung ist allein, ob man eine Welt *außerhalb* des Bewußtseins, und dies eben heißt eine wahrhaft *realexistente* Welt, überhaupt anerkennt oder nicht. Gerade das ist nun aber bei Berkeley und dem namhaftesten heutigen Neuverkünder seines Ruhmes *nicht* der Fall. Auf die philosophische *Interpretation* des Beitrages, den die Sinne für die Erkenntnis leisten, kommt es letzten Endes an, nicht auf ihre gradmäßige Schätzung und etwa darauf, daß man, wie dies für Berkeley und Luce zutrifft, die Sinnesempfindungen für das allein „Reale" erklärt und im Hinblick darauf dann einen höchstmöglichen Grad von „Realismus" für sich in Anspruch nimmt. Die Sinnes-

---

bezug auf die veröffentlichten Werke fest: „He never denied ‚pure intellect' as a faculty of the supersensible . . . Berkeley does not deny ‚pure intellect', but denies that it is the faculty of abstract ideas, and he gives it concrete ‚spiritual objects, as virtue, reason, God'." („Berkeley and Malebranche", S. 116 und 162.) Insofern hat Kant immerhin nicht ganz unrecht.

empfindungen und das Empfinden der Sinne hat auch Descartes in seinen „Meditationen“ zur *Innen*welt d. h. zu den cogitationes gezählt und in den bewußtseinsidealistischen Ansatz seines cogito ergo sum *ein*bezogen — zum Zeichen dessen, daß ein Sensualismus seiner Auslegung nach nicht notwendig einem Idealismus widersprechen muß. Eben dies beides aber wird nun von Berkeley in die extremste Form der Gleichsetzung gebracht. Sein Sensualismus *ist* de facto Bewußtseinsidealismus und sein Spiritualismus — zur einen Hälfte seines Wesens — Sensualismus, so unnatürlich und gewaltsam, so widersprüchlich und unhaltbar dies immer auch anmuten mag.

Hierbei spielt der doppeldeutige und so mißverständliche Begriff einer „Sinneswelt“ (world of sense or sensible world) eine überaus verfängliche und irreführende Rolle, denn für den Berkeleianismus bedeutet Sinneswelt eben die „Welt“ der Empfindungen bzw. der Sinneswahrnehmungen selber, die Welt der sog. Sinnesdaten und Sensationen, nicht aber — wie für jede *nicht*idealistische Philosophie — die Welt der *Gegenstände* aller unserer Sinneswahrnehmungen. Der Anspruch nun, daß ein konsequenter Sensualismus in diesem bewußtseins*immanenten* Sinne zugleich der allein konsequente „Realismus“ sein soll, entsteht, um es noch einmal zu unterstreichen, durch eben diese gänzlich irreführende Gleichsetzung von Sinnesdaten und dem, was *in* und *mit* diesen Sinnesdaten erfaßt wird, von Sinneswahrnehmungen und Sensationen auf der einen Seite und den *Gegenständen* der Sinnes-Data, den *sensa* und *sensibilia* auf der anderen Seite. Obzwar eine solche *terminologische* Identifizierung an dem wahren Sachverhalt nicht das mindeste zu ändern vermag, ist sie dennoch geeignet, ihn bis zur Unkenntlichkeit zu verwirren oder doch zu verschleiern für diejenigen, die nicht in der Lage sind, den Fundamentalirrtum zu erkennen, der die terminologische Identifizierung von *sachlich* unaufhebbar Verschiedenem und Andersartigem verschuldet und sich mit unüberbietbarer Eindeutigkeit in ihr ausspricht: den bewußtseinsidealistischen Fundamentalirrtum der Gleichsetzung von *Inhalt* und *Gegenstand* des Bewußtseins, aus dem mit Wesensnotwendigkeit eine prinzipielle Verfehlung des wahren Verhältnisses von *Sein* und *Bewußtsein* folgen muß.

Zur Erhärtung der Grundwahrheiten der Berkeleyschen Lehre hat Luce 1954 eine Schrift bei Nelson veröffentlicht mit dem Titel “Sense without Matter or Direct Perception“. Die zweite Hälfte dieses Titels deutet die eben hervorgehobenen Grundgebrechen der Berkeleyschen Position bereits an. Die erste

Hälfte des Titels aber hat aufgrund des Inhalts der Schrift recht eigentlich den Sinn: sense with sensation, but without *sensible thing or* without *object* of sense, without *that which is sensed.* Oder eben auch: sense with sense-data, but without *sensa* or *sensibilia,* with perceptions, but without *percepta.* Dabei wird in einer für allen Berkeleianismus höchst charakteristischen Weise durchaus auf die Bezeichnungen der objektiven Seite der Sinneswahrnehmung Anspruch erhoben, aber eben diese objektive Seite wird mit der subjektiven — prinzipiell — in eins gesetzt. Schon in der Vorrede wird geltend gemacht, daß die „perzeptuelle Situation" nach einer radikalen Vereinfachung verlangt, die nur noch *zwei* Faktoren übriglassen darf: das wahrnehmende Subjekt (subject sensing) und das wahrgenommene Objekt (object sensed), welch letzteres aber mit dem Wahrnehmungs*inhalt* identifiziert wird. Genauer behandelt wird das Problem im sechsten Kapitel, das überschrieben ist „Appearence and Reality". Hier wird den „Repräsentationisten" vorgeworfen, daß sie alle Dinge nur durch einen „Schleier" von „Kopien" oder „Vorstellungen" hindurch sehen zu können glauben, was naturgemäß zum Skeptizismus führen müsse, da dann die Dinge selber als prinzipiell unwahrnehmbar dem Blick entschwinden und uns ein Ersatz für sie zugemutet wird, der das Gegenteil von dem bewirkt, was zu leisten er bestimmt ist. Diesen Absurditäten entgeht man nach Luce nur, wenn man zur alleinigen Wahrheit des „direkten Innewerdens" durchdringt, die offenbar macht, daß schlechthin nichts zwischen Subjekt und Objekt steht, nicht die „dünnsten Schleier" uns von den Dingen trennen. (A.a.O., bes. S. 115-117).

So weit in diesen Ausführungen die Abbildtheorie kritisiert und mit ihr die Verdoppelung der Wahrnehmungsobjekte in Bilder und Urbilder verworfen wird, sind sie zweifellos im Recht. Wir nehmen in der Tat weder Abbilder wahr noch deren Urbilder, mit denen wir sie ohnehin niemals zu vergleichen vermöchten — eines der durch Berkeley von Anfang an nachdrücklich geltend gemachten Argumente. Diese Art von „Repräsentationismus" (der noch Nicolai Hartmann gehuldigt hat) sollte ein für allemal tot sein und ist zu oft widerlegt worden, als daß wir uns dabei aufzuhalten brauchten. Auf der anderen Seite aber ist mit allem erdenklichen Nachdruck noch einmal festzustellen, daß es *nicht* die Wahrnehmungs*inhalte,* die *Sinnesdaten* sind, *die* wir primär wahrnehmen: wir nehmen vielmehr *mittels* ihrer wahr, nämlich die *Objekte* unserer Sinneswahrnehmungen. Die Sinneswahrnehmungen selber dagegen *als* Objekte sind eine prinzipiell andere *Art* von Objekten wie die Objekte der Wahrnehmungen. Die letzten sind, um es noch einmal zu wiederholen, eine Sache der sog. intentio recta, die ersten eine Sache der intentio obliqua oder, um mit Locke zu reden, die ersten eine Sache der reflection, die letzten eine Sache der sensation — eine Unterscheidung, der (so problematisch sie bei Locke wegen seiner grundsätzlichen Immanenzauffassung der Dinge als „Ideen" auch sein mag) Berkeley, wie wir gesehen haben, letzten Endes hilflos gegenübersteht, denn er möchte sie loswerden und kann es doch nicht. In einem tieferen Sinne mögen wir die Dinge wohl durch einen „Schleier" sehen — es ist der Schleier unserer Subjektivität überhaupt -, aber das hat nichts zu tun mit einem wie immer gearteten Seinsskeptizismus, denn „Objekte" gibt es für uns überhaupt nur im lichten „Schleier" der Wahrheit, während Sein *an sich,* Objekt *an sich,* Erkenntnis oder Wahrheit *an sich* Widersprüche in sich selber und daher wesenlose Schemen sind. Dies auf das schärfste erkannt und in *negativer* Hinsicht als unumstößliche Einsicht immer wieder erhärtet zu haben, ist das unvergeßliche Verdienst George Berkeleys. Es kommt ihm auch dann zu, wenn man nicht umhin kann festzustellen, daß er *nicht* imstande gewesen ist, Sein, Objektivität und Wahrheit im *positiven* Sinne offenbar zu machen.

Denn die dogmatische Statuierung einer bloßen *Zweigliedrigkeit* des Vorstellungs- und Denkzusammenhanges stellt eine ganz unzulässige, weil höchst unzureichende Vereinfachung eines ungleich verwickelteren und mannigfaltigeren Tatbestandes dar. Zu unterscheiden sind, um dies wenigstens kurz anzudeuten, mindestens *vier* gleichwertige, weil das komplexe Ganze des Vorstellungs- und Denkzusammenhanges gemeinsam konstituierende *Faktoren:* 1. das Subjekt der Vorstellung, 2. die Vorstellung, 3. das Objekt der Vorstellung und 4. der Akt des Vorstellens. Berkeley und Luce erkennen von diesen unerläßlichen, gleich notwendigen Konstituentien, von denen kein einziges fehlen kann und daher auch keines außeracht gelassen werden darf, nur 1 und 2 an und verfehlen selbst dann, wenn die Unumgänglichkeit von 4 zugegeben würde, noch immer in entscheidender Weise den wahren Sachverhalt durch Ineinssetzung von 2 und 3: von cogitatio und cogitatum oder cogitabile, welch beides auch Descartes in hergebrachter Weise miteinander verwechselt bzw. identifiziert hat. Damit aber erweist sich zugleich die grundsätzliche Unhaltbarkeit der These von der „Direktheit" der Wahrnehmung und des denkenden, erkennenden oder vorstellenden Bewußtseins überhaupt. Auch wenn man, wie es allerdings das erste Erfordernis einer zeitgemäßen Erkenntnistheorie ist, die Erkenntnisbeziehung als *Seins*beziehung auffaßt, so ist sie gerade also solche durch ihre *In*direktheit, besser gesagt, durch ihre *Mittelbarkeit* charakterisiert, und diese wiederum bedeutet nichts anderes, als daß wir die Welt in *jedem* ihrer Momente stets zugleich *geistig* d. h. *ideell* auffassen und erleben. Eben hierin: in dem geistig-ideellen Einschlag und in der damit notwendig gesetzten Mittelbarkeit oder Indirektheit unseres Seinsverhältnisses überhaupt liegt das tiefste Rätsel des Mensch- und Weltseins für uns beschlossen.

Es ist das noch niemals nach Gebühr gewürdigte Verdienst von Karl Leonhard Reinhold gewesen, in seiner „Neuen Theorie des menschlichen Vorstellungsvermögens" von 1789 nicht nur der ganzen spekulativen Philosophie des siebzehnten und achtzehnten Jahrhunderts einschließlich Berkeleys, sondern auch der Philosophie Kants gegenüber einen neuen Schritt in der Aufhellung elementarer Vorstellungs- und Denkverhältnisse getan zu haben, der alle voraufliegenden Theorien bis zu Plotin, Platon und Parmenides hin als überholt erscheinen läßt. Luce beginnt das Vorwort zu seiner Schrift "Sense without Matter and Direct Perception" mit einem Hinweis darauf, daß er mit der Kantischen Lehre von den Anschauungs- und Denkformen, dem mysteriösen Mannigfaltigen und dem geisterhaften Ding an sich nichts anfangen könne (was man ihm in bestimmten Hinsichten auch nicht verdenken kann), und daß sie ihm *„zu komplex"* sei. Die Wahrheit aber ist — und K. L. Reinhold hat es bewiesen —, daß die Kantische Lehre *noch nicht komplex genug* ist. Indessen würde es zu weit führen, im vorliegenden Zusammenhang über die gegebenen Andeutungen hinaus auf diese Grundfragen der theoretischen Philosophie näher einzugehen.[20]

Hand in Hand mit der die Problemzusammenhänge in unmöglicher Weise verkürzenden und verstümmelnden sachlichen Vereinfachung geht bei Luce — im Gefolge Berkeleys — auch in der genannten Schrift eine in ihrer Einseitigkeit schwerlich noch zu überbietende methodische Überschätzung des *Sinnlichen.* Mit Rücksicht darauf könnte der Titel seiner Schrift ("Sense without Matter or Direct Perception") auch lauten: sense or perception without *thinking* or without *understanding* in the proper meaning of the word. Luce berührt das Problem des

---

[20] Ich behandele den ganzen Problemkomplex in einer ausführlichen Schrift, die den Titel hat: „Karl Leonhard Reinholds Elementarphilosophie. Eine Studie über den Ursprung des spekulativen deutschen Idealismus", Hamburg 1958.

Verhältnisses von Anschauung und Denken zwar nur flüchtig (S. 114), aber bezeichnend genug, wobei er davon spricht, daß unsere Sinneswahrnehmung, unsere Einbildung und unser Denken in der Regel durch *Worte* „begleitet" werden und Sinnesdinge viel mit der *Sprache* „gemein zu haben" scheinen, derart, daß der Übergang von den niederen zu den höheren Fähigkeiten unseres Geistes „kontinuierlich" ist und das Muster der Empfindungen in den höheren Fähigkeiten „wiederkehrt", dem „direkten" Wahrnehmen also ein nicht minder „direktes" Denken entspricht. Daß damit die so überaus wichtige Rolle des Denkens beim Aufbau der realen Welt und sein selbsteigenes, wiewohl in Anschauung fundiertes Wesen zu kurz kommen, bedarf — jedenfalls für deutsche Leser — kaum der ausdrücklichen Feststellung.

Trotz aller dieser grundsätzlichen Mängel ist die für die gegenwärtige Berkeley-Renaissance in England so charakteristische und hochbedeutsame Schrift von Luce sehr verdienstlich, denn mit einer vorbildlichen, an Berkeley geschulten Klarheit des Denkens wird in ihr der bewußtseinsidealistische Sensualismus und Spiritualismus des großen Philosophen der ersten Hälfte des 18. Jahrhunderts aus der Mitte unserer eigenen Gegenwart heraus erneut formuliert und zu begründen versucht. Die Schrift dient der Bekämpfung der materialistischen Weltanschauung, wobei übrigens zwischen materialism und matterism unterschieden wird im Sinne: „Alles ist Materie" und „Materie existiert" (S. 40).[21] Beides, auch die zweite nichtidealistische Position (des „matterism"), wird auf das entschiedenste bestritten. Ob dies die rechte und eine wirklich erfolgreiche Methode der Bekämpfung der materialistischen Weltanschauung (als „materialism") ist, mag zweifelhaft erscheinen und hier dahingestellt bleiben.

Indessen ist es nunmehr geboten, eine andere Schrift von Luce zu würdigen, deren unbestreitbares Verdienst es gewesen ist, eine neue Phase der Berkeley-Forschung eingeleitet und die Berkeley-Renaissance im heutigen England heraufgeführt zu haben, nämlich die Schrift "Berkeley and Malebranche", Oxford 1934. Ihr hauptsächlichstes Ziel war es, den irischen Denker weitgehend aus der traditionellen Einordnung in die Entwicklungsreihe von Locke zu Hume herauszunehmen und durch den Aufweis seiner Nahstellung zu Malebranche und die gleichzeitige Konfrontierung mit dem französischen Philosophen seine

[21] Diese Unterscheidung wird gleichfalls gemacht in Luces Schrift über „Berkeley's Immaterialism", S. 25.

persönliche Eigenart voll zur Geltung zu bringen. Es sollte also nachgewiesen werden, daß Berkeley, „als er die Abfassung seiner frühen Werke vorbereitete, die "Recherche" gründlich studierte, daß die Berkeleysche Philosophie noch die spezifische Prägung dieses Studiums trägt, und insbesondere, daß die Konzeption der Schau aller Dinge in Gott der Hintergrund der Berkeleyschen *Idee ist*" (Preface, S. V). Dieser Nachweis darf in allen Punkten als erbracht gelten, vor allem, was die These anlangt, daß die Schau aller Dinge in Gott das beide Denker metaphysisch und religionsphilosophisch verbindende Motiv war, wenn es auch beide Male einen anderen Klang hatte, bei Malebranche einen neuplatonisch-ontologisch-intelligiblen, bei Berkeley dagegen einen sensualistisch-partikularistischen und spiritualistisch-immaterialistischen. Daher ist die neue Interpretation Berkeleys von Malebranche her — entgegen Luce (Preface, S. VI) — auch keineswegs geeignet, seiner Philosophie den Charakter des „subjektiven Idealismus" zu nehmen, der durch die Konfrontierung Berkeleys mit Malebranche im Gegenteil nur umso schärfer in Erscheinung tritt. Auch *Gott* bleibt in der Philosophie Berkeleys ebenso wie jeder andere Geist ausschließlich *Subjekt*, auch *sein* Verhältnis zur „Welt" ein *idealistisches*. Dem steht der Kosmismus Malebranches scharf entgegen.

Jede neue These unterliegt nun von Anfang an der Gefahr der Überspitzung. Ihr scheint mir Luce schon in bezug auf den ersten Punkt, der die Intensität und Wirkung des Studiums der "Recherche de la Vérité" betrifft, nicht ganz entgangen zu sein. Luce gibt (S. 40) eine Reihe von sehr plausiblen Gründen dafür an, daß Berkeley in seinen ersten Veröffentlichungen (Theorie des Sehens, Prinzipien, Dialoge) auf Malebranche so wenig Bezug nimmt und, wenn er es tut, in einem so gegensätzlichen Sinne: eine ausgesprochen england- und protestantenfeindliche Einstellung aufseiten Malebranches, Rücksichten auf seine kirchliche Laufbahn vonseiten Berkeleys. Diese Gründe sind durchaus einleuchtend für die *veröffentlichten* Werke Berkeleys, aber sie sind es ganz und gar *nicht* für die intimen, sie vorbereitenden Aufzeichnungen der „Philosophischen Kommentare", in denen keinerlei Rücksichten auf die Öffentlichkeit in Frage kamen. Hier wären also ein warmherziges Bekenntnis zu bestimmten Hauptpunkten der Lehre Malebranches und Zeichen tiefer Ergriffenheit zu erwarten gewesen. Sie fehlen. Zwar spielt Malebranche in den „Kommentaren" eine gewisse, nicht unbedeutende Rolle, aber wie jeder andere Denker wird er in ihnen durch den offenkundigen Einfluß Lockes überragt, der eben doch das systematische Grundgefüge des Berkeleyschen Philosophierens vorgezeichnet hat. Hierauf wird noch zurückzukommen sein. Wenden wir uns vorher der Hauptthese zu, daß „der Weg zum Herzen des Berkeleianismus durch Malebranche geht" (S. 43). Inbezug auf sie scheint mir Luce völlig im Recht zu sein.

Mit sehr eindrucksvollen Ausführungen wird die These belegt, daß der Gesamtcharakter des Berkeleyschen Systems einschließlich seiner Erkenntnislehre *religionsphilosophisch* ist, was ihn mit Malebranche verbinde, von Locke dagegen trenne. Wohl sei Berkeley hinsichtlich der Sinne und der Materie zu entgegengesetzten Schlußfolgerungen wie Malebranche gelangt, aber was dieser ihn in der Zeit seiner größten Empfänglichkeit und Bildsamkeit über Gott gelehrt habe, sei bei ihm geblieben für immer und in alle seine veröffentlichten Werke eingegangen. Berkeleys Zurückweisung der Lehre Malebranches sei partial und nicht total, betreffe nur die Endposition, nicht aber die Ausgangspunkte und die Grundlagen. In der Philosophie Berkeleys stehe Gott wie bei Malebranche im Vordergrund, bei Locke dagegen im Hintergrund. Vor allem aber habe er so wenig von Locke, der einen transzendenten Gottesbegriff hatte, wie von der zeitgenössischen englischen Theologie die Schau aller Dinge in Gott und damit den Begriff einer „immanenten" und „immensen" Gottheit lernen können. Zudem sei Lockes philosophischer Weg ein „menschlicher Pfad" gewesen, die „Idee" atme bei ihm nüchternen englischen common sense, helles Tageslicht und breite Heerstraße des Lebens, bei Berkeley dagegen suggeriere sie keltisches Zwielicht und gallischen Enthusiasmus, sei sie gleichsam umgeben von einem Hof von Geheimnis und Schauern der Ehrfurcht. Zwar habe Berkeley von beiden Autoritäten gelernt, aber weder mit Locke noch mit Malebranche sei er vollauf einverstanden gewesen, sondern seinen eigenen Weg in der Gottesauffassung gegangen. Indessen sei sein Geist im Tiefsten und Letzten mit Malebranche verwandt und ihm zugeneigt gewesen, denn jede seiner Erkenntnisarten stehe in einer notwendigen Beziehung zum höchsten Objekt der Erkenntnis, insbesondere sei seine Welt der „Ideen" ohne das aktive Prinzip, „in dem wir leben, weben und sind", kaum verständlich. Kurzum: die ganze Philosophie Berkeleys falle in sich zusammen ohne den Gott Berkeleys. (A.a.O., bes. S. 75, 81-83, 111-119).

Erwägen wir nunmehr die Konsequenzen solcher Ausführungen mit Rücksicht auf die philosophiegeschichtliche Einordnung Berkeleys. Sie ändern an der traditionellen Auffassung m. E.

nicht das mindeste, weil, wie auch Luce (S. 56) zugesteht, der *Immaterialismus* das eigentlich Neue und Faszinierende, die besondere „Entdeckung" Berkeleys ("Berkeley's invention") war. Hier liegt seine Originalität auch Locke und Hume gegenüber, und hier steht er eindeutig in jener so bedeutsamen Entwicklungslinie Descartes-Locke-Hume, die ihm für immer einen Ehrenplatz in der Geschichte der neueren Philosophie sichert. Dieser Immaterialismus aber *trennt* Berkeley trotz allem abgrundtief von Malebranche, an dessen Lehre er im zweiten der „Drei Dialoge zwischen Hylas und Philonous" mit höchster Schärfe den *ontologischen* Gesamtcharakter tadelt. Die systematische Konzeption eben dieses Immaterialismus ist ganz offensichtlich mehr noch als durch Malebranche (in dem freilich Descartes auf besondere Weise enthalten war) vom *Ansatz* Descartes's her und — durch *Locke* bestimmt, der den kartesischen Ansatz zum ersten Male als Bewußtseins-„Idee"alismus systematisch durchzuführen versuchte. Nur solange man dies nicht erkennt, nur solange Locke immer noch als der naive, handfeste, grobschlächtige, unkritische Realist gilt, als der er bis heute vielfach in den Geschichtsbüchern der neueren Philosophie figuriert, kann man einer *Über*betonung des Malebrancheschen Einflusses hinsichtlich dessen anheimfallen, was an Berkeley bis in die unmittelbare Gegenwart hinein philosophisch wahrhaftig lebendig und immer aufs neue erregend ist. Eine Vernachlässigung des Lockeschen Einflusses bedeutet zwar auch nach Luce eine „Flucht aus dem Angesicht der Tatsachen", und er wünscht nicht, „aus einem Extrem ins andere zufallen " (S. 6), aber, alles in allem genommen, läuft die Lucesche Auffassung gleichwohl auf einen entgegengesetzten Extremismus hinaus, der eben letzten Endes auf die metaphysisch-religionsphilosophische Neueinschätzung Berkeleys gegründet ist. Und hierzu noch ein paar Worte.

In einer ebenso schönen wie meisterhaften Formulierung faßt Luce seine Überzeugung davon, was Locke und Malebranche für Berkeley bedeutet haben, in den Satz zusammen: "Locke taught him, but Malebranche inspired him" (S. 7). Diesem Satz kann man m. E. vollauf zustimmen, wenn man ihn so versteht, daß das Studium des Malebrancheschen Hauptwerkes (ein anderes hat er höchstwahrscheinlich nicht von ihm gelesen) Berkeley dahin gebracht hat, Locke eine *eigene* Philosophie entgegenzustellen, deren Herzstück zwar die Malebranchesche Schau aller Dinge in Gott war, deren gesamtes Gefüge aber dennoch wesentlich mit den Mitteln Lockescher Denkart und

Begriffsinstrumentation zustande gebracht worden war. Entscheidend für die Bewertung Berkeleys in der Gegenwart ist dabei folgendes. Durch die neue Wendung, die mit Luces Schrift eingetreten ist, wird Berkeley weitgehend aus der Entwicklungslinie von Locke zu Hume herausgenommen, um seine Originalität ins denkbar hellste Licht treten zu lassen. In Wahrheit gerät man hier vom Regen in die Traufe. Denn verlegt man den Schwerpunkt des Berkeleianismus allzu sehr ins Metaphysisch-Religiöse, dann tritt nicht nur eine immerhin bemerkenswerte und von Luce in jeder denkbaren Hinsicht aufgezeigte Abhängigkeit von Malebranche in Erscheinung, sondern dann senkt sich doch wohl auch die Wage zugunsten der grossen Metaphysiker der damaligen Zeit: Spinoza, Malebranche und Leibniz. Mag es immer auch richtig sein, daß die Religionsphilosophie Berkeleys sogar der gegenwärtigen religionsphilosophischen Spekulation noch fruchtbare Impulse zu geben vermag (wovon ich persönlich durchaus überzeugt bin) — im *ganzen* angesehen muß seine philosophiegeschichtliche Bedeutung sinken angesichts der überragenden systematischen Größe der genannten Metaphysiker. Es kann daher durchaus fraglich erscheinen, ob mit einer über Gebühr herausgearbeiteten Sicht auf Berkeley von Malebranche her das philosophische Intéresse an Berkeley wächst, oder ob es sich dann nicht vielmehr herabmindert.[22]

In diesem Zusammenhang seien einige Bemerkungen zu dem bereits anmerkungsweise zitierten, in mancher Hinsicht ganz ausgezeichneten Werk von G. A. *Johnston* "The Development of Berkeley's Philosophy" (London 1923) gestattet. Johnston zeigt ein klares Bewußtsein bestimmter prinzipieller Schwächen der Berkeleyschen Philosophie, wie sie einmal in seinem (phänomenalistischen) *Subjektivismus* liegen, zum andern in seinem *Partikularismus* und dem aufs engste damit zusammenhängenden nackten *Sensualismus* (dem ein ebenso purer *Intellektualismus* zur Seite tritt, soweit davon bei Berkeley überhaupt ernsthaft die Rede sein kann). Daher ist in Johnstons Kritik an Berkeley stets auch ein das ganze Werk durchziehendes Verständnis der entgegengesetzten Motive in der Philoso-

[22] Im Rahmen der Westermann-Texte (Französische Reihe Nr. 97) habe ich früher einmal Malebranche in einem Auswahlband „Descartes, Pascal, Malebranche" behandelt und die Hauptpunkte seiner Lehre in diesem Zusammenhang herausgestellt. Mir scheint nun eine Schrift über „Malebranche und Berkeley" fällig zu sein, die ich demnächst zu schreiben und in der ich den Nachweis zu erbringen gedenke, daß der bedeutendere und originalere Metaphysiker und Religionsphilosoph von beiden am Ende doch Malebranche gewesen ist.

phie Kants lebendig. Er ist sich auch klar darüber, daß die psychologische, bewußtseinsanalytische, introspektive Methode Berkeleys für die Lösung bestimmter Probleme, z. B. des Problems des Verhältnisses des Ich oder Selbst zu seiner Erfahrung oder des Problems des Verhältnisses von äußerer zu innerer Erfahrung nicht ausreichend ist (S. 10/11), aber er sieht die größte philosophische Schwäche Berkeleys doch darin, daß er es unterlassen hat herauszuarbeiten, was im Begriff des Selbst oder der Persönlichkeit beschlossen liegt: "The world is, for him, dependent for its character and existence on persons; yet he deliberately avoids any fundamental discussion of the meaning of personality" (S. 11). Gleichwohl sieht Johnston Berkeleys philosophische Hauptleistung erstaunlicherweise in seiner „positiven Theorie des Geistes" und in der erstmals von ihm vollzogenen „kopernikanischen" Entdeckung der „Bedeutung des denkenden Subjekts in der Erkenntnis" (4/5) — eine Entdeckung, die man grundsätzlich doch wohl Descartes und — innerhalb der englischen Philosophie — insbesondere Locke zuschreiben muß, ohne daß man darum zu leugnen braucht, daß Berkeley in diesem Bewußtseins-„Idee"alismus noch einen Schritt weiter ging und die Realexistenz der Außenwelt gänzlich strich.

Aber eben an dieser Stelle wird eine Fehlinterpretation Johnstons offenbar, die im Begriff der *mind-dependence* der Welt ihren bezeichnenden terminologischen Ausdruck erhält, und die auch auf das nachfolgende Schrifttum bis in die Gegenwart hinein verwirrend gewirkt hat. Johnston ist der Meinung, daß „eine reife Psychologie den objektiven und den subjektiven Aspekt ausgleichen und als fundamentalen Begriff den einer Erfahrung konzipieren muß, in der Subjekt und Objekt wechselseitig aufeinander bezogen sind" (S. 7). Er zeigt sich selber nun soweit im Psychologismus befangen, daß er an der Berkeleyschen Immanenzauffassung des Objekts grundsätzlich nichts auszusetzen hat und für sie trotz aller Kritik im einzelnen die Begriffe der Subjekt-Objekt-„Korrelation" und der Geist-„Abhängigkeit" der Welt in Anspruch nehmen zu können glaubt. (Vgl. vor allem S. 182/3). Dadurch verbaut sich Johnston die Einsicht darin, daß bei Berkeley nicht nur das Subjekt nicht zu seinem Recht kommt, sondern *in noch viel höherem Maße das Objekt entrechtet wird.* Er kritisiert scharf die Nichtunterscheidung von Idee und Ding bzw. Wahrnehmung und Objekt der Wahrnehmung und unterstreicht auf das stärkste die Berkeleysche Verkennung des komplexen Charakters der Wahrnehmung und die ungebührliche Vereinfachung und Flüchtigkeit ihrer Analyse, die er sich zuschulden kommen läßt. (S. 150 ff.). So wertvoll immer diese einschneidende und nur allzu berechtigte Kritik auch ist, sie läßt Johnston dennoch nicht den Scheincharakter der Berkeleyschen „Objektivität", den Psychologismus, Subjektivismus, Spiritualismus und Immaterialismus der Berkeleyschen „Ideen" vollauf erkennen, weil ihr die unerläßliche *ontologische* Grundlage fehlt, die den ganzen Bewußtseins-„Idee"alismus sprengt, die von einer realen Seinsbeziehung zwischen Subjekt und Objekt auszugehen und aus ihr eine *wirkliche* Korrelation von Bewußtsein und Sein zu entwickeln ermöglicht, bei der beide Glieder *gleichwertig* sind (wie sie im Grunde genommen Johnston auch intendiert, ohne daß er sie zu erreichen vermöchte). Dann aber ergibt sich mit unumstößlicher Klarheit: die „reale" Welt ist bei Berkeley nicht im *Bezug* zum Geist, sondern *Inhalt* des Geistes, und die „Abhängigkeit" ist keine *gegen*seitige, sondern eine ganz *ein*seitige, eben „spiritualistische".[23]

[23] Nur am Rande sei hier bemerkt, daß im Rahmen dieses durch so viele Vorzüge im einzelnen ausgezeichneten Werkes die Überschätzung der Berkeleyschen Handhabung der Begriffe (notions) und die übertrieben dualistische Auslegung des Verhältnisses von Ideen im menschlichen Geist (ectypes) und Ideen im göttlichen Geist (archetypes), bei der einseitig das velle Gottes akzentuiert wird, weitere Fehlinterpretationen von grundsätzlicher Bedeutung darstellen. Die erste führt zu falschen Schlüssen bezüglich der philosophischen Entwicklung Berkeleys, die zweite zu einer theistischen Auslegung an Stelle der allein ins Herz der Berkeleyschen Philosophie treffenden panentheistischen Auffassung. Zum letzten Punkt sei nur bemerkt: bei Gott fallen nach Berkeley das Wahrnehmen oder Denken (perceive oder conceive) der Ideen und ihr Schaffen (will or create) in *eins* zusammen, sein Vorstellen ist *zugleich* erschaffend. Nur an einer Stelle formuliert Johnston die Berkeleysche Lehre in dieser Hinsicht genau und zwar mit den Worten: „All the ideas we perceive are God's ideas: it is because they are God's ideas that they are real." (S. 71.) Der Vollzug dieser These mag, wenn sie ernsthaft in Angriff genommen wird, noch so schwierig sein — u. a. hat *Hicks* in seinem „Berkeley" (S. 153—157, 207/8) auf diese Schwierigkeiten hingewiesen —, aber es ist nun einmal die These Berkeleys, die wir zunächst mit all ihrer inneren Problematik hinzunehmen haben.

Übrigens wird der panentheistische Charakter der Berkeleyschen Lehre auch verkannt von *André Joussin* in „Exposé critique de la Philosophie de Berkeley" Paris 1921 (z. B. S. 69/70, 139 f., 154—157, 176—178, 217 ff.), woraus eine hypervoluntaristische Auffassung des Verhältnisses von Gott und Welt bei Berkeley und der Berkeleyschen Philosophie überhaupt resultiert, sowie neuerdings von *J. O. Wisdom* in „The unconscious Origin of Berkeley's Philosophy" London 1953 (z. B. S. 16—19, 28, 42/3, 58/9 usw.). Es sei noch hinzugefügt, daß die eben genannte Schrift von *Joussain* zwar in manchen Punkten ausgezeichnete Darstellungen der Berkeleyschen Lehre enthält, sie im ganzen aber viel zu sehr platonisiert und vor allem ihrem Anspruch, eine „kritische" Studie zu sein, in gar keiner Weise gerecht wird, denn in der ganzen, immerhin 261 Seiten umfassenden Schrift gibt es, soweit ich habe feststellen können, nicht eine einzige kritische Bemerkung zur Berkeleyschen Philosophie.

Dem gleichen Irrtum hinsichtlich des Verhältnisses von Subjekt und Objekt unterliegt — offenbar unter der Einwirkung der diesbezüglichen Ausführungen Johnstons — *G. Dawes Hicks* in seinem „Berkeley“ (London 1932, S. 78/9), obwohl er das Fehlen eines auch nur einigermaßen zureichenden „Objekt“-Begriffes bei Berkeley nachdrücklich feststellt (S. 269). Überhaupt ist zu sagen, daß auch dies eine gediegene Schrift ist, die manche wohldurchdachte Kritik an der Philosophie Berkeleys vorträgt und auch ihren unfertigen, unentwickelten, skizzenhaften Charakter des öfteren zurecht betont. Was ihre Gesamtauffassung anlangt, so sucht Hicks von Anfang an zwei einander entgegengesetzte Strömungen innerhalb des Berkeleyschen Denkens festzustellen, die mit einander um den Vorrang streiten: eine *empirische* und eine *metaphysische* — ein Widerstreit, der nach Hicks dazu geführt hat, daß keine der beiden Positionen in einer in sich zusammenhängenden systematischen Form von Berkeley entwickelt worden ist (S. 209/10). Demzufolge sei nun eine zweifache Auffassung Berkeleys möglich. Berücksichtige man nur die erste der beiden Strömungen, so erscheint Berkeley (z. B. aufgrund des § 94 der „Prinzipien“) lediglich als ein Glied in der Kette der Entwicklung von Locke zu Hume d. h. als extremer Psychologist und Subjektivist; in dieser Hinsicht ist er dann ein unvollständiger Hume, wie Hume ein mit sich einstimmig gemachter Berkeley und Berkeley ein mit sich einstimmig gemachter Locke ist. Berücksichtige man indessen in erster Linie die andere Strömung, aus der insbesondere das Spätwerk „Siris“ hervorgegangen ist, so stellt sich uns ein ganz anderer Berkeley dar, der neben der psychologisch-empirischen Methode eine metaphysisch-spekulative Methode anwendet, außer dem Sensualismus einen Rationalismus ins Spiel bringt, die nominalistische Theorie hinter sich läßt und vage eine Auffassung der Erfahrung vorzeichnet, die auf Kant hinausläuft. (S. 252-4.)

Obwohl zuzugeben ist, daß sich Berkeley im Lauf seiner Entwicklung von den schlimmsten sensualistischen, partikularistischen und nominalistischen Einseitigkeiten fortbewegt, dabei auch immer metaphysischer und spekulativer wird, so scheint mir die Hickssche Auffassung in ihrem Kern dennoch nicht haltbar, weil bei Berkeley *von Anfang an* Psychologismus, bewußtseinsphänomenalistischer Positivismus und Empirismus, spiritualistisch-sensualistische Erkenntnistheorie, Metaphysik und Religionsphilosophie derart *eins* waren, daß man keine grundverschiedenen Strömungen oder Tendenzen gegen einander abheben kann, die im *Widerstreit* mit einander lagen. Aus dem zutiefst religiösen Grundgefühl der Berkeleyschen Existenz heraus war das alles für ihn selber zweifellos eh und je eine Einheit, wenn auch im Anfang der anthropologische und später der religiös-mystische Zug ein wenig mehr heraustrat, und wenn sich in der Bewertung von Anschauung und Denken, Einzelnem und Allgemeinem, Wirklichkeits- und Erscheinungscharakter der Dinge auch allmählich gewisse Akzentverschiebungen herausbildeten. Ihn Kant vorahnen zu lassen, geht (ohne daß hierzu eine genauere Begründung nötig wäre) schwerlich an; der gewichtigste Vorläufer und erste Begründer der sog. kritischen Philosophie dürfte, alles in allem genommen, doch wohl John Locke gewesen sein, der vor allem auch durch Hume hindurch mehr als Berkeley auf Kant eingewirkt hat (um von anderen Momenten, etwa dem Einfluß des Lockeaners Tetens auf Kant oder den Auswirkungen der Auseinandersetzung Leibnizens mit Locke auf Kant zu schweigen). Hinsichtlich der relativen Einheit der Berkeleyschen Lehre und Entwicklung aber bin ich grundsätzlich der Meinung von Luce und Jessop.[24]

Gehen wir nunmehr zu einer abschließenden Würdigung Berkeleys über und greifen dabei noch einmal auf Luces Schrift über Berkeleys Immaterialismus zurück. In ihr weist Luce bestimmte Fehlinterpretationen zurück und erklärt: dieser Immaterialismus ist 1. nicht „Christian Science", denn er leugnet den Körper nicht, 2. nicht Akosmismus, denn seine Leugnung der Materie bedeutet keine Leugnung der Welt, 3. nicht Pantheismus, sondern Panentheismus, denn er sieht zwar alle Dinge in Gott, aber lehrt nicht, daß alles Gott ist, 4. nicht Panpsychismus, denn er lehrt nicht, daß alles Seele oder Geist ist, 5. nicht Idealismus, sondern eher noch Realismus, weil er „den Sinnesempfindungen ihren schuldigen Platz im System der Erkenntnis gibt, der Evidenz der Sinne traut und die Sinneswelt akzeptiert, indem er ihre Realität erklärt und ihr einen gesicherten Platz in seiner Metaphysik gibt". Auf jeden Fall, so bemerkt Luce in diesem Zusammenhang, steht Berkeley, was den letzten Punkt anlangt, dem Realismus näher als dem Idealismus, obwohl der erste Begriff fast ebenso vieldeutig ist wie der letzte. Indessen sei für Berkeley das Erkennen unter allen Umständen ein Finden und nicht ein Machen. Alles in allem: „Er betrachtete die Dinge geradezu und bot ihnen die Stirn, wie es Realisten zu tun versuchen. Er setzt sein Objekt auf Reichweite. Er sieht

[24] Vgl. hierzu *Luce* „Berkeley and Malebranche", S. 105 und S. 126—177, sowie „Berkeley's Immaterialism", S. 16—19, ferner *Jessop* „Berkeley Philosophical Writings", Edinburgh 1952, S. VII, XX/XXI und 258.

aus dem offenen Fenster heraus und nicht in den Spiegel hinein. Er glaubte an ein direktes Gewahrwerden (ein direktes Bewußtsein); er sieht direkt und ohne irgendein kognitives Medium die Welt, in der er lebt und handelt. Er verwirft den Repräsentationismus und die dreigliedrige Theorie der Erkenntnis und der Wahrnehmung, und er ist stets der Subjekt-Objekt-Relation treu." (A. a.O., S. 21-29).

Den letzten Punkt habe ich bereits zurgenüge behandelt, so daß nur noch ein paar Bemerkungen zu den übrigen, von Luce als Fehlinterpretationen angeführten Auffassungen zu machen sind. Zum Beweise dafür, daß Berkeleys Immaterialismus nicht „Christian Science" ist, weist Luce auf das Testament vom 31. Juli 1752 hin, in dem Berkeley etwa ein halbes Jahr vor seinem Tode genaue Angaben über die Behandlung seines Leichnams macht und u. a. anordnet, daß er trotz etwaigen Verwesungsgeruchs mindestens fünf Tage unangerührt in seinem Sterbebett bleibt (in der Tat ist er erst sechs Tage nach seinem Tode beerdigt worden). Indessen dürfte dies zwar ein interessantes menschliches, insbesondere psychoanalytisch gewichtiges Argument sein, aber kein eigentlich philosophisches, denn hier ist die Frage, ob der „Körper" (body) als realexistent im *außer*bewußten Sinne anerkannt oder lediglich als *„Vorstelstellung"* (idea) im prinzipiell seinslosen Sinne verstanden wird, wie dies auch bei Schopenhauer, der sich hierbei zuunrecht auf Kant, aber zurecht auf Berkeley beruft, der Fall ist. Ebenso steht es grundsätzlich mit der Ablehnung der Bezeichnung des Berkeleyschen Immaterialismus als *Akosmismus.* Die „Welt" der Vorstellungen oder Bewußtseinsinhalte ist und bleibt eine ganz andere Welt bzw. eine ganz andere Dimension oder Region der Welt wie die der Vorstellungs- und Bewußtseins*gegenstände,* so umfänglich und inhaltsreich sich die letzte auch in der ersten niederschlagen und darstellen mag. In jedem Falle sind die weltanschaulichen Voraussetzungen und Folgerungen dieser beiden Auffassungen himmelweit voneinander verschieden. Sie sind es auch dann, wenn man Berkeley nicht einer romantischen, defaitistischen, sich selbst betrügenden und betäubenden Flucht vor der Wirklichkeit verdächtigt, sondern seine *Interpretation* der Welt schlicht als *nichtontologisch* feststellt und damit die Grenzen seines Weltverständnisses und den Spielraum seiner Sinndeutungsmöglichkeiten der Welt unwiderruflich festlegt.

Rückhaltlos stimme ich, wie aus allem bisherigen hervorgeht, Luce zu, wenn er Berkeleys Immaterialismus als Pa*nen*theismus charakterisiert, denn in der Tat bleiben bei Berkeley göttliches und menschliches Sein, die unendliche und die endliche „Welt" bis zu einem gewissen Grade voneinander geschieden, so sehr auch das menschliche Sein auf das göttliche und alles Endliche auf das Unendliche nicht nur angewiesen, sondern ganz und gar von ihm umfangen und unmittelbar getragen ist. Am interessantesten erscheint mir die Zurückweisung der vermeintlichen Fehlinterpretation des sog. *Panpsychismus* durch Luce, da er selber in diesem Punkt der Auffassung zuneigt, daß Berkeley bei der ersten Aufzeichnung der Grundgedanken der „Prinzipien" in den „Kommentaren" panpsychistisch denkt, d. h. der Meinung ist: alles ist Seele (soul) oder Geist (mind). Wenn Luce die Bezeichnung eines *„dualistischen Immaterialismus"* (dualistic immaterialism) in Anspruch nimmt, so tut er es unter Hinweis darauf, daß Berkeley ja doch das *Subjekt* (das Vorstellende) und die *Idee* (die Vorstellung bzw. den Vorstellungsinhalt) voneinander unterscheidet und nicht etwa die Idee (oder das „Ding") als Modifikation oder Eigenschaft der Seele oder des Geistes auffaßt, deren Wesen offenbar den Charakter der Dinglichkeit, d. h. der Ausgedehntheit, Farbigkeit usw. ausschließt.

Nun wird man freilich Berkeley — und Luce — gern zugestehen, daß bei alledem das vorstellende *Subjekt* und die *Vorstellung*, die das Subjekt hat, voneinander unterschieden werden, aber eben diese Vorstellung ist nicht das Ding selber, das nun einmal unter gar keinen Umständen eine „Idee" ist. Daher wird man denn auch mit aller Entschiedenheit darauf bestehen müssen, daß sich am grundsätzlichen Panpsychismus oder Spiritualismus der Berkeleyschen Lehre durch eine *terminologische* Gleichsetzung von Vorstellungsinhalt (Idee) und Vorstellungsgegenstand (Objekt) nicht das mindeste ändert. Der *Dualismus* von Vorstellendem (Subjekt) und Vorstellung (Idee) liegt durchaus *innerhalb* der Dimension des Seins der "spirits". Und da Berkeley nun einmal keine materiellen und außerbewußten Substanzen, wohl aber spirituelle Substanzen anerkennt, ist das Substanz-Attribut-Verhältnis ein zweifellos legitimer Ausdruck für den bei Berkeley vorliegenden *Sach*verhalt, mag er selber es wahrhaben wollen oder nicht.[25] Mit anderen Worten: Berkeley ist und bleibt „Panpsychist" bzw. „Spiritualist", und keine

[25] Vgl. hierzu Anmerkg. 25 auf S. 130-133 dieser Schrift. Aus den hier noch einmal im einzelnen dargelegten Gründen geht eindeutig hervor, daß die frühe Eintragung in das Notizbuch „Nothing properly but persons i. e. conscious things do exist, all other things are not so much existences as manners of the existence of persons" (24) in der Tat auch den Sinn der späteren Lehre Berkeleys am klarsten und reinsten wiedergibt.

noch so behutsame und sorgfältig vorgehende moderne Interpretationskunst kann ihm diesen Charakter nehmen und ihn in so etwas wie einen unvoreingenommenen, soliden und phänomengerechten Realisten umwandeln. Damit zugleich bleibt die traditionelle Einordnung seiner Lehre in die Zusammenhänge des spezifisch neuzeitlichen Bewußtseinsidealismus unanfechtbar und umschreibt eindeutig sowohl die geschichtlichen Verdienste Berkeleys als auch seine zumal heute allzu offenkundigen Beschränkungen.[26]

Einer sachgemäßen Beurteilung Berkeleys ist allerdings ein Vorurteil stets sehr hinderlich gewesen, das bis in die unmittelbare Gegenwart hinein gegenüber seiner Lehre fortbesteht und scheinbar unausrottbar ist, nämlich der Vorwurf des sog. *Solipsismus.* Von einem solchen kann, wie schon die „Kommentare" beweisen, keine Rede sein, denn „passives" sinnliches und „aktives" geistiges Sein sind bei Berkeley von vornherein nicht nur miteinander, sondern auch mit *Gott* als der letzthin alleinigen Substanz alles Seins und der letzthin alleinigen Ursache alles Geschehens derart verklammert, daß es zu einer Isolierung der einzelmenschlichen Welt der Bewußtseinsinhalte gar nicht kommen kann. (Das hindert allerdings nicht, daß Berkeley dem Problem des Fremdseelischen im Falle der Mitmenschen auf keine Weise gerecht zu werden vermag, worüber Näheres in den Anmerkungen zu den §§ 140, 147 und 148 der »Prinzipien" zu sagen sein wird.) Der solipsistischen Auffassung Berkeleys liegt stets die irrtümliche Meinung zugrunde, als ob es möglich wäre, den sog. metaphysischen Hintergrund oder Überbau seiner Lehre von den angeblich bloß erkenntnistheoretischen Bestandteilen zu trennen. Aber die Erkenntnistheorie Berkeleys ist in sich selber metaphysisch und seine Metaphysik in sich selber erkenntnistheoretisch. Gott, Ich und Ideenwelt bilden bei Berkeley eine unlösliche Einheit, was andererseits freilich auch nicht dazu verführen darf, diesen Idealismus zu einem objektiven zu stempeln.[27]

Berkeleys Idealismus ist — gerade auch im Hinblick auf seinen Gottesbegriff — ein *subjektiver* Idealismus reinsten Was-

[26] Treffend sagt in dieser Beziehung *Johnston:* „Berkeley's metaphysic, then, comes in the end to be a hierarchic panpsychism . . . Since what really exists is nothing but a hierarchy of spirits, the doctrine is necessarily a panpsychism." (A. a. O., S. 204/5.)

[27] Beides tut z. B. *Georg Mende* in seiner Neuausgabe der „Drei Dialoge zwischen Hylas und Philonous" (Akademie-Verlag Berlin 1955). Er erklärt die Philosophie Berkeleys erkenntnistheoretisch für Solipsismus, metaphysisch bzw. religionsphilosophisch für objektiven Idealismus (a. a. O., S. 34). Sie ist keins von beiden.

sers, denn die Dinge oder Objekte sind bei ihm nichts als „Ideen" d. h. Bewußtseinsinhalte. Gegenstände außerhalb oder jenseits des Bewußtseins aber, auf die dieses *bezogen* wäre, kennt er hinsichtlich Gottes so wenig wie hinsichtlich des Menschen. Die ungeheure Vereinfachung, die er damit vorgenommen hat, ist, um es noch einmal zu wiederholen, heute lehrreicher denn je, wo es darum geht, alle Einseitigkeiten und Unhaltbarkeiten des durch Descartes inaugurierten neuzeitlichen Bewußtseinsidealismus endgültig zu überwinden, ohne dabei den goldenen Wahrheitskern preiszugeben, der ihm gleichwohl innewohnt, und den Berkeley mit frühreifer Genialität herauszuarbeiten sich so angelegen sein ließ.[28]

Indessen zeigen nicht nur die „Philosophischen Kommentare" die frühreife Genialität Berkeleys, sondern — von den „Prinzipien", seinem Hauptwerk, das er mit 25 Jahren veröffentlichte, einmal abgesehen — wird sie auch erwiesen durch den *„Essay towards a New Theory of Vision"* von 1709, seine erste größere Veröffentlichung (als Bd. 143 der „Philosophischen Bibliothek" 1912 erschienen unter dem Titel „Versuch einer neuen Theorie der Gesichtswahrnehmung"). Über diese Schrift und die „Drei Dialoge" noch einige Bemerkungen, um das Bild der entscheidenden Phase der Berkeleyschen Philosophie abzurunden.

Nur von der in den „Philosophischen Kommentaren" entwickelten Position her ist die mit der „Neuen Theorie des Sehens" vor allem verfolgte Absicht zu verstehen, denn diese ist auf die Widerlegung der materialistischen Weltanschauung gerichtet in der für die Auffassung der Außenwelt wichtigsten aller unserer Wahrnehmungen: der *Gesichtswahrnehmung*. In bezug auf sie wird von vornherein die gegenständliche Seite — die Seinsseite — völlig gestrichen, Hand in Hand mit einer entsprechenden Auslegung der sich im Erröten oder Erblassen anzeigenden Gemütserregungen der Scham und des Zorns sowie der durch die Sprache, genauer durch die begrifflichen Bedeutungen vermittelten Gedanken. Jeder über die Binnenseite solcher Wahrnehmungsphänomene und ein lediglich subjektives Ideenhaben hinausgehende Zusammenhang, der uns etwa in Beziehung zu einem wesensgemäß Nichtsubjektiven und Bewußtseinsjenseitigen setzen könnte, wird schroff abgelehnt.

[28] Auch in der Schrift von *Wisdom* wird irrtümlicherweise die erste Phase der Berkeleyschen Philosophie (—1713) als solipsistisch aufgefaßt (S. 56—62, 76, 80), wodurch sich ein Teil der Argumente erledigt, mit denen hier ein psychoanalytisches Verständnis der Lehre, Persönlichkeit und Entwicklung Berkeleys erreicht werden soll. Hinsichtlich der daraus gezogenen Schlußfolgerungen vgl. bes. S. 142—144, 154/5, 166/7, 172—174.

Hinsichtlich der Gesichtswahrnehmungen ergibt sich daraus bei Berkeley die zwingende Folgerung, daß räumliche Entfernung und Gestalt, Größe und Lage überhaupt nicht wahrgenommen werden können, sondern uns nur „suggeriert" werden durch Tastempfindungen, die allein uns die entsprechenden Eindrücke zu vermitteln vermögen (§ 45 u. ö.). Und nur durch die erfahrungs- und gewohnheitsmäßige Zuordnung von bestimmten Gesichtswahrnehmungen zu bestimmten Tastempfindungen, die wir in der Regel als miteinander koexistierend feststellen, entsteht nach Berkeley die Illusion einer durch das Sehen unmittelbar aufgefaßten räumlich-dinglichen Außenwelt (§§ 62, 72, 79, 95, 104, 108, 132, 147 u. ö.). Von Ausschlag gebender Bedeutung ist hierbei die Wesensverschiedenheit von Gesichts- und Tastwahrnehmungen (z. B. §§ 121, 127), die seiner Ansicht nach so wenig miteinander gemein haben, daß es überhaupt nicht ein und derselbe Gegenstand ist, den wir auf beide Weisen wahrnehmen, sondern zwei völlig voneinander verschiedene Gegenstände. In diesem Sinne heißt es beispielsweise: „Wenn wir die Sache genau und sorgfältig betrachten, müssen wir zugeben, daß wir niemals ein und dasselbe Objekt sehen und fühlen. Das, was wir sehen, und das, was wir fühlen, sind zwei ganz verschiedene Dinge" (§ 49). Daß der reine Sensualismus Berkeleys und der Mangel jedweder Berücksichtigung des (wie schon Locke erkannt hatte) auch der elementarsten Wahrnehmung immanenten Denkens hier überall peinlich fühlbar werden, sei nur nebenher erwähnt, desgleichen, daß Berkeley erst in seinem Spätwerk „Siris" die prinzipielle Unhaltbarkeit eines solchen dogmatischen Sensualismus zum Bewußtsein gekommen ist.

Treffend weist Johnston darauf hin, daß Berkeley in seiner „Theorie des Sehens" so ängstlich auf den Unterschied zwischen sichtbarer und fühlbarer Ausdehnung bedacht ist, daß er ihre Einheit darüber vollständig außer acht läßt, von der er auch keinerlei adäquate Rechenschaft zu geben vermag, weil er nicht zwischen Wahrnehmungen und wahrnehmbaren Eigenschaften der Objekte unterscheidet, sondern beides in seinem Terminus „Idee" zusammenfließen läßt. In diesem Zusammenhang fährt Johnston fort: „Gegen Berkeley müssen wir geltend machen, daß . . . . fühlbare Ausdehnung ebenso wie sichtbare Ausdehnung ein Zeichen realer Ausdehnung ist, die nicht unmittelbar wahrgenommen, sondern konstruiert wird aus den durch Gesichts- und Gefühlssinn gelieferten Daten plus einer Beurteilung oder Abschätzung der Umstände, Bedingungen und Beziehungen, in denen die Ausdehnung erfaßt wird. Somit können wir sagen, daß $A = x \left\} \begin{matrix} s\,A \\ f\,A \end{matrix} \right.$ ist, wobei A für die wirkliche Ausdehnung steht, s A für die sichtbare, f A für die fühlbare Ausdehnung und x für das Element des Urteils oder der Schätzung, das in der geistigen Konstruktion eingeschlossen ist . . . . . . Um wirkliche Ausdehnung zu kennen, ist es erforderlich, daß wir auf der Basis sowohl von Gefühls- als auch von Gesichtsdaten konstruieren oder urteilen." (A.a.O., S. 114-116). Damit sind die beiden entscheidenden Schwächen der Berkeleyschen Theorie auf das nachdrücklichste hervorgehoben: der phänomenalistisch-idealistische Subjektivismus, der nicht zwischen Wahrnehmungen und Wahrnehmungsobjekten unterscheidet, und der nackte Sensualismus, der die Rolle des Denkens in der Wahrnehmung in einem wahrhaft erstaunlichen Maße außer acht läßt.

Was nun das Grundsätzliche angeht, das uns hier allein interessiert (daher verzichte ich auch auf eine Würdigung der rein psychologischen Verdienste der Berkeleyschen Theorie), so ist es im Hinblick auf die „Prinzipien" von Wichtigkeit, daß Berkeley in der Theorie des Sehens den Tastempfindungen — im Gegensatz zu den Gesichtswahrnehmungen — noch die Fähigkeit zuerkennt, eine bewußtseinsunabhängige, reale Außenwelt vorstellig zu machen. Dies wird z. B. ausgesprochen mit den Worten: „Alle sichtbaren Dinge sind gleichermaßen im Geist und haben keinen Teil am äußeren Raum: und infolgedessen sind sie alle gleich weit entfernt von einem jeden tastbaren Ding, das außerhalb des Geistes existiert" (§ 111). Das letzte nennt Berkeley in den „Prinzipien" (§ 43 und § 44) jenen „vulgären Irrtum", den er dann in seinen letzten Resten überwunden zu haben glaubt. Insofern bereitet die Theorie des Sehens die Prinzipien nur vor: erst in dem ein Jahr später veröffentlichten Werk ist die Position der Berkeleyschen Philosophie hinsichtich der Auffassung der Außenwelt voll erreicht.[29]

[29] Treffend umschreibt *Luce* den doppelten Aspekt, den das Werk in metaphysischer Hinsicht darbietet, in Bd. I der neuen Gesamtausgabe, S. 148. Im gleichen Zusammenhang hebt er auch hervor, daß der „Halb-Materialismus" und damit die grundsätzliche Differenz zwischen den beiden Werken seiner Ansicht nach von Berkeley gewollt und beabsichtigt gewesen sei, da er aus Gründen der Taktik und der Lebensklugheit die volle Radikalität seiner philosophischen Auffassung der Außenwelt zunächst noch verschleiern wollte (S. 149/150, ferner S. 156 sowie 247/8) — eine Auffassung, die u. a. auch von *Metz* vertreten wird (a. a. O., S. 61/2). Indessen muß Luce selber zugeben, daß bestimmte Thesen, die in dem früheren Werk mit höchster Akzentuierung heraustreten (so vor allem die Unterstreichung der Heterogeneität von Gesichts- und Tastwahrnehmungen und die Möglichkeit der Feststellbarkeit einer absoluten Entfernung durch Tastempfindungen), in den Prinzipien ihre Bedeutung in einem Maße verlieren, daß wir eben doch genötigt sind, einen wesent-

Jedenfalls aber zeigt schon das vorbereitende Werk die fatale Grundrichtung der Liquidierung der Außenwelt an und beweist, wo man zwangsläufig endet, wenn man in entscheidenden Hinsichten die objektive Seite der Weltphänomene streicht (freilich unter Beibehaltung des *Wortes* „Objekt"), sich im Bannkreis des Bewußtseins fängt und in ihm rund zu laufen beginnt. Es liegt auf der Hand, daß Berkeley auf halbem Wege keinesfalls stehenbleiben, die halbmaterialistisch-halbidealistische Position der Theorie des Sehens nicht beibehalten konnte, weil eine wirkliche Unterscheidung zwischen „Idee" und „Objekt" der Idee im Falle der Gesichts-, Gehör- und Geschmacksideen ebenso begründet ist wie im Falle der Tastideen, oder aber — im Licht der entgegengesetzten Auffassung — die *Gleichsetzung* von „Idee" und „Objekt" in allen Fällen gleich berechtigt — diejenige radikale Konsequenz, die Berkeley dann von den „Prinzipien" ab in der Tat zieht, wie dies nach den „Philosophischen Kommentaren" nicht anders zu erwarten war.[30]

Gleichwohl ist, um es noch einmal zu wiederholen, die Theorie des Sehens terminologisch beherrscht vom Prinzip der „reinen" Erfahrung, und das heißt im Sinne Berkeleys des gewohnheitsmäßigen Antreffens von zufälligen Koexistenzen, die keinerlei sachlichen Notwendigkeitszusammenhang erkennen lassen, sondern ihn nur „suggerieren" (suggest) — ein überaus bezeichnender Lieblingsausdruck Berkeleys in der neuen Theorie des Sehens. Damit bereits sind über Locke hinaus in der Gesamtauffassung der Wirklichkeit Hume die maßgebenden Grundgedanken nahegelegt, die er nun freilich — obzwar

---

lichen Unterschied zwischen beiden Werken festzustellen (S. 150—152, auch 245). Ohne die Auffassung von Metz und Luce ganz von der Hand zu weisen, muß m. E. gleichwohl die Möglichkeit offen gelassen werden, daß Berkeley in dem früheren Werk noch stark unter dem Eindruck des Schwergewichts der Lockeschen Polemik gegen die kartesische Gleichsetzung von Körper und Ausdehnung steht, bei der Locke die Solidität bzw. die Undurchdringlichkeit als das für die Materie recht eigentlich konstitutive Moment mit dem höchsten Nachdruck geltend macht. Vgl. hierzu Essay Buch II Kap. 4: Idea of Solidity, in dessen erstem Paragraphen es z. B. heißt: „This, of all other, seems the idea most intimately connected with, and essential to body; so as nowhere else to be found or imagined, but only in matter." Vgl. ferner in demselben Buch Kap. 13 § 11: Extension and Body not the same (im einzelnen erläutert in den Paragraphen 12 und 16 sowie 24—27 desselben Kapitels).

[30] Vgl. hierzu auch *G. J. Warnock* „Berkeley", London usw. 1953, S. 48 bis 55. Übrigens werden auch hier hinsichtlich der Frage, ob die Differenz zwischen den beiden Werken beabsichtigt gewesen ist oder nicht, anscheinend beide Möglichkeiten offengelassen (S. 43/4, 58/9). In der Tat wird man schwerlich je eine eindeutige Entscheidung in dieser immerhin grundsätzlich wichtigen Frage treffen können. Vgl. zu dem ganzen Problemkomplex ferner noch *Luce* „The Life of George Berkeley", S. 161/2, „Berkeley and Malebranche", S. 26—28, und „Berkeley's Immaterialism", S. 6—9, 69, 74, 118—120, 143.

ebenfalls vom dogmatisch-metaphysischen Boden einer reinen Bewußtseinsimmanenz her — zur kritisch-skeptischen Anwendung bringt.

Übrigens hat Berkeley später (1733) die in der Theorie des Sehens verfochtenen Thesen gegen Angriffe verteidigt und erläutert ("The Theory of Vision or Visual Language shewing the immediate Presence and providence of a Deity vindicated and explained").[31] Wie schon der Titel andeutet, wird die Koexistenz zwei so verschiedenartiger willkürlicher Zeichensysteme, wie sie die Gesichtswahrnehmungen und jetzt auch die Tastempfindungen darstellen, bereits als Beweis für die Gegenwart und für die gütige Vorsorge der Gottheit angesehen (§§ 38-43). Indessen liegt diese Schrift und ihr Zusammenhang mit dem ein Jahr zuvor veröffentlichten „Alciphron" (dem eine Neuauflage der Theory of Vision beigegeben worden war) über die hier zu behandelnde Phase der Berkeleyschen Philosophie zu weit hinaus, als daß sie Berücksichtigung finden könnte. Hier sind nur noch einige Bemerkungen anzufügen über diejenige Schrift, in der Berkeley drei Jahre nach dem Erscheinen der „Prinzipien" deren Grundgedanken überaus lichtvoll dargestellt hat, wobei freilich auch die grundsätzlichen Schwächen seiner Position umso unverhüllter hervortreten, z. B. (worauf wir schon hingedeutet haben) bei der Behandlung der Probleme idea und object, perception und perceive im ersten Dialog oder des Verhältnisses von idea, notion, reflexion, intuition, knowledge, reason, perceave, conceive usw. im dritten Dialog.

Im Vorwort zu den "*Three Dialogues between Hylas and Philonous*" ("The design of which is plainly to demonstrate the reality and perfection of human knowledge, the incorporeal nature of the soul, and the immediate providence of a Deity: in opposition to Sceptics and Atheists. Also to open a method for rendering the Sciences more easy, useful, and compendious")[32] wird der Zweck dieser neuen Schrift eindeutig angegeben. Sie ist zur Ergänzung der „Theorie des Sehens" und der „Prinzipien" bestimmt und soll insbesondere dazu dienen, gewisse im ersten Teil der letzten Schrift niedergelegte Grundlehren „klarer und ausführlicher abzuhandeln und in ein neues Licht zu setzen", sie vor allem „in der leichtesten und bequemsten Art zugänglich zu machen". Dies erschien durchaus notwen-

[31] Bd. 143 der „Philos. Bibl.", S. 102 ff.

[32] Zum ersten Mal deutsch erschienen (allerdings nach einer französischen Übersetzung) i. J. 1756, ferner als Bd. 102 der „Philosophischen Bibliothek" und neuerdings in den vom Akademie-Verlag Berlin 1955 herausgegebenen „Philosophischen Studientexten".

dig, weil die früheren Schriften nicht einmal eine Diskussion entfacht, geschweige denn Zustimmung und Anerkennung gefunden hatten.[33]

Zugleich wird schon im Vorwort auf das stärkste unterstrichen, daß dem Skeptizismus der Boden entzogen werden soll durch eine Wiederherstellung des Vertrauens in die Sinne und den gesunden Menschenverstand, was dann im ersten Dialog zunächst in bezug auf die sog. sekundären Qualitäten und dann in bezug auf die sog. primären Qualitäten ausführlich dargelegt wird unter Bestreitung der Realexistenz einer materiellen Substanz. Der zweite Dialog legt das Hauptgewicht darauf, daß das bloße Dasein der sinnlichen Welt die Existenz Gottes als eines unendlichen Geistes, *dessen* Perzeption sie ist, „unmittelbar und notwendig" beweist, da ja die Ideenwelt in den menschlichen Einzelgeistern ständig kommt und geht, für kurze Zeit in ihnen aufblitzt und dann wieder erlischt, sogar schon während des Schlafes in ihnen zu sein aufhört, so daß ein über alle diese Unterbrechungen hinausliegendes, beständiges, fest und unverbrüchlich in sich zusammenhängendes Sein der Ideenwelt nur durch den unendlichen, niemals aussetzenden Geist Gottes gewährleistet wird. In diesem Zusammenhang grenzt Berkeley seine Lehre gegen die „Schwärmerei" (enthousiasm) Malebranches ab, dessen Prinzipien er als den seinen „funda-

[33] Vgl. hierzu *Luce* „The Life of George Berkeley", S. 50—52. Die erste bemerkenswerte Kritik der Lehre B.s ist enthalten in den an ihn gerichteten Briefen *Samuel Johnsons* vom 10. IX. 1729 und vom 5. II. 1730 (Bd. II, S. 265 ff., ferner Luce a. a. O., S. 129—131). In diesen berühmten Briefen geht es vor allem um drei Probleme: das Verhältnis der Ideen zu ihren Urbildern (Archetypen) im Geist Gottes, die Unendlichkeit und Ewigkeit Gottes in bezug auf Raum und Zeit und die Art des Seins der Geister, die als *Subjekte* oder *Substrate* ihrer Tätigkeiten nach J. von diesen Tätigkeiten selber verschieden sein müssen, und das Verhältnis dieses Seins, *das* perzipiert, zum Sein der Idee, *des* Perzipierten! Insbesondere die Beantwortung des dritten Fragenkomplexes durch Berkeley ist so ungenügend, daß sich das Fehlen des nie erschienenen zweiten Teils der „Prinzipien", der die Probleme des geistigen Seins und der Moral behandeln sollte, auch an dieser Stelle schmerzlich bemerkbar macht. Vgl. hierzu die Anmerkung 9 auf S. 121 dieser Schrift. Übrigens äußert sich bezüglich des ersten Punktes Berkeley in Beantwortung des zweiten Johnson-Briefes am 24. III. 1730 folgendermaßen: „Ich habe nichts dagegen, daß man die Ideen im Geist Gottes Archetypen der unsrigen nennt. Aber ich erhebe Einspruch dagegen, daß diese Archetypen von Philosophen für wirkliche Dinge gehalten werden, und daß sie eine absolute, rationale Existenz haben, die von ihrem Wahrgenommenwerden durch welchen Geist auch immer verschieden ist. Dies nämlich ist die Meinung aller Materialisten, daß eine ideale Existenz im göttlichen Geist eine Sache ist und die reale Existenz von materiellen Dingen eine andere." (Bd. II, S. 292.) Damit ist von Berkeley einmal mehr seine merkwürdige Verkoppelung von Sensualismus und Spiritualismus unmißverständlich zum Ausdruck gebracht.

mental entgegengesetzt" bezeichnet (so besonders scharf in einem Zusatz zur 3. Aufl.), was indessen nicht dazu verführen darf, die von uns früher hervorgehobenen tiefgreifenden Gemeinsamkeiten zwischen beiden Denkern außer acht zu lassen, die ja auch *beide*, obwohl auf verschiedene Weise (unter Abhebung etwa vom Pantheismus Spinozas) als *Panentheisten* zu bezeichnen sind.

Der dritte Dialog enthält den abschließenden Generalangriff auf die materielle Substanz, der nunmehr in Form von grundsätzlichen erkenntnistheoretischen Erwägungen vom Boden des esse est percipi her vorgetragen wird, in denen die ganze Zwielichtigkeit der Berkeleyschen „Idee" und seines sich in den Ausdrücken oft ganz unbekümmert „realistisch" gebenden „Idealismus" offenbar wird. Soweit dabei in bezug auf das Sein der Materie sowohl die *Absolutheit* ihres *Wesens* als auch die *Absolutheit* ihres *Daseins* erbittert bekämpft und die These einer *völligen* Unabhängigkeit der sinnfälligen Welt in jenen beiden Hinsichten vom sie perzipierenden und denkenden *Geist* immer wieder für sinnlos, ja absurd erklärt wird, leuchtet gerade in den entscheidenden Partien dieses dritten Dialoges etwas von jenem ewigen Wahrheitsgehalt auf, der nicht nur der Philosophie Berkeleys, sondern jedem Bewußtseinsidealismus überhaupt unverlierbar innewohnt.

Freilich bleibt die Kritik des Absolutismus im Rahmen dieser Lehre naturgemäß auf die *materielle* Substanz beschränkt, während die *geistige* Substanz um so absoluter stabilisiert wird: „Alle Objekte werden ewig von Gott gewußt oder haben, was dasselbe ist, eine ewige Existenz in seinem Geist." (Bd. II, S. 252). Das Sein der Ideen im Menschen wird hierbei als relativ, bedingt und nachbildlich (ektypisch) von ihrem Sein in Gott als absolut, unbedingt und urbildlich (archetypisch) unterschieden. Auch nach Berkeley sind also die Dinge insofern „außerhalb" der *Einzel*geister, als sie ja — als „Ideen" — ihre *absolute* Existenz in *Gott* haben. Diese seine wiederholt nachdrücklich als „Immaterialismus" bezeichnete Lehre formuliert er einmal besonders prägnant mit den Worten: „Die Streitfrage zwischen den Materialisten und mir ist nicht, ob die Dinge eine wirkliche Existenz außerhalb des Geistes dieser oder jener Person haben, sondern ob sie eine absolute Existenz haben, verschieden von ihrem Wahrgenommenwerden durch Gott (from being perceived by God) und außerhalb jedes Geistes überhaupt." (Bd. II, S. 235.)

Vergleicht man nun die „Dialoge" mit den „Prinzipien", so muß gesagt werden, daß sie ihren Inhalt nur in den *Hauptpunkten* herausarbeiten — in bezug auf sie allerdings mit großer Klarheit und zum Teil auch in weiter entwickelter Form —, aber rein stoffmäßig behandeln sie im wesentlichen nur die *erste* Hälfte des Hauptteils der „Prinzipien". Es bleibt also dabei, daß die „Prinzipien" das Hauptwerk Berkeleys sind, was Jessop treffend feststellt mit den Worten: „Die Prinzipien bleiben . . . die vollste und sorgfältigste Darstellung seiner Doktrin, ihr endgültiger Abriß, ebensowohl als ihr erster Versuch" (Bd. II, S. 150).[34]

Zusammenfassend kann also gesagt werden, daß die einschlägigen Partien der „Philosophischen Kommentare" von 1707/08 und die Grundgedanken der „Neuen Theorie des Sehens" von 1709 die beste Einführung in das Berkeleysche Hauptwerk sind und die „Drei Dialoge" von 1713 die beste Erläuterung seiner philosophischen Hauptthesen.

In seinem ersten Brief an Samuel Johnson vom 25. November 1729 sagt Berkeley, indem er auf seine früheren Werke zurückblickt: „Was Sie von mir gesehen haben, wurde veröffentlicht, als ich sehr jung war, und ohne Zweifel hat es manche Mängel. Denn obwohl die Begriffe wahr sein dürften (wofür ich sie wirklich halte), ist es doch schwierig, sie klar und folgerichtig auszudrücken, weil die Sprache für den gewöhnlichen Gebrauch und für überkommene Vorurteile gebildet worden ist. Ich beanspruche daher auch nicht, daß meine Bücher die Wahrheit lehren können. Alles, was ich erhoffe, ist, daß sie für wißbegierige Menschen eine Gelegenheit zur Entdeckung der Wahrheit sein möchten und zwar so, daß diese Menschen dabei ihren eigenen Geist zu Rate ziehen und in ihre eigenen Gedanken hineinsehen." Wo immer das Studium der Werke Berkeleys im Sinne dieser schönen und wahrhaft philosophischen Worte betrieben wird, vermag es auch heute noch reichen Gewinn zu bringen.

Und um zwei verdienstvollen englischen Berkeley-Forschern

[34] Ähnlich urteilt *Luce*, wenn er im Vorwort (S. V/VI) zu seiner Schrift über Berkeleys Immaterialismus sagt: „Berkeleys Geschenk an das Denken der Welt war und ist sein Immaterialismus, und er schloß es ganz in ein einziges Schmuckkästchen ein: die „Prinzipien". Zwar veröffentlichte er eine vorbereitende Studie und verschiedene Fortsetzungen zu den „Prinzipien", aber er veröffentlichte keinen Ersatz für sie; auch die „Drei Dialoge" können ihre Stelle nicht einnehmen . . . Alle anderen Berkeleyschen Schriften . . . fügen nichts zur wesentlichen Argumentation der „Prinzipien" hinzu und nehmen nichts von ihr hinweg. Meistert die „Prinzipien", und ihr habt Berkeleys Immaterialismus gemeistert." Vgl. ferner a. a. O., S. 6/7 und 15—18.

noch einmal das Wort zu leihen, sei zunächst eine sehr beherzigenswerte Stelle aus dem Werk von G. Dawes Hicks hierher gesetzt. Sie lautet: „Es ist unmöglich, auf einsichtsvolle Weise in die philosophische Spekulation unserer eigenen Zeit einzutreten, den Charakter ihrer Probleme zu verstehen oder den Wert der Konzeptionen zu würdigen, die sie in der Interpretation der Erfahrung zum Tragen bringt, ohne die Hilfe, die aus der Reflexion über das zu gewinnen ist, was ein großer Denker, so wie Berkeley es war, zuvor erarbeitet hat.“ („Berkeley“, London 1932, S. 319.) Ebenso treffend sagt Luce: „Junge und alte, über die ganze Welt verteilte Denker verschiedener Rassen und Philosophenschulen sitzen zu den Füßen dieses jungen dreiundzwanzigjährigen Universitätsstudenten; was er sagt, mögen sie nicht als richtig anerkennen, aber sie müssen ihm zuhören.“ (“Sense without Matter or Direct Perception“, London 1954, S. 161.)

Berkeleys Leben und Werke

Zeittafel

1685	12. März geboren in der Nähe von Kilkenny.
1696	Eintritt in das Kilkenny College.
1700—1712	In Dublin. 1700 Eintritt in das Trinity College. 1704 B. A.; 1707 Junior Fellow, M. A., "Arithmetica" und "Miscellanea Mathematica". [1707/08 "Philosophical Commentaries".] 1709 "Essay towards a new Theory of Vision". 1710 "Treatise concerning the Principles of Human Knowledge". 1713 "Passive Obedience", Abreise nach London.
1713—1721	Hauptsächlich auf Reisen. Jan.—Okt. 1713 in England. "Three Dialogues between Hylas and Philonous", Aufsätze im Guardian. 1713/14 in Italien als Kaplan des Grafen von Peterborough. 1714—16 in England. 1715 "Advice to the Tories who have taken the Oaths". 1716—20 in Frankreich, Italien und Sizilien als Reisebegleiter und Hauslehrer.
1721—1724	Hauptsächlich in Dublin. 1721 Doktor und Lektor der Theologie, "De Motu", "Essay towards preventing the Ruin of Great Britain". 1722 Dekan von Dromore (dem Titel, aber nicht dem Amt nach), Projekt der Gründung eines College auf den Bermudas. 1723 Testamentsvollstrecker und Erbe der Esther Vanhomrigh (Swifts Vanessa). 1724 Dekan von Derry, Niederlegung der Ämter im Trinity College, "Proposal for the better supplying of Churches in our foreign Plantations".
1724—1728	In England, Vorbereitungen zur Durchführung des Bermuda-Projekts. 1728 Heirat mit Anne Forster, Abfahrt nach Amerika.
1729—1731	In Newport, Rhode Island.
1731—1734	In England. 1732 "Alciphron". 1733 "Theory of Vision vindicated and explained".

1734—1752 In Irland als Bischof von Cloyne.
1734 "Analyst". 1735 "Defence of Free-thinking in Mathematics". 1735-37 "Querist". 1738 "Discourse addressed to Magistrates". 1744 "Philosophical Reflexions and Inquiries concerning the Virtues of Tar water" ("Siris"). 1749 "A Word to the Wise".

1753 Tod am 14. Januar in Oxford. Begraben in Christ Church, Oxford.

Die wichtigsten Schriften über Berkeley:

André Joussain „Exposé critique de la Philosophie de Berkeley"
Paris 1921

Georg Stammler „Berkeleys Philosophie der Mathematik"
Berlin 1921

G. A. Johnston „The Development of Berkeley's Philosophy"
London 1923

Rudolf Metz „George Berkeley, Leben und Lehre"
Stuttgart 1925

G. Dawes Hicks „Berkeley"
London 1932

A. A. Luce „Berkeley and Malebranche"
Oxford 1934

„Berkeley's Immaterialism"
2. Aufl. London usw. 1950

„Sense without Matter or Direct Perception"
London usw. 1954

Harry M. Bracken: „The early Reception of Berkeley's Immaterialism 1710—1733"
The Hague 1959
(Vgl. meine Besprechung dieser Schrift im Februar-Heft des „Archivs für Geschichte der Philosophie", Jahrgang 1961)

Die beste kurzgefaßte Gesamtdarstellung bei T. E. Jessop „Berkeley Philosophical Writings" London usw. 1952, S. X-XXI.

Kurze Inhaltsangabe
der „Prinzipien der menschlichen Erkenntnis“

Einführung

§§ 1—5

Das Fehlschlagen aller bisherigen Versuche in der Pilosophie geht nicht auf die natürliche Schwäche und Unvollkommenheit unseres Verstandes zurück oder auf eine undurchdringliche Dunkelheit und Verwickeltheit der Erkenntnisgegenstände, sondern auf den unrichtigen Gebrauch, den wir von unseren Fähigkeiten gemacht haben, und auf falsche Grundannahmen, an denen die Menschen bisher eigensinnig festhielten.

§§ 6—9

Die Lehre von den abstrakten Ideen oder Begriffen bedeutet einmal, daß wir Eigenschaften oder Daseinsweisen der Dinge, die nicht getrennt von einander in der Wirklichkeit existieren können, dennoch gesondert auffassen, z. B. Farbe oder Bewegung ohne Ausdehnung, zum andern, daß wir Allgemeinbegriffe von Eigenschaften oder Dingen bilden, bei denen nur das Gemeinsame herausgehoben, von allem sie Unterscheidenden aber abgesehen wird, z. B. die Ideen von Ausdehnung, Farbe, Bewegung, Mensch, Tier, Körper überhaupt.

§§ 10—17

Kritische Auseinandersetzung mit dieser Lehre, deren beide Formen nachdrücklich bestritten werden. In der ersten Hinsicht wird nur zugegeben, daß trennbare Teile von uns getrennt betrachtet werden können, nicht dagegen untrennbare, in der zweiten, daß Partikularideen dadurch eine allgemeine Funktion erhalten können, daß sie andere Partikularideen repräsentieren oder als Zeichen für sie genommen werden. Dabei wird insbesondere die Lehre Lockes (vor allem dessen Idee eines allgemeinen Dreiecks) einer Kritik unterzogen.

§§ 18—20

Die hauptsächlichste Quelle des Irrtums der abstrakten Ideen und Begriffe ist die Annahme, daß jeder Name mit einer besonderen Idee verbunden ist; im übrigen sind viele Worte überhaupt nicht dazu da, Ideen in uns hervorzurufen, sondern Gemütsbewegungen, Willenshandlungen usw.

§§ 21—25

Die Ideen nach Möglichkeit gleichsam nackt zu betrachten und aus ihrer so oft täuschenden Verbindung mit hergebrachten Worten zu lösen, ist das einzige Mittel, bloße Wortstreitigkeiten zu vermeiden und die Wahrheit ausfindig zu machen, die durchaus in unserer Reichweite liegt.

Prinzipien

§§ 1—33

Darlegung der Lehre des Immaterialismus.

§§ 1—8

Esse est percipi. Da die Dinge der Außenwelt nichts als Gruppen von Ideen oder sinnlichen Qualitäten sind, die nur ein wahrnehmendes Wesen haben kann, so folgt daraus, daß es ein Widerspruch ist, sie außerhalb eines geistigen Wesens zu denken. Die Annahme, das Objekt der Wahrnehmung könne etwas von der Wahrnehmung selber Verschiedenes sein, ist die Höhe der Verirrung, zu der die Lehre von den abstrakten Ideen und Begriffen führt. Der letzte Seinsgrund aller Ideen ist der ewige Geist Gottes. Materielle Substanzen kann es nicht geben, da Geistiges nur Geistigem inhärieren kann. Auch die Annahme, unsere Ideen könnten Abbilder von an sich seienden Urbildern sein, denen sie ähneln, ist abwegig, denn wenn diese wahrnehmbar sind, sind sie Ideen, die nur in einem Geist existieren können, und wenn sie nicht wahrnehmbar sind, so können sie den Ideen nicht ähnlich sein, denen nur Ideen ähnlich sein können.

§§ 9—15

Die Unterscheidung von primären und sekundären Qualitäten ist unhaltbar, weil die einen nicht ohne die anderen aufgefaßt werden können und beide gleich relativ zu unserem jeweiligen Zustand sind.

§§ 16—21

Die Annahme einer materiellen Substanz ist unhaltbar und überflüssig, da sie weder durch die Sinne noch durch Denken gerechtfertigt werden kann. Die Sinne liefern uns nur Ideen, aber keine „Träger“ von Ideen, die auch durch Denken nicht zu erschließen sind, da, wie die Materialisten selber zugeben, unerklärlich ist, wie ein materielles Ding auf den Geist einwirken und Ideen in ihm hervorrufen sollte.

§§ 22—24

Der Begriff von Wahrnehmungs- und Denkinhalten ohne ein Subjekt der Wahrnehmung und des Denkens und der Begriff eines absoluten Seins außerhalb jedes Geistes widersprechen gleichermaßen sich selbst.

§§ 25—29

Ideen sind völlig passiv, daher können sie weder Ursachen unserer Ideen noch Abbilder derartiger Ursachen sein. Es kann demnach auch keine Ideen von Geistern geben, die ihrerseits die alleinige Ursache von Ideen sind. Die Ursache derjenigen Ideen, die wir selber nicht zu erzeugen imstande sind, muß also einen anderen Geist zur Ursache haben als den unseren.

§§ 30—33

Die Ordnung der sinnlichen Ideen zeugt von der unendlichen Weisheit und Güte ihres Urhebers, durch die uns ein geregeltes Leben ermöglicht wird. Die Sinneswahrnehmungen sind von den Ideen der Einbildungskraft unterschieden wie wirkliche Dinge von den Bildern; Ideen aber sind beide.

§§ 34—84

Dreizehn Einwürfe gegen die vorgetragene Lehre und ihre Zurückweisung:

1. Sie macht die Wirklichkeit zur Chimäre (§§ 34—40), 2. sie hebt den Unterschied zwischen Wahrnehmung und Phantasievorstellung auf (§ 41), 3. sie läßt die wahrgenommene Entfernung bzw. das Draußensein der Objekte des Gesichtssinnes außer acht (§§ 42—44), 4. sie verflüchtigt die Dinge, indem sie sie jeden Augenblick entstehen und vergehen läßt (§§ 45—48), 5. sie macht die Ausdehnung zu einer Modifikation oder zu einem Attribut des Geistes (§ 49), 6. sie unterminiert die mechanische Naturwissenschaft (§ 50), 7. sie führt zu Absurditäten dadurch, daß sie die natürlichen Ursachen leugnet und alles dem Geist zuschreibt (§§ 51—53), 8. und 9. sie setzt sich in Widerspruch zu dem allgemeinen Glauben der Menschen an die Materie und vermag ihn nicht zu erklären (§§ 54—57),

10. sie widerspricht bestimmten anerkannten philosophischen und mathematischen Wahrheiten (§§ 58 und 59), 11. sie kann den wunderbaren Mechanismus der Natur nicht erklären (§§ 60—66), 12. sie läßt unberücksichtigt, daß die Materie möglicherweise die uns unbekannte Veranlassung zur Bildung unserer Ideen ist, und daß uns vielleicht nur der Sinn für ihre Erfassung fehlt (§§ 67—81), 13. sie ist unvereinbar mit den Lehren der Bibel (§§ 82—84).

§§ 85—134

Konsequenzen der Lehre inbezug auf die Ideen: 1. Sie entzieht jedwedem Skeptizismus die Grundlage dadurch, daß sie die Möglichkeit von materiellen Substanzen, die für unsere Ideen unerreichbar sein könnten, aufhebt, und zerstört damit zugleich den Atheismus, der auf derselben Voraussetzung einer unabhängig vom Geist existierenden materiellen Substanz beruht (§§ 85—96). 2. Sie befreit von den heillosen Verwirrungen, zu denen die Lehre von den abstrakten Ideen führt (§§ 97—100). 3. Sie vereinfacht die Naturwissenschaft, indem sie die Gesetze der Natur auf beobachtete Regelmäßigkeiten zurückführt (denen indessen keine feststehende Allgemeinheit und keinerlei sachliche Notwendigkeit zukommt) und die Begriffe einer absoluten Zeit, eines absoluten Raumes und einer absoluten Bewegung verwirft (§§ 101—117). 4. Sie vereinfacht die Arithmetik, indem sie abstrakte Zahlideen abschafft, und die Geometrie, indem sie unendliche Größen leugnet, da Linien, Oberflächen usw., die nichts als perzipierbare Ideen sind, in keine Teile geteilt werden können, die kleiner sind als die minima sensibilia (§§ 118—134).

§§ 135—156

Konsequenzen der Lehre inbezug auf die Geister: 1. Der Geist ist seinem Wesen nach tätig, daher kann es keine Idee von ihm geben, es sei denn in einem weiteren Sinne, bei dem auch Begriffe zu den Ideen gezählt und beide wechselseitig für einander gebraucht werden, was durchaus statthaft ist (§§ 135—140, 142). 2. Der Geist ist von Natur aus unsterblich (§ 141). 3. Die Abschaffung abstrakter Ideen befreit uns von der Lehre von abstrakten Seelenvermögen (§ 143). 4. Die scharfe Sonderung von Geistern und Ideen macht materialistische Auffassungen und unangemessene Versinnlichungen des Geistigen unmöglich (§ 144). 5. Die Erkenntnis anderer Geister ist zwar keine unmittelbar-evidente und beweisbare, aber durch Analogieschluß zu erreichen (§§ 145, 147, 148). 6. Die Erkenntnis Gottes folgt mit Notwendigkeit aus dem Dasein und der Beschaffenheit der Welt einschließlich meines eigenen Geistes und der Geister der anderen Menschen (§§ 146—150). 7. Das Dasein der Übel in der Welt beeinträchtigt nicht die sich in ihr offenbarende Weisheit, Güte und Allmacht Gottes, wenn man sie im Zusammenhang des Ganzen betrachtet (§§ 151—155). 8. Diese Lehre befördert Religion und Moral (§ 156).

A

TREATISE

Concerning the

PRINCIPLES

OF

Human Knowlege.

PART I.

Wherein the chief Causes of Error and Difficulty in the *Sciences*, with the Grounds of *Scepticism*, *Atheism*, and *Irreligion*, are inquir'd into.

By *George Berkeley*, M. A. Fellow of *Trinity-College*, *Dublin*.

DUBLIN:

Printed by AARON RHAMES, for JEREMY PEPYAT, Bookseller in *Skinner-Row*, 1710.

EINFÜHRUNG

§ 1. Da die Philosophie nichts anderes ist als das Streben nach Weisheit und Wahrheit, so sollte man vernunftgemäß erwarten dürfen, daß die, welche am meisten Zeit und Mühe auf sie verwendet haben, sich einer größeren Ruhe und Heiterkeit des Gemütes, einer größeren Klarheit und Sicherheit der Erkenntnis erfreuen und weniger durch Zweifel und Bedenken beunruhigt werden als andere Menschen. Wir sehen dagegen, daß vielmehr die ungelehrte Menge der Menschen, die auf der Landstraße des schlichten Menschenverstandes wandelt und durch die Gebote der Natur geleitet wird, größtenteils zufrieden und ruhig lebt. Ihnen scheint nichts, was gewöhnlich ist, unerklärlich oder schwer zu begreifen. Sie klagen nicht über irgend welche Unzuverlässigkeit ihrer Sinne und sind ganz frei von der Gefahr, *Skeptiker* zu werden. Sobald wir uns aber der Leitung der Sinne und der natürlichen Triebe entziehen, um dem Lichte eines höheren Prinzips zu folgen, um über die Natur der Dinge mittels unserer Vernunft Schlüsse zu ziehen, über sie nachzudenken und zu reflektieren, erheben sich sofort tausend Zweifel in unserem Geist in betreff eben der Dinge, welche wir vorher völlig zu begreifen schienen. Vorurteile und Irrtümer der Sinne enthüllen sich von allen Seiten her unserem Blick, und indem wir diese durch Nachdenken zu berichtigen streben, werden wir unvermerkt in seltsame, von der gewöhnlichen Meinung abweichende Behauptungen, Schwierigkeiten und Widersprüche verstrickt, die sich in dem Maße, als wir in der Betrachtung weiter gehen, vermehren und steigern, bis wir uns zuletzt, nachdem wir manche verschlungene Irrgänge durchwandert haben, gerade an dem Punkte wiederfinden, von welchem wir ausgegangen waren, oder, was schlimmer ist, die Forschung aufgeben und, in Zweifelsucht verloren, die Hände in den Schoß legen.

§ 2. Man glaubt, die Ursache hiervon liege in der Dunkelheit der Dinge oder in der natürlichen Schwäche und Unvollkommenheit unseres Verstandes. Man sagt, unsere Geisteskräfte seien beschränkt und von der Natur dazu bestimmt, zur Erhaltung und Erleichterung des Lebens zu dienen, nicht zur Erforschung des inneren Wesens und der Einrichtung der Dinge. Zudem sei es nicht verwunderlich, daß der menschliche Verstand, da er endlich sei, wenn er Dinge behandle, die an der Unendlichkeit teilhaben, in Ungereimtheiten und Widersprüche verfalle, aus denen sich jemals herauszuarbeiten ihm unmöglich sei, da es zu der Natur des Unendlichen gehöre, nicht vom Endlichen begriffen werden zu können.

§ 3. Doch sind wir vielleicht zu parteiisch für uns selbst eingenommen, wenn wir die Quelle des Fehlers in den Anlagen unseres Geistes suchen und nicht vielmehr in dem unrichtigen Gebrauch, den wir von ihnen machen. Es ist eine harte Sache anzunehmen, daß richtige Schlüsse aus wahren Vordersätzen jemals zu Endergebnissen führen sollten, die nicht aufrecht erhalten oder miteinander in Übereinstimmung gebracht werden könnten. Man sollte doch denken, daß Gott nicht so ungütig mit den Menschenkindern verfahren sei, ihnen ein lebhaftes Verlangen nach einem Wissen einzuflößen, welches er ihnen zugleich völlig unerreichbar gemacht hätte. Dies würde nicht zu dem gewöhnlichen liebevollen Verfahren der Vorsehung stimmen, mit welchem sie regelmäßig ihren Geschöpfen die Mittel gegeben hat, durch deren rechten Gebrauch sie alle ihnen eingepflanzten Triebe unfehlbar zu befriedigen vermögen. Kurz, ich bin geneigt zu glauben, daß weitaus die meisten, wenn nicht alle Schwierigkeiten, welche bisher die Philosophen hingehalten und ihnen den Weg zur Erkenntnis versperrt haben, durchaus von uns selbst verschuldet sind; daß wir zuerst eine Staubwolke erregt haben und uns dann beklagen, nicht sehen zu können.

§ 4. Mein Vorsatz ist demgemäß zu versuchen, ob ich ausfindig machen kann, welche Grundannahmen es sind, die jene Fülle von Zweifeln und jenes unsichere Schwanken, alle jene Ungereimtheiten und Widersprüche bei den verschiedenen Sekten der Philosophen in solchem Maße verursacht haben, daß die weisesten Menschen unsere Unwissenheit für unheilbar gehalten haben, indem sie annahmen, sie rühre von der natürlichen Schwäche und Beschränktheit unserer Geisteskräfte her. Und es ist gewiß eine die Mühe lohnende Aufgabe, eine genaue Untersuchung über die ersten Prinzipien der *menschlichen Erkenntnis* anzustellen, sie allseitig zu sichten und zu prüfen, zumal da die Vermutung nicht unbegründet sein dürfte, daß jene Hindernisse und Anstöße, welche den Geist bei dem Suchen nach Wahrheit aufhalten und verwirren, nicht sowohl in irgend einer Dunkelheit und Verwicklung der Objekte oder in einer natürlichen Schwäche des Verstandes ihre Quelle haben als vielmehr in falschen Grundannahmen, an denen man festgehalten hat und die sich doch hätten vermeiden lassen.

§ 5. Wie schwierig und aussichtslos auch immer dieser Versuch erscheinen mag, wenn ich in Betracht ziehe, wie viele große und außerordentliche Männer vor mir die gleiche Absicht gehegt haben, so bin ich doch nicht ohne einige Hoffnung, auf die Erwägung hin, daß die weitesten Aussichten nicht immer die deutlichsten sind, und daß der Kurzsichtige, weil er genötigt ist, die Objekte dem Auge näher zu bringen, vielleicht durch eine genaue Besichtigung aus geringer Entfernung solches zu erkennen vermag, was weit besseren Augen entgangen ist.

§ 6. Um den Geist des Lesers zu einem leichteren Verständnis des folgenden zu befähigen, ist es angemessen, in Gestalt einer Einführung einiges vorauszuschicken, was das Wesen und den falschen Gebrauch der Sprache betrifft. Die Erörterung dieses Gegenstandes aber führt mich dazu, einigermaßen meine Hauptfrage schon im voraus mitzubehandeln, indem ich etwas berühre, das einen Hauptanteil an der Verwicklung und Trübung der Forschung gehabt und unzählige Irrtümer und Schwierigkeiten in fast allen Teilen der Wissenschaft veranlaßt zu haben scheint. Dies ist die Meinung, der Geist habe ein Vermögen, *abstrakte Ideen* (abstract ideas) oder Begriffe (notions) von Dingen zu bilden. Wer nicht durchaus ein Fremdling in den Schriften und Disputationen der Philosophen ist, muß zugeben, daß kein kleiner Teil von ihnen sich auf abstrakte Ideen bezieht. Man nimmt an, daß sie vorzugsweise das Objekt derjenigen Wissenschaften bilden, welche die Namen *Logik* und *Metaphysik* tragen, und überhaupt aller derjenigen, welche für die abstraktesten und höchsten Lehrfächer gelten; in diesen allen wird man schwerlich eine Frage so behandelt finden, daß nicht vorausgesetzt würde, daß abstrakte Ideen im Geist existieren und dieser mit ihnen wohl bekannt sei.

§ 7. Allseitig wird anerkannt, daß die Eigenschaften (Qualitäten) oder Daseinsweisen (Modi) der Dinge nicht einzeln für sich und gesondert von allen anderen in Wirklichkeit existieren, sondern daß jedesmal mehrere von ihnen in demselben Objekt gleichsam mit einander vermischt und verbunden sind. Man sagt uns aber, daß der Geist, da er fähig sei, jede Eigenschaft einzeln zu betrachten oder sie von den anderen Eigenschaften, mit welchen sie vereinigt ist, abzusondern, hierdurch sich selbst abstrakte Ideen bilde. Wenn z. B. durch den Gesichtssinn ein ausgedehntes, farbiges und bewegtes Objekt wahrgenommen worden ist, so bildet, sagt man, der Geist, indem er diese gemischte oder zusammengesetzte Idee in ihre einfachen Bestandteile auflöst und einen jeden derselben für sich mit Ausschluß der übrigen betrachtet, die abstrakten Ideen der Ausdehnung, Farbe und Bewegung. Nicht als ob es möglich wäre, daß Farbe oder Bewegung ohne Ausdehnung existieren; es soll nur der Geist für sich selbst durch *Abstraktion* die Idee der Farbe ohne Ausdehnung und der Bewegung ohne Farbe und Ausdehnung bilden können.

§ 8. Da ferner der Geist beobachtet hat, daß in den einzelnen durch die Sinne wahrgenommenen Ausdehnungen etwas Gleiches, ihnen allen Gemeinsames ist und etwas anderes, den einzelnen Ausdehnungen Eigentümliches, wie diese oder jene Form oder Größe, wodurch sie sich voneinander unterscheiden: so betrachtet er das Gemeinsame besonders oder scheidet es als ein Objekt für sich ab und bildet demgemäß eine höchst abstrakte Idee einer Ausdehnung, die weder Linie noch Fläche noch Körper ist noch auch irgend eine bestimmte Form oder Größe hat, sondern eine von diesem allem abgelöste Idee ist. In gleicher Weise bildet der Geist, indem er von den einzelnen sinnlich perzipierten Farben dasjenige wegläßt, was sie voneinander unterscheidet, und nur dasjenige zurückbehält, was allen gemeinsam ist, eine Idee von Farbe in abstracto, die weder Rot noch Blau noch Weiß noch irgend eine andere bestimmte Farbe ist. In gleicher Art wird auch die abstrakte Idee der Bewegung, welche gleichmäßig allen einzelnen sinnlich wahrgenommenen Bewegungen entspricht, dadurch gebildet, daß die Bewegung nicht nur abgesondert von dem bewegten Körper, sondern ebenso auch von der beschriebenen Figur und von allen besonderen Richtungen und Geschwindigkeiten betrachtet wird.

§ 9. Wie der Geist sich abstrakte Ideen von Eigenschaften oder Daseinsweisen bildet, so erlangt er durch denselben Akt der sondernden Unterscheidung oder Vorstellungszerlegung auch abstrakte Ideen von den mehr zusammengesetzten Dingen, welche verschiedene zusammen existierende Eigenschaften enthalten. Hat z. B. der Geist beobachtet, daß Peter, Jakob und Johann einander durch gewisse, ihnen allen gemeinsam zukommende Bestimmtheiten der Gestalt und anderer Eigenschaften gleichen, so läßt er aus der komplexen oder zusammengesetzten Idee, die er von Peter, Jakob und anderen einzelnen Menschen hat, dasjenige weg, was einem jeden von ihnen eigentümlich ist, behält nur dasjenige zurück, was ihnen allen gemeinsam ist, und bildet so eine abstrakte Idee, an der alle einzelnen gleichmäßig teilhaben, indem er von allen den Umständen und Unterschieden, welche sie zu irgend einer Einzelexistenz gestalten können, gänzlich abstrahiert und sie ausscheidet. Auf diese Weise, sagt man, erlangen wir die abstrakte Idee des *Menschen* oder, wenn wir lieber wollen, der Menschheit oder der menschlichen Natur, worin zwar die Idee der Farbe liegt, da kein Mensch ohne Farbe ist, aber dies kann weder die weiße noch die schwarze noch irgend eine andere einzelne Farbe sein, weil es keine einzelne Farbe gibt, an der alle Menschen teilhaben. Ebenso liegt darin auch die Idee der Körpergestalt, aber dies ist weder eine große noch eine kleine noch eine mittlere Gestalt, sondern etwas von diesen allen Abstrahiertes. Das Gleiche gilt von allem Übrigen. Da es ferner eine große Menge anderer Geschöpfe gibt, die in einigen Teilen, aber nicht in allen mit der abstrakten Idee *Mensch* übereinkommen, so läßt der Geist die Teile weg, welche den Menschen eigentümlich sind, hält nur diejenigen fest, welche allen lebenden Wesen gemeinsam sind, und bildet so die Idee des *Tieres*, worin nicht nur von allen einzelnen Menschen, sondern auch von allen Vögeln, Vierfüßlern, Fischen und Insekten abstrahiert wird. Die konstituierenden Teile der abstrakten Idee eines Tieres sind: Körper, Leben, Sinnesempfindung und freiwillige Bewegung. Unter *Körper* wird verstanden ein Körper ohne irgend eine besondere Gestalt oder Figur, da keine solche allen Tieren gemeinsam ist, ohne Bedeckung mit Haaren, Federn oder Schuppen usw., aber auch nicht nackt, da Haare, Federn, Schuppen und Nacktheit unterscheidende Eigentümlichkeiten einzelner Tiere sind und darum aus der *abstrakten Idee* wegbleiben. Aus demselben Grunde darf die freiwillige Bewegung weder ein Gehen noch ein Fliegen noch ein Kriechen sein; sie ist nichtsdestoweniger eine Bewegung, — was für eine Bewegung aber, ist nicht leicht zu begreifen.

§ 10. Ob andere diese wunderbare Fähigkeit der *Ideenabstraktion* besitzen, können sie uns am besten sagen; was mich betrifft, so finde ich in der Tat in mir eine Fähigkeit, mir die Ideen der einzelnen Dinge, die ich wahrgenommen habe, vorzustellen oder zu vergegenwärtigen, sie mannigfach zusammenzusetzen und zu teilen. Ich kann mir einen Mann mit zwei Köpfen oder auch die oberen Teile eines Menschen mit dem Leibe eines Pferdes verbunden vorstellen(imagine). Ich kann die Hand, das Auge, die Nase, jedes für sich abstrakt oder getrennt von den übrigen Teilen des Körpers betrachten. Was für eine Hand oder was für ein Auge ich dann aber auch mir vorstellen mag (imagine), so muß doch dieser Hand oder diesem Auge irgend eine bestimmte Gestalt und Farbe zukommen. Ebenso muß auch die Idee eines Mannes, die ich mir bilde, entweder die eines weißen oder eines schwarzen oder eines rothäutigen, eines gerade oder krumm gewachsenen, eines großen oder kleinen oder eines Mannes von mittlerer Größe sein. Es ist mir unmöglich, durch irgend eine Anstrengung des Denkens die oben beschriebene abstrakte Idee zu erfassen (conceive by any effort of thought). Ebenso unmöglich ist es mir, die abstrakte Idee einer Bewegung ohne einen sich bewegenden Körper, einer Bewegung ferner, die weder schnell noch langsam, weder krummlinig noch geradlinig ist, zu bilden, und das Gleiche gilt von jedweder anderen abstrakten allgemeinen Idee. Um mich genauer zu erklären: ich finde mich selbst befähigt zur Abstraktion in einem ganz bestimmten Sinne, nämlich wenn ich gewisse einzelne Teile oder Eigenschaften gesondert von anderen betrachte, mit denen sie zwar in irgendeinem Objekt vereinigt sind, ohne die sie aber in Wirklichkeit existieren können. Aber ich finde mich nicht befähigt, diejenigen Eigenschaften voneinander durch Abstraktion zu trennen oder gesondert aufzufassen (conceive), die nicht möglicherweise ebenso gesondert existieren können, oder einen allgemeinen Begriff (a general notion) durch Abstraktion von den besonderen in der vorhin bezeichneten Weise zu bilden. In diesen beiden letzten Bedeutungen aber wird eigentlich der Terminus *Abstraktion* gebraucht. Auch ist die Annahme nicht unbegründet, daß die meisten Menschen zugeben werden, mit mir in gleichem Falle zu sein. Die meisten Menschen, welche schlicht und ungelehrt sind, machen keinen Anspruch auf den Besitz *abstrakter Begriffe* (abstract notions). Man sagt, sie seien schwierig und nicht ohne Mühe und Studium zu erlangen. Wir dürfen daher vernünftigerweise schließen, daß, wenn es abstrakte Ideen gibt, sie sich nur bei Gelehrten finden. [1])

§ 11. Ich schreite nun zur Prüfung dessen fort, was zur Verteidigung der Lehre von der Abstraktion vorgebracht werden kann, und versuche zu entdecken, was es ist, wodurch wissenschaftliche Männer bewogen werden, eine Meinung anzunehmen, welche dem gemeinen Menschenverstand so fremd ist, wie es diese zu sein scheint. Ein kürzlich verstorbener, mit Recht geschätzter Philosoph*) hat ohne Zweifel dieser Meinung großen Vorschub geleistet, indem er zu denken scheint, der Besitz abstrakter allgemeiner Ideen sei das, was zwischen der Verstandeskraft des Menschen und der Tiere den größten Unterschied ausmache. „Der Besitz allgemeiner Ideen" (sagt er) „begründet einen durchgängigen Unterschied zwischen dem Menschen und den vernunftlosen Wesen und ist ein Vorzug, der den Fähigkeiten der letzteren in keiner Weise erreichbar ist. Denn es ist offenbar, daß wir bei ihnen keine Spuren des Gebrauchs allgemeiner Zeichen für universale Ideen finden, wonach wir Grund haben anzunehmen, daß sie nicht die Fähigkeit zu *abstrahieren* oder allgemeine Ideen zu bilden besitzen, da sie keine Worte oder irgend welche allgemeinen Zeichen gebrauchen." Und kurz nachher: „Demgemäß dürfen wir, denke ich, annehmen, daß hierin der spezifische Unterschied der Tiere von den Menschen besteht, daß dieser eigentümliche Unterschied sie gänzlich absondert und sich zuletzt zu einem so beträchtlichen Abstande erweitert. Denn haben die Tiere überhaupt irgend welche Vorstellungen und sind sie nicht, wie einige[2] wollen, bloße Maschinen, so können wir nicht leugnen, daß sie in einem gewissen Sinne Vernunft besitzen. Ebenso offenbar wie die Tatsache, daß sie Sinne besitzen, scheint mir auch dies zu sein, daß einige von ihnen in gewissen Fällen Schlüsse ziehen, aber nur mittels solcher Einzelvorstellungen, die sie von ihren Sinnen empfangen. Auch die obersten Tierklassen bleiben in diese engen Grenzen gebannt und vermögen sie nicht durch irgend welche *Abstraktion* zu erweitern." (Versuch über den menschlichen Verstand Buch II, Kap. 11, §§ 10 u. 11.) Ich stimme diesem gelehrten Schriftsteller unbedenklich darin bei, daß den Fähigkeiten der Tiere die *Abstraktion* durchaus unerreichbar ist; nur fürchte ich, daß, wenn hierin ihr Unterscheidungsmerkmal liegen soll, sehr viele von denen, die für Menschen gelten, mit ihnen in eine Klasse zu setzen sind. Der hier angegebene Grund, den Tieren keine abstrakten allgemeinen

* In der ersten Auflage steht: ein kürzlich verstorbener, *ausgezeichneter* und mit Recht hochgeschätzter Philosoph.

Ideen zuzuschreiben, liegt darin, daß wir bei ihnen keinen Gebrauch von Worten oder irgendwelchen anderen allgemeinen Zeichen beobachten. Dieser Grund ruht auf der Voraussetzung, daß der Gebrauch von Worten an den Besitz allgemeiner Ideen geknüpft ist, woraus folgt, daß Menschen, die sich der Sprache bedienen, fähig sind zu abstrahieren oder ihre Ideen zu verallgemeinern. Daß dies der Sinn und die Folgerung des Verfassers ist, geht ferner aus seiner Antwort auf die Frage hervor, die er an einer anderen Stelle aufwirft: „Doch da alle existierenden Dinge einzelne oder besondere Dinge (particulars) sind, wie gelangen wir zu allgemeinen Bezeichnungen?" Er antwortet: „Worte werden dadurch allgemein, daß sie zu Zeichen allgemeiner Ideen gemacht werden" (a. a. O. Buch III, Kap. 3, § 6). Es scheint jedoch, daß ein Wort allgemein wird, indem es als Zeichen gebraucht wird nicht für eine abstrakte allgemeine Idee, sondern für mehrere Einzelideen, deren jede es gleichermaßen im Geist anregt. Wird z. B. gesagt: *die Bewegungsänderung ist proportional der aufgewandten Kraft*, oder: *alles Ausgedehnte ist teilbar*, so sind diese Regeln von Bewegung und Ausdehnung im allgemeinen zu verstehen; dennoch folgt nicht, daß sie in meinem Geist eine Vorstellung von Bewegung ohne einen bewegten Körper oder ohne eine bestimmte Richtung und Geschwindigkeit anregen, oder daß ich eine abstrakte allgemeine Idee einer Ausdehnung bilden muß, die weder Linie noch Fläche noch Körper, weder groß noch klein, weder schwarz noch weiß noch rot noch von irgend einer anderen bestimmten Farbe ist; sondern es liegt darin nur, daß, welche Bewegung auch immer ich betrachten mag, sei sie schnell oder langsam, senkrecht, waagerecht oder schräg, sei sie die Bewegung dieses oder jenes Objekts, das sie betreffende Axiom sich gleichmäßig bewahrheitet. Ebenso bewahrheitet sich der andere Satz bei jeder besonderen Ausdehnung, wobei es keinen Unterschied macht, ob sie eine Linie oder eine Fläche oder ein Körper, ob sie von dieser oder jener Größe oder Figur ist.

§ **12**. Indem wir beobachten, wie Ideen allgemein werden, gelangen wir zu einem richtigeren Urteil darüber, wie Worte dies werden. Ich muß hier bemerken, daß ich nicht absolut die Existenz von allgemeinen Ideen, sondern nur die von *abstrakten allgemeinen Ideen* leugne; denn an den obigen Stellen, wo allgemeine Ideen erwähnt werden, ist stets vorausgesetzt, daß sie durch *Abstraktion* gebildet sind, auf die in den §§ 8 und 9 auseinandergesetzte Weise. Wollen wir nun mit unseren Worten einen bestimmten Sinn verknüpfen und nur von Begreiflichem (of what we can conceive) reden, so müssen wir, glaube ich, anerkennen, daß eine Idee, die an und für sich eine Einzelvorstellung (particular) ist, allgemein dadurch wird, daß sie dazu verwendet wird, alle anderen Einzelvorstellungen derselben Art zu repräsentieren oder statt ihrer aufzutreten [3]). Damit dies durch ein Beispiel klar werde, stelle man sich vor, daß ein Geometer den Nachweis führt, wie eine Linie in zwei gleiche Teile zu zerlegen ist. Er zeichnet etwa eine schwarze Linie von der Länge eines Zolls; diese Linie, die an und für sich eine einzelne Linie ist, ist nichtsdestoweniger mit Rücksicht auf das, was durch sie bezeichnet wird, allgemein, da sie, wie sie hier gebraucht wird, alle einzelnen Linien, wie auch immer sie beschaffen sein mögen, repräsentiert, so daß, was von ihr bewiesen ist, von allen Linien, oder mit anderen Worten, von einer Linie im allgemeinen bewiesen ist. Ebenso, wie die einzelne Linie dadurch, daß sie als Zeichen dient, allgemein wird, so ist der Name *Linie*, der an sich partikular ist, dadurch, daß er als Zeichen dient, allgemein geworden. Und wie die Allgemeinheit jener Idee nicht darauf beruht, daß sie ein Zeichen für eine abstrakte oder allgemeine Linie wäre, sondern darauf, daß sie ein Zeichen für alle einzelnen geraden Linien ist, die existieren können, so muß auch angenommen werden, daß das Wort Linie seine Allgemeinheit derselben Ursache verdankt, nämlich dem Umstande, daß es verschiedene einzelne Linien unterschiedslos bezeichnet.

§ 13. Um dem Leser eine noch klarere Einsicht in die Natur abstrakter Ideen und in die Anwendungen, um derentwillen man ihrer zu bedürfen glaubt, zu verschaffen, will ich noch folgende Stelle aus dem „Versuch über den menschlichen Verstand“ anführen: „*Abstrakte Ideen* sind Kindern oder im Denken noch ungeübten Personen nicht so nahe liegend oder leicht zu bilden wie Einzelideen; so weit sie dies den Erwachsenen sind, sind sie es nur durch den beständigen, gewohnten Gebrauch geworden. Achten wir genau auf sie, so werden wir finden, daß allgemeine Ideen Produkte und Erfindungen des Geistes sind, die nicht ohne Schwierigkeit gebildet werden und sich nicht so leicht von selbst einstellen, wie wir zu glauben geneigt sind. Erheischt es z. B. nicht einige Mühe und Geschicklichkeit, die allgemeine Idee eines Dreiecks zu bilden, die doch noch keine der abstraktesten, umfassendsten und schwierigsten ist? Es soll die Idee eines Dreiecks gebildet werden, welches weder schiefwinklig noch rechtwinklig noch gleichseitig noch gleichschenklig noch ungleichschenklig ist, sondern *alles dieses und* zugleich auch *nichts* von diesem. In der Tat ist dies etwas Unvollständiges, das nicht existieren kann, eine Idee, worin einige Teile von verschiedenen und miteinander *unvereinbaren* Ideen zusammengestellt sind. Allerdings bedarf der Geist in seinem gegenwärtigen unvollkommenen Zustand solcher Ideen und eilt möglichst sie zu bilden zum Zweck der Mitteilung und Erweiterung der Erkenntnis, da er zu beiden von Natur eine sehr starke Neigung hat. Doch läßt sich mit Recht vermuten, daß solche Ideen Merkmale unserer Unvollkommenheit sind. Zum mindesten reicht das Gesagte hin zu beweisen, daß die abstraktesten und allgemeinsten Ideen nicht diejenigen sind, mit welchen der Geist zuerst und am leichtesten vertraut wird, nicht diejenigen, auf welche seine ersten Kenntnisse sich beziehen" (a.a.O. Buch IV, Kap. 7 § 9). Falls irgend jemand die Fähigkeit besitzt, in seinem Geist eine solche Dreiecksidee zu bilden, wie sie hier beschrieben ist, so ist es vergeblich, sie ihm abdisputieren zu wollen; ich unternehme das nicht. Mein Wunsch geht nur dahin, der Leser möge sich vollständig und mit Gewißheit überzeugen, ob er eine solche Idee hat oder nicht. Und dies, denke ich, kann für niemand eine schwer zu lösende Aufgabe sein. Was kann einem jeden leichter sein, als ein wenig in seinen eigenen Gedankenkreis hineinzuschauen und zu erproben, ob er eine Idee, die der Beschreibung, welche hier von der allgemeinen Idee eines Dreiecks gegeben worden ist, entspricht, hat oder erlangen kann, die Idee eines Dreiecks, welches *weder schiefwinklig noch rechtwinklig, weder gleichseitig noch gleichschenklig noch ungleichseitig, sondern dieses alles und zugleich auch nichts von diesem ist?* [4])

§ **14**. Es wird hier vieles von der Schwierigkeit gesagt, die abstrakte Ideen mit sich bringen, von der Mühe und Kunst, die erforderlich ist, um sie zu bilden. Und es ist gar nicht zu bezweifeln, daß es großer Mühe und Anstrengung des Geistes bedarf, unser Denken von den Einzelobjekten loszumachen und sich zu den hohen Spekulationen zu erheben, die sich auf abstrakte Ideen beziehen. Die natürliche Konsequenz hieraus scheint doch zu sein, daß etwas so Schwieriges wie die Bildung abstrakter Ideen nicht eine Bedingung der Möglichkeit der *Gedankenmitteilung* sein kann, die etwas allen Klassen der Menschen so Leichtes und Gewöhnliches ist. Doch man sagt uns, wenn sie Erwachsenen nahe liegend und leicht zu sein scheinen, *so seien sie dies nur durch beständigen und gewöhnlichen Gebrauch geworden.* Nun möchte ich gern wissen, zu welcher Zeit die Menschen damit beschäftigt sind, diese Schwierigkeiten zu überwinden und sich mit jenen notwendigen Mitteln zur Unterredung zu versorgen. Dies kann nicht dann geschehen, wenn sie erwachsen sind, denn zu dieser Zeit sind sie, wie es scheint, sich keiner derartigen Bemühung bewußt; somit bleibt nur übrig, daß es ein Werk ihrer Kindheit ist. Gewiß wird man finden, daß die große und vielfache Mühe der Bildung abstrakter Ideen eine schwere Aufgabe für dieses Alter ist. Ist es nicht schwer sich vorzustellen, daß ein paar Kinder nicht miteinander von ihren Zuckerbohnen und Klappern und ihrem andern Tand plaudern können, wenn sie nicht zuvor zahllose Widersprüche miteinander vereinigt und so in ihrem Geist *abstrakte allgemeine Ideen* gebildet und sie an jeden Gemeinnamen, dessen sie sich bedienen, geknüpft haben?

§ **15**. Auch glaube ich nicht, daß sie zur *Erweiterung der Erkenntnis* in höherem Maße erforderlich sind als zur *Mitteilung der Gedanken.* Es wird, wie ich wohl weiß, entschieden behauptet, daß alle Erkenntnis und Beweisführung allgemeine Begriffe betrifft, und ich stimme meinerseits dieser Behauptung völlig bei: doch scheint mir, daß diese Begriffe nicht durch *Abstraktion* in der vorhin bezeichneten Weise gebildet sind; denn *Allgemeinheit* besteht, soviel ich begreifen kann, nicht in dem absoluten positiven Wesen oder Begriff von irgend etwas, sondern in der Beziehung, in welcher etwas zu anderem Einzelnen steht, was dadurch bezeichnet oder vertreten wird, wodurch es geschieht, daß Dinge, Namen oder Begriffe, die ihrer eigenen Natur nach *partikular* sind, *allgemein* werden. Wenn ich irgend einen Satz beweise, der Dreiecke betrifft, so nimmt man an, daß ich den allgemeinen Begriff des Dreiecks im Auge habe; dies muß aber nicht so verstanden werden, als ob ich eine Idee eines Dreiecks, das weder gleichseitig noch ungleichseitig noch gleichschenklig wäre, bilden könnte, sondern nur so, daß das einzelne Dreieck, welches ich betrachte, gleichgültig ob es von dieser oder jener Art ist, geradlinige Dreiecke aller Art repräsentiert oder statt ihrer steht und in diesem Sinne allgemein ist. Dieses alles scheint sehr klar zu sein und keine Schwierigkeit einzuschließen.[5])

§ **16**. Doch mag hier gefragt werden, wie wir anders wissen können, daß ein Satz von allen einzelnen Dreiecken wahr ist, als wenn wir ihn zuerst an der abstrakten Idee eines Dreiecks, die von allen einzelnen gleichmäßig gilt, bewiesen gesehen haben. Denn daraus, daß gezeigt sein mag, eine Eigenschaft komme irgend einem einzelnen Dreieck zu, folgt ja doch nicht, daß sie gleicherweise auch irgend einem anderen Dreieck zukommt, das nicht in jedem Betracht identisch mit ihm ist. Habe ich z. B. gezeigt, daß die drei Winkel eines gleichschenkligen rechtwinkligen Dreiecks zwei rechten Winkeln gleich sind, so kann ich hieraus nicht schließen, daß dasselbe von allen anderen Dreiecken gilt, welche weder einen rechten Winkel noch zwei einander gleiche Seiten haben. Es scheint demnach, daß wir, um gewiß zu sein, daß dieser Satz allgemein wahr ist, entweder einen besonderen Beweis für jedes einzelne Dreieck führen müssen, was unmöglich ist, oder es ein für allemal zeigen müssen an der abstrakten *Idee eines Dreiecks,* woran alle einzelnen unterschiedslos teilhaben, und wodurch sie alle gleichmäßig repräsentiert werden. Darauf antworte ich, daß, obschon die Idee, die ich im Auge habe, während ich den Beweis führe, z. B. die eines gleichschenkligen rechtwinkligen Dreiecks ist, dessen Seiten von einer bestimmten Länge sind, ich nichtsdestoweniger dessen gewiß sein kann, daß derselbe Beweis Anwendung findet auf alle anderen geradlinigen Dreiecke, von welcher Form oder Größe sie auch immer sein mögen, und zwar darum, weil weder der rechte Winkel noch die Gleichheit zweier Seiten noch auch die bestimmte Länge der Seiten irgendwie bei der Beweisführung in Betracht gezogen worden sind. Zwar trägt das Gebilde, welches ich vor Augen habe, alle diese Besonderheiten an sich, aber es ist ihrer durchaus keine Erwähnung in dem Beweis des Satzes geschehen. Es ist nicht gesagt worden, die drei Winkel sind darum zwei rechten gleich, weil einer von ihnen ein rechter ist, oder weil die Seiten, welche diesen einschließen, gleich lang sind, was ausreichend zeigt, daß der Winkel, der ein rechter ist, ein schiefer hätte sein mögen und die Seiten ungleich, und daß nichtsdestoweniger der Beweis gültig geblieben wäre. Aus diesem Grunde und nicht darum, weil ich von der abstrakten Idee eines Dreiecks den Beweis geführt hätte, schließe ich, daß das von einem einzelnen rechtwinkligen gleichschenkligen Dreieck Erwiesene von jedem schiefwinkligen und ungleichseitigen Dreieck wahr ist.*) Es muß hier zugegeben werden, daß es möglich ist, eine Figur bloß als Dreieck zu betrachten, ohne daß man auf die besonderen Eigenschaften der Winkel oder Verhältnisse der Seiten achtet. Insoweit kann man abstrahieren; aber dies beweist keineswegs, daß man eine abstrakte allgemeine, mit innerem Widerspruch behaftete Idee eines Dreiecks bilden kann. In gleicher Art können wir Peter, insofern er ein Mensch ist oder insofern er ein lebendes Wesen ist, betrachten, ohne die vorerwähnte abstrakte Idee eines Men-

---

* Die hier folgenden Sätze bis zum Schluß des Paragraphen sind eine Hinzufügung der zweiten Auflage.

schen oder eines lebenden Wesens zu bilden, indem nicht alles Perzipierte in Betracht gezogen wird. [6])

§ 17. Es wäre eine ebenso endlose wie nutzlose Aufgabe, den *Schulphilosophen*, jenen großen Meistern der Abstraktion, durch alle die mannigfachen unentwirrbaren Irrgänge von Irrtum und Disputation zu folgen, in welche ihre Lehre von abstrakten Wesen und Begriffen sie hineingeführt zu haben scheint. Was für Hader und Streit entstanden, wie viel gelehrter Staub aufgewirbelt worden ist wegen dieser Dinge, und welch einen herrlichen Vorteil die Menschheit daraus geschöpft hat, ist heute zu gut bekannt, als daß man darüber noch ausführlich zu handeln brauchte. Und es stände noch gut, wenn die üblen Folgen dieser Lehre auf den Kreis ihrer erklärten Bekenner eingeschränkt geblieben wären. Erwägt man die großen Mühen, den Fleiß und die Fähigkeiten, welche so manche Menschenalter hindurch auf die Pflege und Förderung der Wissenschaften verwendet worden sind, erwägt man, daß trotz alledem der weitaus größere Teil von ihnen voll Dunkelheit und Ungewißheit und voll von Streitigkeiten, die nie enden zu sollen scheinen, geblieben ist, und daß selbst diejenigen Wissenschaften, die für gestützt auf die klarsten und zwingendsten Beweise gelten, seltsame Behauptungen enthalten, die dem Verständnis der Menschen völlig unzugänglich sind, und daß, alles zusammengefaßt, nur ein geringer Teil von ihnen der Menschheit einen wirklichen Nutzen anderer Art gewährt als den einer unschuldigen Zerstreuung und Ergötzung; erwägt man, sage ich, dies alles, so kann man leicht zur Hoffnungslosigkeit und völligen Verachtung alles Studiums gelangen. Doch mag man vielleicht anders urteilen bei einem Blick auf die falschen Prinzipien, die zur Geltung in der Welt gelangt sind, und unter denen allen keines, dünkt mich, einen weiter reichenden Einfluß auf die Denkweise der Forscher geübt hat als die Lehre von abstrakten allgemeinen Ideen.

§ 18. Ich wende mich nun zur Betrachtung des Ursprungs dieser herrschenden Vorstellung. Dieser scheint mir in der Sprache zu liegen. Gewiß hätte nichts, was weniger verbreitet ist als die Vernunft selbst, eine so allgemein angenommene Meinung verursachen können. Daß dies wahr ist, geht, wie aus anderen Gründen, so besonders auch aus dem offenen Bekenntnis der geschicktesten Verteidiger der abstrakten Ideen hervor, daß sie zum Zweck der Benennung gebildet worden seien, woraus offenbar folgt, daß, gäbe es nicht so etwas wie Sprache oder allgemeine Zeichen, niemals irgendwie an Abstraktion gedacht worden wäre. (Siehe „Versuch über den menschlichen Verstand" Buch III, Kap. 6, § 39 und an anderen Stellen.) Wir wollen demgemäß untersuchen, in welcher Weise der Gebrauch von Worten zur Entstehung jenes Irrtums beigetragen hat. Es kommt hierbei zuerst in Betracht, daß man angenommen hat, jeder Name habe oder sollte haben eine einzige bestimmte und feste Bedeutung, was die Menschen geneigt macht zu denken, es gebe gewisse *abstrakte bestimmte Ideen*, welche die wahre und allein unmittelbare Bedeutung eines jeden Gemeinnamens ausmachen, und durch Vermittelung dieser abstrakten Ideen gelange ein Gemeinname dazu, irgend ein einzelnes Ding zu bezeichnen, während es doch in Wahrheit keineswegs eine einzelne genau bestimmte Bedeutung gibt, die sich an irgend einen Gemeinnamen knüpft, da sie alle eine große Zahl einzelner Ideen unterschiedslos bezeichnen. Dies alles folgt offenbar aus dem schon Gesagten und wird einem jeden durch einiges Nachdenken einleuchtend werden. Hiergegen wird eingewandt werden, daß jeder Name, der eine Definition hat, hierdurch auf eine bestimmte Bedeutung eingeschränkt sei. Ist z. B. ein *Dreieck* definiert als *eine durch drei gerade Linien begrenzte ebene Fläche*, so ist hierdurch dieser Name darauf eingeschränkt, eine einzige bestimmte Idee und keine andere zu bezeichnen. Ich antworte hierauf, daß in der Definition nicht gesagt ist, ob die Fläche groß oder klein ist, schwarz oder weiß, ob die Seiten lang oder kurz sind, gleich oder ungleich, auch nicht, unter was für Winkeln sie gegeneinander geneigt sind; in diesem allem kann große Verschiedenheit bestehen, und es ist demgemäß keine bestimmte Idee gegeben, auf welche die Bedeutung des Wortes *Dreieck* eingeschränkt wäre. Es ist eine

Sache, einen Namen beständig im Sinne einer bestimmten Definition gebrauchen, und eine andere, durch ihn jedesmal dieselbe Idee bezeichnen. Das erste ist durchaus erforderlich, das andere nutzlos und unausführbar.

§ 19. Um aber ferner noch Rechenschaft davon zu geben, wie Worte den Anlaß zu der Lehre von den abstrakten Ideen gegeben haben, muß bemerkt werden, daß es eine herrschende Meinung ist, die Sprache habe keinen anderen Zweck als unsere Ideen mitzuteilen, und jeder Name, der etwas bezeichne, stehe für eine Idee. Setzen wir dies voraus und ist es zugleich gewiß, daß Namen, die doch nicht für ganz bedeutungslos gelten, nicht immer denkbare Einzelvorstellungen ausdrücken, so ist man geneigt, daraus geradeswegs zu schließen, daß sie für einen abstrakten Begriff stehen. Daß manche allgemeine Bezeichnungen unter Gelehrten im Gebrauch sind, die nicht immer bei anderen bestimmte Einzelvorstellungen anregen, wird niemand leugnen. Und durch einiges Nachdenken wird man finden, daß es nicht notwendig ist, daß selbst bei der strengsten Gedankenverknüpfung Namen, die etwas bedeuten und Ideen vertreten, jedesmal, so oft sie gebraucht werden, im Geist eben dieselben Ideen erwecken, zu deren Vertretung sie gebildet worden sind, da im Lesen und Sprechen Gemeinnamen größtenteils so gebraucht werden wie Buchstaben in der *Algebra*, wo, obschon durch jeden Buchstaben eine bestimmte Quantität bezeichnet wird, es doch zum Zwecke des richtigen Fortgangs der Rechnung nicht erforderlich ist, daß bei einem jeden Schritt jeder Buchstabe die bestimmte Quantität, zu deren Vertretung er bestimmt war, ins Bewußtsein treten läßt.

§ 20. Zudem ist nicht, wie gewöhnlich angenommen wird, die Mitteilung von Ideen, welche durch Worte ausgedrückt werden, der hauptsächliche und womöglich gar einzige Zweck der Sprache. Es gibt andere Zwecke, wie z. B. die Erregung irgend einer Leidenschaft, die Bewirkung des Entschlusses, eine Handlung auszuführen oder zu unterlassen, die Versetzung des Gemüts in irgend einen bestimmten Zustand, Zwecke, denen der erstgenannte in manchen Fällen völlig untergeordnet ist; ja er kann ganz wegfallen, wenn diese Zwecke sich ohne ihn erreichen lassen, wie dies, denke ich, nicht selten in dem gewöhnlichen Reden der Fall ist. Ich bitte den Leser, selbst nachzudenken und zu beobachten, ob es nicht beim Hören oder Lesen einer Rede oft geschieht, daß die Affekte der Furcht, der Liebe, des Hasses, der Bewunderung, der Verachtung und ähnliche unmittelbar in seinem Geist entstehen, sobald er gewisse Worte vernimmt, ohne daß irgend welche Ideen dazwischentreten. Ursprünglich mögen in der Tat die Worte Ideen angeregt haben, die geeignet waren, solche Gemütsbewegungen hervorzubringen; aber es läßt sich, wenn ich nicht irre, beobachten, daß wenn uns einmal die Sprache geläufig geworden ist, das Hören der Töne, das Sehen der Zeichen oft unmittelbar die Affekte zur Folge hat, die anfänglich nur durch Vermittelung der Ideen hervorgerufen werden konnten, welche nun völlig ausbleiben. Können wir z. B. nicht freudig affiziert werden durch das Versprechen eines *guten Dings*, auch ohne eine Vorstellung davon zu haben, worin dieses etwa besteht? Oder genügt nicht schon die Bedrohung mit einer Gefahr, um Furcht zu erregen, obschon wir nicht an irgend ein einzelnes Übel denken, das uns wahrscheinlich treffen wird, und uns auch nicht eine abstrakte Vorstellung bilden? Ich glaube, daß jeder, der auch nur ein wenig eigenes Nachdenken mit dem Gesagten verbinden will, gewiß die Ansicht gewinnen wird, daß Gemeinnamen oft als Bestandteile der Sprache gebraucht werden, ohne daß der Sprechende sie zu Zeichen solcher Ideen in seinem eigenen Geist bestimmt, welche sie nach seiner Ansicht in dem Geist des Hörers hervorrufen sollen. Auch sogar Eigennamen scheinen nicht immer in der Absicht ausgesprochen zu werden, uns die Vorstellungen der Individuen ins Bewußtsein zu rufen, die, wie man voraussetzt, durch sie bezeichnet werden. Sagt mir z. B. ein Schulphilosoph: „Aristoteles hat dies gesagt", so ist nach meinem Verständnis alles, was er damit beabsichtigt, dies, mich geneigt zu machen, seine Meinung mit der Ehrerbietung und Unterwürfigkeit anzunehmen, welche die Gewohnheit an jenen Namen geknüpft hat. Diese Wirkung kann im Geist solcher, die gewöhnt sind, ihr Urteil dem

Ansehen dieses Philosophen zu unterwerfen, so augenblicklich eintreten, daß unmöglich irgend eine Vorstellung seiner Person, seiner Schriften, seines Rufes vorausgegangen sein kann. Unzählige Beispiele dieser Art könnten aufgestellt werden; aber warum sollte ich bei Dingen verweilen, die einem jeden seine eigene Erfahrung ohne Zweifel reichlich ins Bewußtsein ruft?

§ **21**. Es ist von uns, denke ich, die Unmöglichkeit *abstrakter Ideen* erwiesen worden. Wir haben erwogen, was von ihren geschicktesten Verteidigern gesagt worden ist, und wir haben zu zeigen gesucht, daß sie von keinem Nutzen für die Zwecke sind, um derentwillen man sie für erforderlich hält. Wir haben schließlich der Quelle nachgespürt, woraus ihre Annahme fließt, und diese Quelle in der Sprache gefunden. Es kann nicht geleugnet werden, daß Worte trefflich dazu dienen, den ganzen Vorrat von Kenntnissen, der durch die vereinten Bemühungen von Forschern aller Zeiten und Völker gewonnen worden ist, in den Gesichtskreis eines jeden Einzelnen zu ziehen und in seinen Besitz zu bringen. Zugleich aber muß anerkannt werden, daß die meisten Teile des Wissens erstaunlich verwirrt und verdunkelt worden sind durch den Mißbrauch von Worten und allgemeinen Redeweisen, worin sie überliefert worden sind. Weil demgemäß Worte so leicht den Geist zu täuschen vermögen, so werde ich, welche Ideen auch immer ich betrachte, versuchen, sie gleichsam bloß und nackt anzuschauen, indem ich aus meinem Denken, so weit ich es vermag, jene Benennungen entferne, welche eine lange und beständige Gewohnheit so eng mit ihnen verknüpft hat, und ich darf erwarten, daß hieraus folgende Vorteile herfließen werden.

§ **22**. Zuerst darf ich gewiß sein, von allen bloß verbalen Kontroversen loszukommen; das Emporwachsen dieses Unkrauts aber ist in fast allen Wissenszweigen ein Haupthindernis des Gedeihens der Wahrheit und gesunden Erkenntnis gewesen. Zweitens scheint dies ein sicherer Weg zu sein, mich jenem feinen und zarten Netz *abstrakter Ideen* zu entziehen, welches auf eine so klägliche Weise den Geist der Menschen verwirrt und verstrickt hat, und zwar in der seltsamen Weise, daß je schärfer und wißbegieriger der Verstand eines Menschen war, er desto leichter tief verstrickt und gefesselt werden konnte. Drittens, solange ich meine Betrachtung auf meine eigenen der Worte entkleideten Ideen einschränke, sehe ich nicht, wie ich leicht in die Irre geraten könnte. Die Objekte meiner Betrachtung kenne ich klar und genau. Ich kann nicht die falsche Meinung hegen, ich hätte eine Idee, die ich nicht habe. Es ist mir nicht möglich, mir einzubilden, einige meiner eigenen Ideen seien einander ähnlich oder unähnlich, die dies nicht wirklich sind. Die Übereinstimmungen oder Verschiedenheiten zu unterscheiden, die zwischen meinen Ideen bestehen, zu sehen, welche Ideen in einer zusammengesetzten Idee enthalten sind und welche nicht, dazu ist nichts Weiteres erforderlich als eine aufmerksame Wahrnehmung dessen, was in meinem eigenen denkenden Geist vorgeht.

§ 23. Aber die Erreichung aller dieser Vorteile hat zur Voraussetzung eine völlige Befreiung von der Täuschung durch Worte, und diese darf ich mir kaum versprechen, so schwer ist es, eine Verbindung aufzulösen, die so früh begonnen hat und durch eine so lange Gewöhnung fest geworden ist, wie die, welche zwischen Ideen und Worten besteht. Diese Schwierigkeit scheint durch die Lehre von der *Abstraktion* um sehr vieles vermehrt worden zu sein. Denn es dürfte nicht befremdlich sein, daß man, so lange man annahm, abstrakte Ideen seien an die Worte geknüpft, Worte statt der Ideen gebrauchte, da es unausführbar gefunden wurde, das Wort beiseite zu setzen und die abstrakte Idee im Geist zu behalten, die an sich selbst durchaus undenkbar war. Dies scheint mir die Hauptursache zu sein, warum die Männer, welche so nachdrücklich andern empfohlen haben, allen Gebrauch von Worten in ihrem Nachsinnen beiseite zu setzen und ihre bloßen Ideen zu betrachten, doch bei dem Versuch, dies selbst zu leisten, gescheitert sind. Neuerdings sind von manchen die absurden Meinungen und sinnlosen Streitverhandlungen, welche aus dem Mißbrauch der Worte erwachsen, wohl bemerkt worden, und sie geben den guten Rat, um diese Übel zu vermeiden, solle man auf die bezeichneten Ideen achten und seine Aufmerksamkeit von den Worten ablenken, welche sie bezeichnen.[7]) Wie trefflich aber auch dieser Rat sein mag, den sie anderen erteilt haben, so ist doch klar, daß sie selbst ihn nicht genügend befolgen konnten, so lange sie annahmen, die Worte dienten unmittelbar nur zur Ideenbezeichnung, und die unmittelbare Bedeutung eines jeden Gemeinnamens sei eine *bestimmte abstrakte Idee.*

§ 24. Nachdem aber diese Meinungen als Irrtümer erkannt sind, kann man sich leichter davor hüten, durch Worte getäuscht zu werden. Wer weiß, daß er keine anderen Ideen als Einzelideen besitzt, wird sich nicht vergeblich bemühen, die an irgend einen Namen geknüpfte abstrakte Idee herauszufinden und zu denken. Wer weiß, daß Namen nicht immer Ideen vertreten, wird sich die Mühe ersparen, nach Ideen zu suchen, wo keine gewesen sind. Es wäre demgemäß zu wünschen, daß ein jeder so sehr als möglich sich bemühte, eine klare Einsicht in die Ideen zu gewinnen, die er betrachten will, indem er von ihnen alle die Bekleidung und allen den beschwerenden Anhang von Worten abtrennt, der so sehr dazu beiträgt, das Urteil zu trüben und die Aufmerksamkeit zu teilen. Vergeblich erweitern wir unseren Blick in die himmlischen Räume und erspähen das Innere der Erde; vergeblich ziehen wir die Schriften gelehrter Männer zu Rate und verfolgen die dunklen Spuren des Altertums; wir sollten nur den Vorhang von Worten wegziehen, um klar und rein den Erkenntnisbaum zu erblicken, dessen Frucht vortrefflich und unserer Hand erreichbar ist.

§ 25. Wenn wir nicht Sorge tragen, die ersten Prinzipien der Erkenntnis rein als solche zu denken, abgelöst von der Verwirrung und Täuschung, die sich an Worte knüpft, so mögen wir endlose Betrachtungen über sie ohne irgend einen Erfolg anstellen; wir mögen Konsequenzen aus Konsequenzen ziehen und werden doch niemals weiser werden. Je weiter wir gehen, um so unrettbarer werden wir uns in Schwierigkeiten und Irrtümer verlieren, um so tiefer uns in diese verwickeln. Ich bitte demgemäß einen jeden, der die folgenden Bogen zu lesen gedenkt, meine Worte sich als Anlaß zu eigenem Denken dienen zu lassen und zu versuchen, beim Lesen denselben Gedankengang zu bilden, welcher der meine beim Schreiben war. Hierdurch wird es ihm leicht werden, die Wahrheit oder Unwahrheit dessen, was ich sage, zu entdecken. Er wird ganz außer Gefahr sein, durch meine Worte getäuscht zu werden, und ich sehe nicht, wie er zu einem Irrtum verleitet werden könne, wenn er seine eigenen nackten, der entstellenden Hülle entledigten Ideen betrachtet.

ÜBER DIE PRINZIPIEN DER MENSCHLICHEN ERKENNTNIS [9])

§ 1. Jedem, der einen Blick auf die Gegenstände der menschlichen Erkenntnis wirft, leuchtet ein, daß sie teils den Sinnen gegenwärtig eingeprägte Ideen sind, teils Ideen, welche durch ein Aufmerken auf das, was die Seele leidet und tut, gewonnen werden [10], teils endlich Ideen, welche mittels des Gedächtnisses und der Einbildungskraft durch Zusammensetzung, Teilung oder einfache Vergegenwärtigung der ursprünglich in einer der beiden vorhin angegebenen Weisen empfangenen Ideen gebildet werden. Durch den Gesichtssinn erhalte ich die Licht- und Farben-Ideen in ihren verschiedenen Abstufungen und qualitativen Modifikationen, durch den Tatssinn perzipiere ich z. B. Härte und Weichheit, Hitze und Kälte, Bewegung und Widerstand, und von diesem allem mehr oder weniger hinsichtlich der Quantität oder des Grades. Der Geruchssinn verschafft mir Gerüche, der Geschmackssinn Geschmacksempfindungen, der Sinn des Gehörs führt dem Geist Schallempfindungen zu in ihrer ganzen Mannigfaltigkeit nach Ton und Zusammensetzung. Da nun beobachtet wird, daß einige von diesen Empfindungen einander begleiten, so geschieht es, daß sie mit *einem* Namen bezeichnet und infolge hiervon als *ein* Ding betrachtet werden. Ist z. B. beobachtet worden, daß eine gewisse Farbe, Geschmacksempfindung, Geruchsempfindung, Gestalt und Festigkeit vereint auftreten, so werden sie für ein bestimmtes Ding gehalten, welches durch den Namen *Apfel* bezeichnet wird. Andere Gruppen von Ideen (collections of ideas) bilden einen Stein, einen Baum, ein Buch und ähnliche sinnliche Dinge, die, je nachdem sie gefallen oder mißfallen, die Gefühle des Hasses, der Freude, des Kummers usw. hervorrufen.

§ 2. Aber neben all dieser endlosen Mannigfaltigkeit von Ideen oder Erkenntnisobjekten existiert ebensowohl auch etwas, das sie erkennt oder perzipiert und verschiedene Tätigkeiten wie wollen, sich einbilden, sich wiedererinnern an ihnen ausübt. Dieses perzipierende tätige Wesen ist dasjenige, was ich *Gemüt, Geist, Seele* oder *mich selbst* nenne. Durch diese Worte bezeichne ich nicht irgend eine meiner Ideen, sondern ein von ihnen allen ganz verschiedenes Ding, worin sie existieren, oder, was dasselbe besagt, wodurch sie perzipiert werden; denn die Existenz einer Idee besteht im Perzipiertwerden.

§ 3. Daß weder unsere Gedanken noch unsere Gefühle noch unsere Einbildungsvorstellungen außerhalb des Geistes existieren, wird ein jeder zugeben. Es scheint aber nicht weniger evident zu sein, daß die verschiedenen Sinnesempfindungen oder den Sinnen eingeprägten Ideen, wie auch immer sie miteinander vermischt oder verbunden sein mögen (d. h. was für Objekte auch immer sie bilden mögen), nicht anders existieren können als in einem Geist, der sie perzipiert. Dies kann, glaube ich, von einem jeden anschaulich erkannt werden (an intuitive knowledge may be obtain'd of this, by any one), der darauf achten will, was unter dem Ausdruck *existieren* bei dessen Anwendung auf sinnliche Dinge zu verstehen ist. Sage ich: der Tisch, an dem ich schreibe, existiert, so heißt das: ich sehe und fühle ihn; wäre ich außerhalb meiner Studierstube, so könnte ich seine Existenz in dem Sinne aussagen, daß ich, wenn ich in meiner Studierstube wäre, ihn perzipieren könnte, oder daß irgend ein anderer Geist ihn gegenwärtig perzipiert. Es war da ein Geruch, heißt: er wurde wahrgenommen; ein Ton fand statt, heißt: er wurde gehört; eine Farbe oder Gestalt: sie wurde durch den Gesichtssinn oder durch den Tastsinn perzipiert. Dies ist der einzige verständliche Sinn dieser und aller ähnlichen Ausdrücke. Denn was von einer absoluten Existenz nichtdenkender Dinge ohne irgend eine Beziehung auf ihr Perzipiertwerden gesagt zu werden pflegt, scheint durchaus unverständlich zu sein. Das Sein *(esse)* solcher Dinge ist Perzipiertwerden *(percipi)*. Es ist nicht möglich, daß sie irgend eine Existenz außerhalb der Geister oder denkenden Wesen haben, von denen sie perzipiert werden.[11])

§ 4. Es besteht in der Tat eine auffallend verbreitete Meinung, daß Häuser, Berge, Flüsse, mit einem Wort, alle sinnlichen Objekte eine natürliche oder reale Existenz haben, die von ihrem Perzipiertwerden durch den Verstand verschieden ist. Mit wie großer Zuversicht und mit wie allgemeiner Zustimmung aber auch immer dieses Prinzip behauptet werden mag, so wird doch, wenn ich nicht irre, ein jeder, der den Mut hat, es in Zweifel zu ziehen, finden, daß es einen offenbaren Widerspruch in sich schließt. Denn was sind die vorhin erwähnten Objekte anderes als die sinnlich von uns wahrgenommenen Dinge, und was perzipieren wir anderes als unsere eigenen Ideen oder Sinnesempfindungen? — und ist es nicht ein vollkommener Widerspruch, daß irgend eine von diesen oder irgend eine Verbindung von ihnen unwahrgenommen existieren sollte?[12])

§ 5. Wenn wir diese Annahme gründlich prüfen, so wird sich vielleicht herausstellen, daß sie sich schließlich auf die Lehre von den *abstrakten Ideen* zurückführen läßt. Denn kann wohl die Abstraktion auf eine größere Höhe getrieben werden als bis zur Unterscheidung der Existenz sinnlicher Dinge von ihrem Perzipiertwerden, so daß man sich vorstellt, sie existieren unperzipiert? Licht und Farben, Hitze und Kälte, Ausdehnung und Figuren, mit einem Wort, die Dinge, welche wir sehen und fühlen, was sind sie anderes als verschiedenartige Sinnesempfindungen, Vorstellungen, Ideen oder Eindrücke auf die Sinne, und ist es möglich, auch nur in Gedanken irgend eine derselben vom Perzipiertwerden zu trennen? Ich für meine Person könnte ebenso leicht ein Ding von sich selbst abtrennen. Ich kann in der Tat vermöge meines Denkens solche Dinge voneinander abtrennen oder gesondert auffassen, die ich vielleicht niemals durch die Sinne in solcher Trennung perzipiert habe. So stelle ich mir den Rumpf eines menschlichen Körpers ohne die Glieder vor oder den Geruch einer Rose, ohne an die Rose selbst zu denken. Insoweit, das leugne ich nicht, vermag ich zu abstrahieren, wenn anders der Ausdruck *Abstraktion* hier noch im eigentlichen Sinne gilt, wo es sich nur darum handelt, solche Objekte gesondert zu denken, welche in der Tat voneinander getrennt existieren oder wirklich eins ohne das andere perzipiert werden können; aber meine Fähigkeit zu denken oder vorzustellen erstreckt sich nicht weiter als die Möglichkeit einer realen Existenz oder Perzeption. So unmöglich es mir ist, ein Ding ohne seine wirkliche Wahrnehmung zu sehen oder zu fühlen, ebenso unmöglich ist es mir hiernach, irgend ein sinnlich wahrnehmbares Ding oder Objekt gesondert von seiner sinnlichen Wahrnehmung oder Perzeption zu denken.[13])

§ 6. Einige Wahrheiten liegen so nahe und sind so einleuchtend, daß man nur die Augen des Geistes zu öffnen braucht, um sie zu erkennen. Zu diesen rechne ich die wichtige Wahrheit, daß der ganze himmlische Chor und die Fülle der irdischen Objekte, mit einem Wort alle die Dinge, die das große Weltgebäude ausmachen, keine Subsistenz außerhalb des Geistes haben, daß ihr Sein ihr Perzipiertwerden oder Erkanntwerden ist, daß sie also, so lange sie nicht wirklich durch mich erkannt sind oder in meinem Geist oder im Geist irgend eines anderen geschaffenen Wesens existieren, entweder überhaupt keine Existenz haben oder im Geist eines ewigen Wesens existieren müssen, da es etwas völlig Undenkbares ist und alle Verkehrtheit der Abstraktion in sich schließt, wenn irgend einem ihrer Teile eine vom Geist unabhängige Existenz zugeschrieben wird.[*]) Um sich hiervon zu überzeugen, braucht der Leser nur durch eigenes Nachdenken den Versuch zu machen, in Gedanken das Sein eines sinnlich wahrnehmbaren Dinges von dessen Perzipiertwerden zu trennen.[14])

§ 7. Aus dem Gesagten folgt, daß es keine andere Substanz gibt als den *Geist* oder das, was perzipiert. Zum vollständigeren Erweis dieses Satzes aber möge in Erwägung gezogen werden, daß die sinnlichen Qualitäten Farbe, Figur, Bewegung, Geruch, Geschmack und ähnliche sind, d.h. die durch die Sinne perzipierten Ideen. Nun ist es ein offenbarer Widerspruch, daß eine Idee in einem nicht perzi-

[*] Der folgende Satz ist eine Hinzufügung der zweiten Auflage.

pierenden Dinge existiert; denn eine Idee haben ist ganz dasselbe, was perzipieren ist; dasjenige also, worin Farbe, Figur und die ähnlichen Qualitäten existieren, muß sie perzipieren; hieraus ist klar, daß es keine nicht denkende Substanz oder kein nicht denkendes Substrat dieser Dinge geben kann.[15])

§ 8. Aber, sagt ihr, obschon die Ideen selbst nicht außerhalb des Geistes existieren, so kann es doch ihnen ähnliche Dinge, deren Kopien oder Ebenbilder sie sind, geben, und diese Dinge existieren außerhalb des Geistes in einer nichtdenkenden Substanz. Ich antworte: eine Idee kann nur einer Idee ähnlich sein, eine Farbe oder Figur nur einer anderen Farbe oder Figur. Wenn wir auch noch so wenig auf unsere Gedanken achten, so werden wir es unmöglich finden, eine andere Ähnlichkeit als die zwischen unseren Ideen zu begreifen. Außerdem frage ich, ob diese vorausgesetzten Originale oder äußeren Dinge, deren Abbilder oder Darstellungen unsere Ideen sein sollen, selbst perzipierbar sind oder nicht. Sind sie es, dann sind sie Ideen, und wir haben erreicht, was wir wollten; sagt ihr dagegen, sie sind es nicht, so gebe ich jedem Beliebigen die Entscheidung anheim, ob es einen Sinn hat zu behaupten, eine Farbe sei ähnlich etwas Unsichtbarem, Härte oder Weichheit ähnlich etwas Untastbarem usw.[16])

§ 9. Einige machen einen Unterschied zwischen *primären* und *sekundären* Qualitäten: unter den ersten verstehen sie Ausdehnung, Figur, Bewegung, Ruhe, Solidität oder Undurchdringlichkeit und Zahl; mit dem anderen Ausdruck aber bezeichnen sie alle übrigen sinnlichen Qualitäten, wie z. B. Farben, Töne, Geschmacksempfindungen und so fort. Sie erkennen an, daß die Ideen, welche wir von diesen Qualitäten haben, nicht die Ebenbilder von irgend etwas sind, das außerhalb des Geistes oder unperzipiert existiert; sie behaupten aber, unsere Ideen der primären Qualitäten seien Abdrücke oder Bilder von Dingen, die außerhalb des Geistes existieren in einer nichtdenkenden Substanz, welche sie *Materie* nennen. Unter Materie haben wir demgemäß eine träge, empfindungslose Substanz zu verstehen, in welcher Ausdehnung, Figur und Bewegung wirklich existieren.

Aber es geht aus dem schon Gesagten deutlich hervor, daß Ausdehnung, Figur und Bewegung nur Ideen sind, die im Geist existieren, daß eine Idee nur einer Idee ähnlich sein kann, und daß demgemäß weder sie selbst noch auch ihre Urbilder in einer nicht perzipierenden Substanz existieren können. Hieraus ist offenbar, daß eben der Begriff von dem, was *Materie* oder *körperliche Substanz* genannt wird, einen Widerspruch in sich schließt.

§ **10**. Diejenigen, welche behaupten, daß Figur, Bewegung und die übrigen primären oder ursprünglichen Qualitäten außerhalb des Geistes in undenkenden Substanzen existieren, erkennen gleichzeitig an, daß von Farben, Tönen, Hitze, Kälte und derartigen sekundären Qualitäten nicht dasselbe gilt; sie behaupten, diese sind Sinnesempfindungen, die nur im Geist existieren und von der verschiedenen Größe, Struktur und Bewegung der kleinen Teile der Materie abhängig sind oder veranlaßt werden. Sie halten dies für eine unzweifelhafte Wahrheit, für die sie Beweise, die keine Widerrede zulassen, zu führen vermögen. Wenn es nun aber gewiß ist, daß diese sog. ursprünglichen Qualitäten untrennbar mit den anderen sinnlichen Qualitäten vereinigt sind und sogar nicht in Gedanken von ihnen abgesondert werden können, so folgt offenbar, daß sie nur im Geist existieren. Ich bitte aber einen jeden nachzudenken und zu erproben, ob er durch irgendeine Abstraktion des Denkens die Ausdehnung und Bewegung eines Körpers ohne alle anderen sinnlichen Qualitäten denken kann. Ich für meine Person sehe deutlich, daß es nicht in meiner Macht steht, die Idee eines ausgedehnten und bewegten Körpers zu bilden, ohne ihm zugleich eine Farbe oder eine andere sinnliche Qualität zuzuschreiben, welche anerkanntermaßen nur im Geist existiert. Kurz, Ausdehnung, Figur und Bewegung sind undenkbar, wenn sie von allen anderen Eigenschaften durch Abstraktion gesondert werden. Wo also die anderen sinnlichen Eigenschaften sind, da müssen sie auch sein, d. h. im Geist und nirgendwo anders.

§ **11**. Ferner sind anerkanntermaßen Größe und Kleinheit, Raschheit und Langsamkeit nur in unserm Geist, da sie völlig relativ sind und sich ändern, so wie die Gestalt oder Lage der Sinnesorgane sich ändert. Die Ausdehnung demgemäß, welche außerhalb des Geistes existiert, ist weder groß noch klein, die Bewegung weder rasch noch langsam, d. h. diese Ausdehnung und diese Bewegung sind überhaupt nichts. Aber, sagt ihr, sie sind Ausdehnung im allgemeinen und Bewegung im allgemeinen. So zeigt sich, wie sehr die Annahme, daß es ausgedehnte, bewegbare Substanzen außerhalb des Geistes gibt, von jener seltsamen Lehre der *abstrakten Ideen* abhängt. Und bei dieser Gelegenheit kann ich nicht umhin zu bemerken, wie sehr die vage und unbestimmte Vorstellung einer Materie oder körperlichen Substanz, zu der die neueren Philosophen durch ihre eigenen Voraussetzungen gedrängt werden, jenem antiquierten und so viel verlachten Begriff einer *materia prima* gleicht, den man bei Aristoteles und seinen Anhängern findet. Ohne Ausdehnung kann Solidität nicht gedacht werden. Ist demnach gezeigt worden, daß Ausdehnung nicht in einer nichtdenkenden Substanz existiert, so muß das gleiche von der Solidität wahr sein.

§ 12. Daß die *Zahl* durchaus ein Produkt des Geistes ist, auch wenn man zugeben würde, daß die anderen Qualitäten außerhalb des Geistes existieren, wird einem jeden einleuchten, der bedenkt, daß dasselbe Ding eine verschiedene Zahlbezeichnung erhält, wenn der Geist es in verschiedenen Beziehungen betrachtet. So ist z. B. dieselbe Ausdehnung 1 oder 3 oder 36, je nachdem der Geist sie im Verhältnis zu einer Elle (einer engl. Elle von 3 Fuß) oder zu einem Fuß oder zu einem Zoll betrachtet. Die Zahl ist so augenscheinlich relativ und vom menschlichen Verstand abhängig, daß es kaum zu denken ist, daß irgend jemand ihr eine absolute Existenz außerhalb des Geistes zuschreiben kann. Wir sagen Ein Buch, Eine Seite, Eine Linie; diese alle sind gleich sehr Einheiten, obschon einige von ihnen mehrere der anderen enthalten. Und in jedem Betracht ist es klar, daß die Einheit sich auf eine besondere Kombination von Ideen bezieht, die der Geist willkürlich zusammenstellt.

§ 13. Ich weiß, daß einige der Meinung sind, die Einheit sei eine einfache oder unzusammengesetzte Idee, die alle anderen Ideen in unserem Geist begleitet. Ich finde nicht, daß ich irgend eine solche Idee habe, die dem Worte *Einheit* entspräche, und ich denke doch, daß es, wenn ich sie hätte, nicht fehlen könnte, daß ich sie fände; es müßte vielmehr mein Geist mit ihr am allervertrautesten sein, da sie ja, wie behauptet wird, alle anderen Ideen begleiten und durch alle Weisen der äußeren und inneren Wahrnehmung (sensation and reflexion) perzipiert werden soll. [17]) Um alles auf einmal zu sagen: sie ist eine *abstrakte Idee.*

§ 14. Ich füge hinzu, daß in derselben Weise, wie neuere Philosophen beweisen, daß gewisse sinnliche Eigenschaften keine Existenz in der Materie oder außerhalb des Geistes haben, das gleiche auch von allen anderen sinnlichen Eigenschaften bewiesen werden kann. So wird z. B. gesagt, daß Hitze und Kälte nur psychische Affektionen sind und durchaus nicht Abdrücke von wirklichen, in den körperlichen Substanzen, durch welche sie angeregt werden, existierenden Wesen; denn derselbe Körper, welcher einer Hand als warm erscheine, erscheine einer anderen als kalt. Warum sollen wir nun nicht ebensowohl schließen, daß Figur und Ausdehnung nicht Abdrücke oder Ähnlichkeiten von in der Materie existierenden Eigenschaften sind, da sie demselben Auge von verschiedenen Punkten aus oder von demselben Punkte aus Augen von verschiedener Struktur verschieden erscheinen und daher nicht Bilder von etwas außerhalb des Geistes unwandelbar Bestimmtem sein können? Ferner wird bewiesen, daß Süßigkeit nicht wirklich in dem wohlschmeckenden Dinge ist, weil ohne Veränderung dieses Dinges die Süßigkeit sich in Bitterkeit umwandelt, z. B. beim Fieber oder einer anderweitigen Beeinträchtigung des Gaumens. Ist es nicht ebenso vernunftgemäß zu sagen, daß Bewegung nicht außerhalb des Geistes stattfindet, da, wenn die Aufeinanderfolge von Vorstellungen im Geist rascher wird, die Bewegung anerkanntermaßen, ohne daß irgend eine Veränderung in irgend einem realen Objekt stattgefunden hat, langsamer zu sein scheinen wird?

§ 15. Kurz, wenn jemand jene Argumente recht erwägt, von denen man glaubt, daß sie deutlich erweisen, daß Farben und Geschmacksempfindungen bloß im Geist existieren, so wird er finden, daß sie mit gleicher Kraft dasselbe von der Ausdehnung, Figur und Bewegung darzutun vermögen. Doch muß zugegeben werden, daß diese Argumentationsweise nicht sowohl beweist, daß es keine Ausdehnung oder Farbe in einem äußeren Objekt gibt, als vielmehr nur, daß wir nicht durch die Sinne erkennen, welches die wahre Ausdehnung oder Farbe des Objekts ist. Aber die vorhergehenden Argumente zeigen deutlich die Unmöglichkeit, daß überhaupt irgend eine Farbe oder Ausdehnung oder sinnlich wahrnehmbare Eigenschaft irgend welcher Art in einem nichtdenkenden Substrat außerhalb des Geistes existiert, oder vielmehr die Unmöglichkeit, daß es irgend etwas derartiges wie ein äußeres Objekt gibt. [18])

§ 16. Prüfen wir jedoch noch ein wenig die herrschende Ansicht. Man sagt, Ausdehnung sei ein Modus oder ein Akzidens der Materie, und diese sei das *Substrat*, welches jene trage. Nun möchte ich gern, daß mir erklärt würde, was unter dem der Materie zugeschriebenen *Tragen* der Ausdehnung zu verstehen ist. Sagt ihr, ich habe keine Idee von der Materie und kann dies daher nicht erklären, so antworte ich: mögt ihr auch keine positive Idee der Materie haben, so darf doch zum mindesten eine negative euch nicht fehlen, wenn ihr überhaupt irgend einen Sinn mit dem Worte verknüpft; obschon ihr nicht wißt, was sie ist, so muß doch vorausgesetzt werden dürfen, daß ihr wißt, in welcher Beziehung sie zu ihren Akzidentien steht und was unter ihrem Tragen derselben zu verstehen ist. Offenbar kann das Wort „tragen" hier nicht in seinem gewöhnlichen oder buchstäblichen Sinn genommen werden, wie wenn wir sagen, daß Säulen ein Gebäude tragen; in welchem Sinne ist es denn nun zu verstehen?

§ 17. Prüfen wir das, was die sorgfältigsten Philosophen selbst unter dem Ausdruck *materielle Substanz* zu verstehen erklären, so finden wir, daß sie bekennen, keinen anderen Sinn mit diesen Lauten zu verknüpfen als die Idee eines Wesens (eines Etwas, eines Seienden) überhaupt, zusammen mit dem relativen Begriff seines Tragens von Akzidentien. Mir scheint diese allgemeine Idee abstrakter und unbegreiflicher als alle anderen zu sein, und was das

Tragen von Akzidentien betrifft, so kann dies, wie vorhin bemerkt worden ist, nicht in dem gewöhnlichen Wortsinn verstanden, muß also in einem anderen Sinne genommen werden, der unerklärt bleibt. Demgemäß gelange ich, wenn ich die beiden Teile oder Seiten der Bedeutung der Worte *materielle Substanz* betrachte, zu der Überzeugung, daß damit gar kein bestimmter Sinn verbunden ist. Doch warum sollen wir uns noch weiter bemühen mit der Erörterung dieses materiellen Trägers (Substrats) von Figur, Bewegung und anderen sinnlichen Qualitäten? Setzt er nicht voraus, daß sie eine Existenz außerhalb des Geistes haben? Und ist dies nicht ein direkter Widerspruch und durchaus unbegreiflich? [19])

§ **18**. Wäre es aber auch möglich, daß feste, gestaltete, bewegliche Substanzen, die den Ideen, welche wir von Körpern haben, entsprächen, außerhalb des Geistes existierten, wie sollte es uns möglich sein, dies zu wissen? Entweder müßten wir es durch die Sinne oder durch Denken erkennen. Durch unsere Sinne haben wir nur die Kenntnis unserer Sinnesempfindungen, Ideen oder jener Dinge, die, man benenne sie, wie man wolle, unmittelbar sinnlich wahrgenommen werden; aber die Sinne lehren uns nicht, daß Dinge außerhalb des Geistes oder unperzipiert existieren, die denjenigen gleichen, welche perzipiert werden. Dies erkennen die Materialisten selbst an. Es bleibt also nur übrig, daß wir, wenn wir überhaupt irgend ein Wissen von äußeren Dingen besitzen, dies durch Denken erlangt haben, indem wir ihre Existenz aus dem, was unmittelbar sinnlich perzipiert ist, erschließen. Welcher Schluß aber kann uns bestimmen, auf Grund dessen, was wir perzipieren, die Existenz von Körpern außerhalb des Geistes anzunehmen, da doch gerade die Vertreter der Lehre von der Materie selbst nicht behaupten, daß irgend eine notwendige Verbindung zwischen ihnen und unseren Ideen besteht? Es wird ja allseitig zugegeben (und was in Träumen, im Wahnsinn und ähnlichen Zuständen geschieht, setzt es außer Zweifel), daß es möglich ist, daß wir mit all den Ideen, die wir jetzt haben, ausgestattet sein könnten, wenngleich keine Körper außer uns existierten, die ihnen glichen.

Also leuchtet ein, daß die Annahme der Existenz äußerer Körper zur Erklärung unserer Ideenbildung nicht erforderlich ist, da zugegeben wird, daß Ideen in derselben Ordnung, in welcher wir sie gegenwärtig vorfinden, ohne ihre Mitwirkung zuweilen wirklich hervorgebracht werden und möglicherweise immer hervorgebracht werden können.

§ **19**. Aber wenn wir auch möglicherweise zu allen unseren sinnlichen Wahrnehmungen ohne äußere Objekte gelangen, so könnte man es doch vielleicht für leichter halten, ihre Entstehungsweise durch die Voraussetzung von äußeren Körpern, die ihnen ähnlich sind, als auf andere Weise zu erklären, und so würde es denn wenigstens für wahrscheinlich gelten dürfen, daß solche Dinge wie Körper existieren, die ihre Ideen in unseren Seelen anregen. Aber auch dies kann nicht gesagt werden; denn geben wir auch den Materialisten ihre äußeren Körper zu, so wissen sie nach ihrem eigenen Bekenntnis doch noch ebenso wenig, wie unsere Ideen hervorgebracht werden, da sie sich selbst für unfähig erklären zu begreifen, auf welche Weise ein Körper auf einen Geist sollte einwirken können, oder wie es möglich sein sollte, daß er dem Geist eine Idee einprägt. Hiernach leuchtet ein, daß die Produktion von Ideen oder Sinneswahrnehmungen in unserem Geist kein Grund sein kann, Materie oder körperliche Substanzen vorauszusetzen, da anerkannt wird, daß diese Produktion mit dieser Voraussetzung und ohne sie gleich unerklärlich bleibt. Also selbst dann, wenn es möglich wäre, daß Körper außerhalb des Geistes existierten, müßte doch die Annahme, daß sie wirklich existieren, eine sehr unsichere Meinung sein, da dies voraussetzen hieße, Gott habe unzählige Dinge geschaffen, die durchaus nutzlos sind und in keiner Art zu irgend welchem Zwecke dienen.

§ **20**. Kurz, gäbe es äußere Körper, so könnten wir unmöglich zu ihrer Kenntnis gelangen, und gäbe es keine, so möchten wir doch die gleichen Gründe wie jetzt für ihre Existenz haben. Macht die Voraussetzung, deren Möglichkeit niemand leugnen kann, eine Intelligenz habe ohne Mitwirkung äußerer Körper dieselbe Reihe von Sinneswahrnehmungen oder Ideen, die ihr habt, und zwar sei sie in derselben Ordnung und mit gleicher Lebhaftigkeit dem Geiste eingeprägt. Ich frage, ob diese Intelligenz nicht ganz eben den Grund hat, die Existenz körperlicher Substanzen, die durch ihre Ideen repräsentiert würden und sie in ihr anregten, anzunehmen, den ihr möglicherweise haben könnt, dergleichen anzunehmen? Dies kann gar nicht zweifelhaft sein, und die eine Betrachtung genügt schon, jedem vernünftig Erwägenden die Kraft der Argumente, von welcher Art sie auch sein mögen, verdächtig zu machen, die er für die Annahme, daß Körper außerhalb des Geistes existieren, vielleicht zu haben glaubt.

§ 21. Wäre es erforderlich, irgend einen weiteren Beweis gegen die Existenz einer Materie dem schon Gesagten noch beizufügen, so könnte ich einige von jenen Irrtümern und Schwierigkeiten (um nicht zu sagen Gottlosigkeiten) anführen, welche aus dieser Annahme hergeflossen sind. Sie hat zahllose Streitfragen und Disputationen in der Philosophie und nicht wenige von weit größerer Bedeutung in der Religion hervorgerufen. Aber ich werde hier nicht im einzelnen darauf eingehen, teils weil ich der Meinung bin, daß es keiner aus den Konsequenzen *(a posteriori)* entnommenen Argumente[20]) zur Bestätigung dessen bedarf, was, wenn ich nicht irre, zureichend aus den Realgründen *(a priori)* erwiesen worden ist, teils darum, weil ich nachher noch Gelegenheit finden werde, einiges darüber zu sagen.

§ 22. Ich fürchte, daß ich Anlaß gegeben habe zu glauben, ich sei unnötigerweise weitläufig bei der Behandlung dieses Gegenstandes gewesen. Denn wozu dient es ausführlich zu sein über das, was mit der größten Deutlichkeit in einem oder zwei Sätzen einem jeden erwiesen werden kann, der auch nur des geringsten Nachdenkens fähig ist? Ihr braucht bloß eure eigenen Gedanken zu betrachten und so zu erproben, ob ihr für möglich halten könnt, daß ein Ton, eine Figur, eine Bewegung oder eine Farbe außerhalb des Geistes oder unperzipiert existiert. Dieser leichte Versuch läßt euch erkennen, daß eure Behauptung ein völliger Widerspruch ist, so sehr, daß ich damit einverstanden bin, die Entscheidung der ganzen Frage von dem Ergebnis abhängig zu machen. Falls ihr es auch nur als möglich denken könnt, daß eine ausgedehnte bewegliche Substanz oder im allgemeinen irgend eine Idee oder etwas einer Idee Ähnliches in einer anderen Weise existiert als in einem sie perzipierenden Geist, so werde ich willig meinen Satz aufgeben und euch die Existenz des ganzen Gefüges äußerer Körper, die ihr behauptet, zugestehen, obschon ihr mir keinen Grund angeben könnt, warum ihr glaubt, daß es existiert, und keinen Zweck, dem es dient, wenn vorausgesetzt wird, daß es existiert. Ich sage, die bloße Möglichkeit, daß eure Meinung wahr sein könnte, soll für ein Argument gelten, daß sie in der Tat wahr ist.

§ **23**. Aber es ist doch, sagt ihr, gewiß nichts leichter als sich vorzustellen, daß z. B. Bäume in einem Park oder Bücher in einem Kabinett existieren, ohne daß jemand sie wahrnimmt. Ich antworte: es ist freilich nicht schwer, sich dies vorzustellen, aber was, ich bitte euch, heißt dies alles anders als in eurem Geist gewisse Ideen bilden, die ihr *Bücher* und *Bäume* nennt, und gleichzeitig unterlassen, die Idee von jemand, der sie perzipiert, zu bilden? Aber perzipiert oder denkt ihr selbst denn nicht unterdessen eben diese Objekte? Dies führt also nicht zum Ziel; es zeigt nur, daß ihr die Macht habt, vermöge eurer Einbildungskraft Vorstellungen in eurem Geist zu bilden; aber es zeigt nicht, daß ihr es als möglich begreifen könnt, daß die Objekte eures Denkens außerhalb des Geistes existieren; um dies zu erweisen, müßtet ihr vorstellen, daß sie existieren, ohne daß sie vorgestellt werden oder an sie gedacht wird, was ein offenbarer Widerspruch ist. Wenn wir das Äußerste versuchen, um die Existenz äußerer Körper zu denken, so betrachten wir doch immer nur unsere eigenen Ideen. Indem aber der Geist von sich selbst dabei keine Notiz nimmt, so täuscht er sich mit der Vorstellung, er könne Körper denken und denke Körper, die ungedacht vom Geist oder außerhalb des Geistes existieren, obschon sie doch zugleich auch von ihm vorgestellt werden oder in ihm existieren. Ein wenig Aufmerksamkeit wird einem jeden die Wahrheit und Evidenz dessen, was hier gesagt worden ist, zeigen und es überflüssig machen, andere Beweise gegen die Existenz einer materiellen Substanz aufzustellen.

§ **24**. Es ist schon bei der geringsten Prüfung unserer eigenen Gedanken sehr leicht zu wissen, ob es uns möglich ist zu verstehen, was gemeint ist mit der *absoluten Existenz sinnlich wahrnehmbarer Objekte an sich oder außerhalb des Geistes.* Mir ist offenbar, daß diese Worte entweder einen direkten Widerspruch oder andernfalls überhaupt nichts bedeuten. Um hiervon auch andere zu überzeugen, weiß ich keinen leichteren und geraderen Weg einzuschlagen als den, daß ich sie bitte, ruhig auf ihre eigenen Gedanken zu achten, und wenn hierdurch die Sinnlosigkeit dieser Ausdrücke oder der Widerspruch in ihnen zu Tage tritt, so ist gewiß nichts weiteres zu ihrer Überzeugung erforderlich. Hierauf also lege ich Gewicht, daß die Worte „absolute Existenz nichtdenkender Dinge" ohne Sinn oder mit einem Widerspruch behaftet sind. Dies wiederhole und betone ich und empfehle es ernstlich dem aufmerksamen Nachdenken des Lesers.[21])

§ **25**. Alle unsere Ideen, Sinneswahrnehmungen [*]) oder die Dinge, die wir perzipieren, durch welche Namen sie auch immer bezeichnet werden mögen, sind augenscheinlich ohne Aktivität; es ist in ihnen nichts von Kraft oder Tätigkeit enthalten, so daß eine Idee oder ein Denkobjekt nicht irgend eine Veränderung in einem anderen hervorbringen oder bewirken kann. Um uns von der Wahrheit dieses Satzes zu überzeugen, brauchen wir nur unsere Ideen zu beobachten. Denn da sie und ein jeder ihrer Bestandteile nur im Geist existieren, so folgt, daß nichts in ihnen ist, als was perzipiert wird. Ein jeder, der auf seine vermittelst der Sinne oder vermittelst der auf Seelenvorgänge gerichteten Reflexion wahrgenommenen Ideen achtet (his ideas, whether of sense or reflexion), wird keine Kraft oder Tätigkeit in ihnen wahrnehmen; es ist demgemäß nichts derartiges in ihnen enthalten. Ein wenig Aufmerksamkeit wird uns zeigen, daß das Sein einer Idee die Passivität oder Inaktivität so durchaus einschließt, daß es unmöglich ist, daß eine Idee etwas tut oder, um den genauen Aus-

---

[*] In der ersten Auflage stand an dieser Stelle zusätzlich noch Begriffe (notions).

druck zu gebrauchen, die Ursache von irgend etwas ist; auch kann sie nicht das Abbild oder der Abdruck von irgend einem aktiven Dinge sein, wie aus § 8 hervorgeht. Hieraus folgt offenbar, daß Ausdehnung, Figur und Bewegung nicht die Ursache unserer Sinnesempfindungen sein können. Wenn man sagt, daß diese die Wirkungen von Kräften seien, die aus der Gestalt, Zahl, Bewegung und Größe von kleinsten Körperteilen hervorgehen, so muß dies hiernach gewiß falsch sein.

§ 26. Wir perzipieren eine beständige Folge von Ideen; einige von ihnen werden von neuem hervorgerufen, andere werden verändert oder verschwinden ganz. Es gibt demnach eine Ursache dieser Ideen, wovon sie abhängen und durch die sie hervorgebracht und verändert werden. Daß diese Ursache keine Eigenschaft oder Idee oder Verbindung von Ideen sein kann, ist klar aus dem vorigen Paragraphen. Sie muß also eine Substanz sein; es ist aber gezeigt worden, daß es eine körperliche oder materielle Substanz nicht gibt; es bleibt also nur übrig, daß die Ursache der Ideen eine unkörperliche tätige Substanz oder ein Geist ist.

§ 27. Ein Geist ist ein einfaches, unteilbares tätiges Wesen, welches, sofern es Ideen perzipiert, *Verstand*, und sofern es sie hervorbringt oder anderweitig in bezug auf sie tätig ist, *Wille* heißt. Daher kann keine Idee einer Seele oder eines Geistes gebildet werden; denn da (nach § 25) alle Ideen passiv oder untätig sind, so können sie uns nicht als Abbilder oder durch Ähnlichkeit das, was wirkt, repräsentieren. Ein wenig Aufmerksamkeit wird einem jeden klar machen, daß es absolut unmöglich ist, eine Idee zu haben, welche jenem tätigen Prinzip der Bewegung und des Wechsels der Ideen ähnlich ist. Derartig ist die Natur des *Geistes* oder dessen, was wirkt, daß er nicht an sich selbst wahrgenommen werden kann, sondern nur vermöge der Wirkungen, die er hervorbringt. Wenn jemand an der Wahrheit des hier Vorgetragenen zweifelt, so mag er nur nachdenken und versuchen, ob er die Idee irgend einer Kraft oder eines tätigen Dinges bilden kann, und ob er Ideen von zwei Grundkräften hat, die durch die Namen

Wille und *Verstand* bezeichnet werden und ebensowohl voneinander verschieden sind wie von einer dritten Idee, nämlich der Idee der Substanz oder des Seienden überhaupt, die mit der Relationsvorstellung verbunden ist, die genannten Kräfte zu tragen oder ihr Subjekt zu sein, und den Namen *Seele* oder *Geist* hat. Einige nehmen dies an; aber so viel ich sehen kann, bezeichnen die Worte *Wille, Seele, Geist* nicht verschiedene Ideen oder in Wahrheit überhaupt nicht irgend eine Idee, sondern etwas, was von Ideen sehr verschieden ist und was, da es etwas Tätiges ist, nicht irgend welcher Idee ähnlich oder durch sie repräsentiert sein kann. *) Doch muß gleichzeitig zugegeben werden, daß wir einen gewissen Begriff *(notion)* von der Seele, dem Geist und den psychischen Tätigkeiten wie wollen, lieben, hassen haben, sofern wir den Sinn dieser Worte kennen oder verstehen. [22])

§ **28**. Ich finde, daß ich Ideen in meinem Geist nach Belieben hervorrufen und die Szene so oft wechseln und sich verändern lassen kann, als ich es für geeignet halte. Ich brauche nur zu wollen, und sofort taucht diese oder jene Idee in meiner Phantasie auf, und durch dieselbe Kraft tritt sie ins Unbewußtsein zurück und macht einer anderen Platz. Dieses Produzieren und Aufheben von Ideen berechtigt uns, den Geist recht eigentlich aktiv zu nennen. Dies alles ist gewiß und auf Erfahrung gegründet; wenn wir dagegen von nichtdenkenden aktiven Dingen oder von einem Hervorrufen von Ideen durch etwas anderes als den Willen reden, dann spielen wir nur mit Worten.

§ **29**. Aber was für eine Macht ich auch immer über meine eigenen Gedanken haben mag, so finde ich doch, daß die Ideen, die ich gegenwärtig durch die Sinne wahrnehme, nicht in einer gleichen Abhängigkeit von meinem Willen stehen. Wenn ich bei vollem Tageslicht meine Augen öffne, so steht es nicht in meiner Macht, ob ich sehen werde oder nicht, noch auch, welche einzelnen Objekte sich meinem Blick darstellen werden, und so sind gleicherweise auch

* Der nun folgende Satz ist eine Hinzufügung der zweiten Auflage.

beim Gehör und den anderen Sinnen die ihnen eingeprägten Ideen nicht Geschöpfe meines Willens. Es gibt also einen anderen Willen oder Geist, der sie hervorbringt.[23])

§ 30. Die sinnlichen Ideen sind stärker, lebhafter und bestimmter als die Ideen der Einbildungskraft; sie haben desgleichen eine gewisse Beständigkeit, Ordnung und Zusammenhang und werden nicht aufs Geratewohl hervorgerufen, wie es diejenigen oft werden, welche die Wirkungen menschlicher Willensakte sind, sondern in einer geordneten Folge oder Reihe, deren bewunderungswürdige Verbindung ausreichend die Weisheit und Güte ihres Urhebers bezeugt. Nun werden die festen Regeln oder bestimmten Weisen, wonach der Geist, von dem wir abhängig sind, in uns die sinnlichen Ideen erzeugt, die *Naturgesetze* genannt, und diese lernen wir durch Erfahrung kennen, die uns belehrt, daß gewissen bestimmten Ideen bestimmte andere Ideen in dem gewöhnlichen Laufe der Dinge folgen.

§ 31. Dies gibt uns eine gewisse Voraussicht, welche uns befähigt, unsere Handlungen zum Nutzen des Lebens zu ordnen. Ohne diese Voraussicht würden wir unablässig in Verlegenheit sein; wir könnten nicht wissen, wie wir es anzustellen hätten, uns auch nur das geringste Vergnügen zu verschaffen oder den geringsten sinnlichen Schmerz abzuwehren. Daß Speise uns nährt, Schlaf erfrischt, Feuer wärmt, daß das Säen in der Saatzeit das Mittel ist, im Herbst zu ernten, und im allgemeinen, daß, um bestimmte Zwecke zu erreichen, bestimmte Mittel dienlich sind, dies alles wissen wir nicht durch Entdeckung irgend einer notwendigen Verbindung zwischen unseren Ideen, sondern nur durch die Beobachtung der beständigen Naturgesetze, ohne welche wir alle in Ungewißheit und Verwirrung wären und ein erwachsener Mann ebensowenig wie ein neugeborenes Kind wüßte, wie er sich im Leben zu benehmen hat.

§ 32. Und doch ist diese beständige gleichmäßige Wirksamkeit, welche so deutlich die Güte und Weisheit des herrschenden Geistes offenbart, dessen Wille die Gesetze der Natur konstituiert, soweit davon entfernt, unsere Gedanken zu ihm hinzuleiten, daß sie sie vielmehr veranlaßt, zweiten Ursachen (Mittelursachen) nachzuforschen. Denn wenn wir bemerken, daß bestimmten sinnlichen Ideen beständig andere Ideen folgen, und wenn wir wissen, daß dies nicht durch uns bewirkt wird, so schreiben wir sofort Kraft und Wirksamkeit den Ideen selbst zu und betrachten die eine als die Ursache einer anderen; und doch kann nichts törichter und unverständlicher sein als dies. Haben wir z. B. beobachtet, daß, wenn wir durch das Gesicht eine gewisse runde leuchtende Gestalt wahrgenommen haben, wir gleichzeitig durch das Gefühl die Idee oder Sinneswahrnehmung erhalten, welche *Hitze* genannt wird, so schließen wir hieraus, die Sonne sei die Ursache der Hitze. In gleicher Weise sind wir geneigt, wenn wir wahrnehmen, daß die Bewegung und der Zusammenstoß von Körpern mit einem Schall verbunden ist, den letzten für eine Wirkung des ersten zu halten.

§ **33**. Die durch den Urheber der Natur den Sinnen eingeprägten Ideen heißen *wirkliche Dinge;* diejenigen aber, welche durch die Einbildungskraft hervorgerufen werden und weniger regelmäßig, lebhaft und beständig sind, werden als *Ideen im engeren Sinne* oder als *Bilder der Dinge*, welche sie nachbilden und darstellen, bezeichnet. Dann sind aber unsere Sinneswahrnehmungen, wie lebhaft und bestimmt sie auch sein mögen, nichtsdestoweniger *Ideen*, d. h. sie existieren im Geist oder werden durch den Geist perzipiert, ebenso gewiß wie *die* Ideen, welche er selbst gestaltet. Es muß zugegeben werden, daß die sinnlichen Ideen mehr Realität in sich tragen, d. h. sie sind kräftiger, geordneter, zusammenhängender als die Geschöpfe des Geistes; aber dies beweist nicht, daß sie außerhalb des Geistes existieren. Sie sind auch in geringerem Grade vom Geist oder der denkenden Substanz, welche sie perzipiert, abhängig, indem sie durch den Willen eines anderen und mächtigeren Geistes hervorgerufen werden; aber sie sind doch *Ideen*, und sicherlich kann keine *Idee*, sie mag schwach oder stark sein, anders existieren als in einem Geist, der sie perzipiert.

§ **34**. Bevor wir weiter gehen, müssen wir einige Zeit auf die Beantwortung von Einwürfen verwenden, die vermutlich gegen die bisher dargelegten Prinzipien erhoben werden mögen. Wenn ich hierbei Personen von rascher Auffassung zu ausführlich zu sein scheine, so hoffe ich doch auf Verzeihung, weil nicht alle Menschen mit gleicher Leichtigkeit Dinge von dieser Art auffassen, und ich doch von jedermann verstanden werden möchte. Es wird wohl zuerst eingewandt werden, daß durch die vorstehenden Prinzipien alles, was real und substantiell in der Natur sei, aus der Welt verbannt wird, und daß an die Stelle davon ein phantastisches Ideensystem tritt. Alles, was existiert, existiert nur im Geist, d. h. es wird bloß vorgestellt. Was wird demnach aus Sonne, Mond und Sternen? Was müssen wir denken von Häusern, Flüssen, Bergen, Bäumen, Steinen, ja von unserem eigenen Körper? Sind sie alle nur ebenso viele Chimären und Täuschungen der Phantasie? Auf alle diese und alle derartigen Einwürfe antworte ich, daß wir vermöge der vorstehenden Prinzipien keines einzigen Naturobjekts verlustig gehen. Was auch immer wir sehen, fühlen, hören oder irgendwie begreifen oder verstehen, bleibt so gewiß und ist so real, wie es je gewesen ist. Es gibt eine Natur *(rerum natura)*, und die Unterscheidung zwischen Realitäten und Chimären behält ihre volle Kraft. Dies geht klar hervor aus den §§ 29, 30, 33, wo wir gezeigt haben, was unter dem Ausdruck *reale Dinge* im Unterschied von *Chimären* oder durch uns selbst gebildeten Ideen zu verstehen ist; beide jedoch existieren gleichmäßig im Geist und sind in diesem Sinne gleich sehr *Ideen*.

§ 35. Ich bestreite nicht die Existenz irgend eines Dinges, das wir durch Sinneswahrnehmung oder durch Reflexion auf unser Inneres zu erkennen vermögen (that we can apprehend, either by sense or reflexion). Daß die Dinge, die ich mit meinen Augen sehe und mit meinen Händen betaste, existieren, wirklich existieren, bezweifle ich nicht im mindesten. Das einzige, dessen Existenz wir in Abrede stellen, ist das, was die Philosophen Materie oder körperliche Substanz nennen. Und indem dies geschieht, verlieren die übrigen Menschen nichts, die, wie ich wohl sagen darf, diese Materie nicht vermissen werden. Allerdings werden die Atheisten die anscheinende Stütze verlieren, welche ein leeres Wort ihrer unfrommen Ansicht gewährt, und die Philosophen werden vielleicht finden, daß sie einen mächtigen Anlaß zur Tändelei und Disputation verloren haben.

§ 36. Wenn jemand glaubt, dies tue der Existenz oder Realität der Dinge Eintrag, so ist er weit davon entfernt, das zu verstehen, was in so deutlichen Ausdrücken, wie es mir nur möglich war, bisher auseinandergesetzt worden ist. Ich fasse hier die Hauptpunkte des Gesagten zusammen. Es gibt psychische Substanzen, Geister oder menschliche Seelen, welche in sich selbst Ideen nach Belieben durch ihren Willen hervorrufen; aber diese Ideen sind matt, schwach und unbeständig im Vergleich mit anderen, die sie durch die Sinne perzipieren, und die, indem sie ihnen nach gewissen Regeln oder Naturgesetzen eingeprägt werden, sich selbst als Wirkungen eines Geistes bekunden, der mächtiger und weiser ist als die menschlichen Geister. Von diesen letzten Ideen wird gesagt, daß sie mehr *Realität* in sich tragen als die ersten, worunter zu verstehen ist, daß sie stärker affizieren, mehr geordnet und bestimmt und nicht willkürliche Gebilde des sie perzipierenden Geistes sind. In diesem Sinne ist die Sonne, welche ich bei Tage sehe, die wirkliche Sonne, und die, welche ich zur Nachtzeit vorstelle, die (abbildliche) Idee der ersten. In dem hier bezeichneten Sinne von *Realität* ist offenbar jede Pflanze, jeder Stern, jedes Mineral und im allgemeinen jeder Teil des Weltsystems nach unseren Prinzipien ebenso sehr wie nach irgend welchen anderen ein *wirkliches Ding*. Ich bitte die Leser, ihre eigenen Gedanken zu betrachten und zuzusehen, ob sie etwas hiervon Verschiedenes unter dem Terminus *Realität* verstehen.

§ 37. Es wird entgegnet werden, es sei doch wenigstens so viel wahr, daß wir alle körperlichen Substanzen aufheben. Hierauf antworte ich, daß, wenn das Wort *Substanz* in dem gewöhnlichen Sinne genommen wird, als Bezeichnung einer Verbindung sinnfälliger Eigenschaften wie Ausdehnung, Solidität, Gewicht und ähnlicher miteinander, wir nicht beschuldigt werden können, dies zu verneinen; wird es aber in einem philosophischen Sinne genommen, worin es den Träger von Akzidentien oder Eigenschaften außerhalb des Geistes bezeichnen soll, dann erkenne ich in der Tat an, daß wir das hiermit Gemeinte aufheben, wenn anders von jemand gesagt werden kann, daß er etwas aufhebe, was niemals irgend eine Existenz gehabt hat, selbst nicht in der bloßen Vorstellung.

§ **38**. Aber, sagt ihr, es klingt sehr schroff, wenn gesagt wird: wir essen und trinken Ideen und sind bekleidet mit Ideen. Ich gebe zu, daß dies so ist, und zwar darum, weil das Wort *Idee* in der gewöhnlichen Rede nicht gebraucht wird, um die verschiedenen Kombinationen sinnlicher Eigenschaften zu bezeichnen, welche *Dinge* genannt werden, und es ist gewiß, daß eine jegliche Ausdrucksweise, die von dem gewöhnlichen Sprachgebrauch abweicht, anstößig und lächerlich erscheint. Aber dies betrifft nicht die Wahrheit dieses Satzes, der, obschon in anderen Worten, nichts anderes besagt, als daß wir uns nähren und bekleiden mit Dingen, welche wir unmittelbar durch unsere Sinne perzipieren. Die Härte oder Weichheit, die Farbe, der Geschmack, die Wärme, die Figur und derartige Eigenschaften, welche in ihrer gegenseitigen Verbindung die verschiedenen Arten von Lebensmitteln und Kleidungsstücken ausmachen, existieren, wie gezeigt worden ist, bloß im Geist, der sie perzipiert, und nur dies ist gemeint, wenn wir sie *Ideen* nennen; wäre dieses Wort ebenso im gewöhnlichen Gebrauch wie *Ding*, so würde jener Ausdruck ebensowenig seltsam oder lächerlich klingen wie dieser. Ich kämpfe nicht für die Schicklichkeit, sondern für die Wahrheit des Ausdrucks und werde demgemäß, wenn ihr mit mir in der Ansicht übereinkommt, daß wir die unmittelbaren Objekte der Sinne, die nicht unperzipiert oder ausserhalb des Geistes existieren können, essen und trinken und zu unserer Bekleidung gebrauchen, gern zugeben, daß es schicklicher oder dem Gebrauch angemessener ist, sie „Dinge" als „Ideen" zu nennen.

§ **39**. Wenn gefragt wird, warum ich das Wort *Ideen* gebrauche und sie nicht lieber im Anschluß an den Sprachgebrauch *Dinge* nenne, so antworte ich: ich tue das aus zwei Gründen: erstens, weil insgemein vorausgesetzt wird, daß der Ausdruck *Ding* im Gegensatz zu *Idee* etwas bezeichnet, das außerhalb des Geistes existiert; zweitens, weil *Ding* eine umfassendere Bedeutung hat als *Idee*, indem es Geister oder denkende Dinge ebensowohl wie Ideen bezeichnet. Da nun die Sinnesobjekte bloß im Geist existieren und durchaus ohne Denken und Tätigkeit sind, so ziehe ich vor, sie durch das Wort *Idee* zu bezeichnen, in dessen Bedeutung diese Merkmale liegen.[24])

§ **40**. Vielleicht aber erwidert jemand, was wir auch immer sagen mögen, er wolle seinen Sinnen glauben und nicht zugeben, daß Argumente irgend welcher Art, wie plausibel sie auch seien, mehr gelten als die sinnliche Gewißheit. Dem sei so. Behauptet, so sehr ihr mögt, die Zuverlässigkeit der Sinne, wir sind ganz damit einverstanden. Das, was ich sehe, höre und fühle, existiert, d. h. es wird durch mich perzipiert; daran zweifle ich ebensowenig wie an meinem eigenen Sein. Aber ich sehe nicht, wie das Zeugnis des Sinnes als ein Beweis der Existenz eines Dinges angeführt werden kann, welches nicht durch den Sinn perzipiert wird. Wir wollen nicht, daß irgend jemand ein *Skeptiker* werde und seinen Sinnen mißtraue; wir gestehen ihnen im Gegenteil alle denkbare Kraft und Zuverlässigkeit zu; auch gibt es keine Prinzipien, welche dem Skeptizismus mehr widerstreiten als die von uns dargelegten, wie nachher klar gezeigt werden wird.

§ **41**. Zweitens wird eingewandt werden, es sei ein grosser Unterschied zwischen wirklichem Feuer z. B. und der Idee eines Feuers, zwischen dem Traum oder der Einbildung, man habe sich verbrannt, und dem wirklichen Verletztsein durch Feuer; dies und ähnliches mag zur Bekämpfung unserer Thesen vorgebracht werden. Die Antwort auf all das ergibt sich klar aus dem schon Gesagten, und ich darf hier nur beifügen, daß wenn wirkliches Feuer sehr verschieden von der Idee Feuer ist, ebenso auch der wirkliche Schmerz, den es verursacht, sehr verschieden von seiner Idee ist, und doch wird niemand behaupten wollen, daß nur die Idee des Schmerzes im Geist, wirklicher Schmerz aber in einem nicht perzipierenden Ding oder ausserhalb des Geistes sei oder sein könne.

§ **42**. Drittens wird eingewandt werden, daß wir Objekte tatsächlich außer uns oder in einer Entfernung von uns erblicken, und daß sie demgemäß nicht im Geist existieren, da die Annahme ungereimt sei, daß die Dinge, welche in der Entfernung von einigen Meilen gesehen werden, uns so nahe seien wie unsere eigenen Gedanken. Hierauf antworte ich, man möge doch in Betracht ziehen, daß wir im Traum oft Dinge so perzipieren, als existierten sie in einer großen Entfernung von uns, und daß ungeachtet dessen anerkannt wird, daß diese Dinge ihre Existenz nur im Geist haben.

§ 43. Um aber hierüber vollere Klarheit zu gewinnen, mag es der Mühe wert sein, in Betracht zu ziehen, wie es geschieht, daß wir durch den Gesichtssinn Entfernungen und von uns entfernte Dinge wahrnehmen. Denn wenn wir in Wahrheit einen außer uns liegenden Raum und wirklich in ihm existierende Körper, die einen in größerer Nähe, die anderen in weiterer Entfernung von uns wahrnehmen können, so scheint dies einigermaßen dem oben Gesagten, daß sie nirgendwo außerhalb des Geistes existieren, zu widerstreiten. Die Erwägung dieser Schwierigkeit war das, was meinen „*Versuch einer neuen Theorie des Sehens*" veranlaßte, der vor nicht langer Zeit veröffentlicht worden ist. Hierin wird gezeigt, daß *Entfernung* oder Draußensein vermöge des Gesichtssinnes nicht unmittelbar an sich selbst perzipiert wird, und daß sie auch nicht auf Grund von Linien und Winkeln oder irgend etwas damit in notwendiger Verbindung Stehendem aufgefaßt oder beurteilt wird, sondern uns vielmehr zum Bewußtsein gelangt durch gewisse sichtbare Ideen und das Sehen begleitende Wahrnehmungen, welche an sich selbst keine Ähnlichkeit mit oder Beziehung zu Entfernung und entfernten Dingen haben, vermöge einer Verbindung aber, welche wir durch Erfahrung kennen lernen, uns zu Zeichen für Entfernung und entfernte Dinge werden und uns diese ins Bewußtsein rufen, in derselben Weise, wie Worte irgend einer Sprache die Ideen, zu deren Vertretung sie gebildet worden sind, ins Bewußtsein rufen. So erklärt es sich, daß ein Blindgeborener, der später zum Sehen befähigt wird, anfänglich nicht glaubt, daß die Dinge, die er sieht, außerhalb seines Geistes oder in irgend einer Entfernung von ihm selbst sind. Siehe § 41 der erwähnten Abhandlung.

§ **44**. Die Ideen des Gesichts- und des Tastsinnes machen zwei ganz verschiedene und unähnliche Spezies aus. Die ersten sind Zeichen und Prognostika der letzten. Daß die eigentümlichen Objekte des Gesichtssinnes weder ausserhalb des Geistes existieren noch Bilder von äußeren Dingen sind, ist gerade in jener Abhandlung gezeigt worden, obschon in ihr vorausgesetzt wird, daß das Gegenteil von den tastbaren Objekten gilt, nicht als ob die Zustimmung zu diesem vulgären Irrtum erforderlich sei, um die dort aufgestellten Ansichten zu begründen, sondern nur weil es außerhalb meines Planes lag, ihn in einer Abhandlung über das *Sehen* zu prüfen und zu widerlegen. Streng genommen ist demnach von den Gesichtswahrnehmungen, wenn wir durch sie Entfernung und entfernte Dinge auffassen, zu sagen, daß sie uns nicht Dinge, die gegenwärtig in einer Entfernung existieren, bekunden oder zum Bewußtsein bringen, sondern uns nur darauf aufmerksam machen, welche Tastideen in unserem Geist entstehen werden nach bestimmten Zeitabschnitten und infolge bestimmter Handlungen. Es ist, sage ich, offenbar nach dem, was in den früheren Teilen dieser Schrift gesagt worden ist wie auch in § 147 und an anderen Stellen des „Versuchs über das Sehen", daß sichtbare Ideen die Sprache sind, wodurch der herrschende Geist, von dem wir abhängig sind, uns belehrt, was für tastbare Ideen er uns einzuprägen im Begriff steht, falls wir diese oder jene Bewegung in unserem eigenen Körper hervorrufen. Wer jedoch eine vollständigere Belehrung über diesen Punkt sucht, den verweise ich auf den „Versuch" selbst.

§ **45**. Viertens wird eingewandt werden, es folge aus den obigen Prinzipien, daß die Dinge in jedem Augenblick vernichtet und neugeschaffen werden. Die sinnlichen Dinge existieren nur, wenn sie perzipiert werden, die Bäume also sind im Garten oder die Stühle im Zimmer nicht länger, als jemand da ist, der sie wahrnimmt. Schließe ich meine Augen, so wird alles, was sich auf der Straße befindet, auf nichts reduziert, und mit dem bloßen Öffnen der Augen wird es von neuem geschaffen. Zur Antwort auf alles dies verweise ich den Leser auf das, was in den §§ 3, 4 usw. gesagt worden ist, und wünsche, er möge erwägen, ob er unter der wirklichen Existenz einer Idee etwas versteht, was von ihrem Perzipiertwerden verschieden ist. Ich meinesteils bin nach der genauesten Untersuchung, die ich anstellen konnte, nicht imstande gewesen, irgend etwas anderes zu entdecken, was diese Worte bedeuten. Und ich bitte noch einmal den Leser, seine eigenen Gedanken zu erforschen und sich nicht durch Worte täuschen zu lassen. Wenn er es als möglich denken kann, daß entweder seine Ideen oder deren Urbilder existieren, ohne perzipiert zu werden, dann verteidige ich meinen Satz nicht mehr; kann er dies aber nicht, so muß er zugeben, daß er nicht vernunftgemäß verfährt, indem er sich zum Verteidiger von — er weiß nicht was — aufwirft und mir als eine Ungereimtheit vorwirft, daß ich Sätzen nicht beistimme, die im Grunde sinnlos sind.

§ 46. Es darf nicht unbemerkt bleiben, in welchem Maße sich den herrschenden philosophischen Prinzipien selbst die vorgeblichen Ungereimtheiten vorwerfen lassen. Es wird für eine gar ungereimte Ansicht gehalten, daß, wenn ich meine Augen schließe, alle sichtbaren Objekte in meiner Umgebung sich auf nichts reduzieren sollen; aber ist es nicht doch eben dies, was die Philosophen durchgängig zugeben, indem sie allseitig darin übereinkommen, daß Licht und Farben, die einzigen eigentlichen und unmittelbaren Objekte des Sehens, bloß sinnliche Empfindungen sind, die nicht länger existieren, als sie perzipiert werden? Ferner mag es einigen vielleicht sehr unglaublich scheinen, daß die Dinge jeden Augenblick erschaffen werden; aber eben dieser Satz ist die gewöhnliche Lehre der Schulen. Denn die *Schulphilosophen* sind, obschon sie die Existenz der Materie anerkennen und annehmen, daß das ganze Weltgebäude aus ihr gebildet ist, nichtsdestoweniger der Ansicht, daß sie nicht ohne die göttliche Erhaltung bestehen kann, die von ihnen für ein fortwährendes Schaffen (continual creation) erklärt wird.

§ 47. Ferner wird einiges Nachdenken uns zeigen, daß

wenn schon die Existenz der Materie oder körperlichen Substanz zugegeben wird, doch unabweisbar aus den Prinzipien, die jetzt allgemein anerkannt sind, folgt, daß die einzelnen Körper, von welcher Art sie auch sein mögen, sämtlich nicht existieren, solange sie nicht perzipiert werden. Denn aus § 11 ff. geht hervor, daß die Materie, deren Existenz die Philosophen behaupten, ein unbegreifliches Etwas ist, welches keine solchen Eigenschaften hat, durch welche die unseren Sinnen wahrnehmbaren Körper sich voneinander unterscheiden. Um dies aber genauer zu erklären, muß ich bemerken, daß die unendliche Teilbarkeit der Materie jetzt allgemein angenommen wird, wenigstens von den anerkanntesten und ausgezeichnetsten Philosophen, die sie aufgrund der angenommenen Prinzipien unwiderleglich dartun. Hieraus folgt, daß in jedem Teile der Materie unendlich viele Teile sind, die nicht sinnlich wahrgenommen werden. Demgemäß ist der Grund, weshalb irgend ein einzelner Körper von einer begrenzten Größe zu sein scheint oder den Sinnen nur eine endliche Zahl von Teilen zeigt, nicht der, daß er nicht mehr Teile enthielte, da er ja an sich selbst eine unendliche Zahl von Teilen enthalten soll, sondern der, daß der Sinn nicht scharf genug ist, sie zu unterscheiden. In dem Maße, wie der Sinn schärfer wird, perzipiert er demnach eine größere Zahl von Teilen im Objekt, d. h. das Objekt erscheint größer und seine Gestalt ändert sich, da die Teile an seinen Enden, welche zuvor wahrnehmbar waren, es jetzt in Linien und Winkeln begrenzen, die sehr verschieden von den früher durch den stumpferen Sinn wahrgenommenen sind. Und zuletzt muß, nach verschiedenen Änderungen der Größe und Gestalt, wenn der Sinn unendlich scharf wird, der Körper als unendlich erscheinen. Während aller dieser Vorgänge findet keine Änderung im Körper statt, sondern nur in dem ihn wahrnehmenden Sinn. Demnach ist jeder Körper, an sich selbst betrachtet, unendlich ausgedehnt und demzufolge ohne alle Gestalt oder Figur. Hieraus ergibt sich, daß, wenn schon die Existenz der Materie als noch so gewiß zugegeben würde, es doch ebenso gewiß ist, daß die Materialisten selbst durch ihre eigenen Prinzipien genötigt sind anzuerkennen, daß weder die einzelnen sinnlich wahrgenommenen Körper noch irgend etwas, das ihnen ähnlich wäre, außerhalb des Geistes existiert. Die Materie, sage ich, und jedes Teilchen von ihr ist nach der Konsequenz ihrer Prinzipien unendlich und gestaltlos, und der Geist ist es, der die ganze Mannigfaltigkeit von Körpern gestaltet, welche die sichtbare Welt ausmachen, und von welchen jeder beliebige nicht länger existiert, als er perzipiert wird.

§ 48. Sehen wir genauer zu, so zeigt sich, daß der in § 45 vorgetragene Einwurf nicht mit Recht gegen unsere oben aufgestellten Prinzipien gerichtet wird, und daß er überhaupt nicht irgendwie als ein Einwurf gegen sie gelten kann. Denn obschon wir in der Tat die Sinnesobjekte für nichts anderes halten als für Ideen, die nicht unperzipiert existieren können, so dürfen wir doch hieraus nicht schließen, daß sie nur so lange eine Existenz haben, als sie *durch uns* perzipiert werden, weil ein anderer Geist existieren kann, der sie perzipiert, wenn auch wir dies nicht tun. Wird gesagt, Körper existieren nicht außerhalb des Geistes, so darf dies nicht so verstanden werden, als wäre dieser oder jener einzelne Geist gemeint, sondern alle Geister, welche es auch seien. Demgemäß folgt nicht aus den vorstehenden Prinzipien, daß die Körper in jedem Augenblick vernichtet und geschaffen werden oder überhaupt gar nicht während der Intervalle zwischen unseren Perzeptionen existieren.

§ 49. Fünftens wird vielleicht eingewandt werden, wenn Ausdehnung und Gestalt nur im Geist existieren, so folgt daraus, daß der Geist ausgedehnt und gestaltet ist; denn Ausdehnung sei ein Modus oder ein Attribut, das (um in der Schulsprache zu reden) von dem Subjekt (Substrat), in welchem es existiert, prädiziert werde. Ich antworte: diese Qualitäten sind im Geist nur insofern, als sie durch ihn perzipiert werden, d. h. nicht in der Weise eines *Modus* oder *Attributs,* sondern nur in der Weise einer *Idee,* und es folgt ebensowenig, daß die Seele oder der Geist ausgedehnt ist, weil Ausdehnung nur in ihm existiert, wie daß er rot oder blau ist, weil diese Farben, wie allseitig zugegeben wird, in ihm und nirgendwo sonst existieren. Was die Philosophen über Subjekt (Substrat) und Modus sagen, das scheint sehr grundlos und unverständlich zu sein. Sie wollen z. B., daß in dem Satz: ein Würfel ist hart, ausgedehnt und eckig, das Wort *Würfel* ein Subjekt oder eine Substanz bezeichnet, die von der Härte, Ausdehnung und Figur, welche davon ausgesagt werden und darin existieren, verschieden ist. Dies kann ich nicht verstehen; mir scheint ein Würfel nichts von dem, was als seine Modi oder Akzidentien bezeichnet wird, Verschiedenes zu sein. Sagt man: ein Würfel ist hart, ausgedehnt und eckig, so heißt das nicht, daß man diese Eigenschaften einem Subjekt zuschreibt, das von ihnen verschieden ist und sie trägt, sondern es ist nur eine Erklärung dessen, was man unter dem Worte *Würfel* versteht.[25])

§ 50. Sechstens werdet ihr sagen, es ist sehr vieles durch Materie und Bewegung erklärt worden; wer diese wegnehme, zerstöre die ganze Korpuskular-Philosophie und untergrabe jene mechanischen Prinzipien, die mit so beträchtlichem Erfolge zur Erklärung der Erscheinungen angewandt worden sind. Alle Fortschritte, die in der Naturforschung durch alte oder neuere Philosophen gemacht worden sind, fließen, so heißt es, sämtlich aus der Voraussetzung her, daß die körperliche Substanz oder Materie wirklich existiert. Hierauf antworte ich, daß nicht eine einzige Erscheinung durch diese Voraussetzung erklärt wird, die nicht ebenso gut ohne sie erklärt werden könnte, wie dies leicht durch eine induktive Zusammenstellung des einzelnen gezeigt werden kann. Die Phänomene erklären heißt dasselbe wie zeigen, warum wir bei bestimmten Anlässen mit bestimmten Ideen affiziert werden. Aber wie Materie auf einen Geist wirken oder irgendeine Idee in ihm hervorbringen sollte, das zu erklären wird sich kein Philosoph anheischig machen. Demgemäß ist offenbar, daß die Annahme der Existenz der Materie von keinem Nutzen in der Naturlehre ist. Auch gründen die, welche die Dinge erklären wollen, ihre Erklärungsversuche nicht auf die körperliche Substanz, sondern auf Figur, Bewegung und andere Eigenschaften, die in Wahrheit bloße Ideen sind und demgemäß nicht Ursache von irgendetwas sein können, wie schon gezeigt worden ist. Siehe § 25.

§ 51. Siebentens wird hierbei gefragt werden, ob es nicht ungereimt zu sein scheint, unter Aufhebung von Naturursachen alles der unmittelbaren Wirkung von Geistern zuzuschreiben. Wir müssen diesen Prinzipien gemäß nicht mehr sagen, daß Feuer heiß macht, Wasser kühlt, sondern daß der Geist heiß macht und so fort. Würde nicht jemand, der sich in dieser Weise ausdrücken wollte, gebührend verlacht werden? Ich antworte: ja, er würde es. In solchen Dingen müssen wir *denken mit den Gelehrten und sprechen mit dem Volk.* Die, welche durch Beweisführung von der Wahrheit des kopernikanischen Systems überzeugt worden sind, sagen nichtsdestoweniger: die Sonne geht auf, geht unter, erreicht den Meridian, und erkünstelten sie eine entgegengesetzte Ausdrucksweise in der gewöhnlichen Rede, so würde das ohne Zweifel als sehr lächerlich erscheinen. Ein wenig Nachdenken über das hier Gesagte wird zeigen, daß der gemeine Sprachgebrauch in keiner Art eine Änderung oder Störung durch die Annahme unserer Prinzipien erfahren würde.

§ 52. In den gewöhnlichen Angelegenheiten des Lebens können die üblichen Ausdrücke so lange beibehalten werden, als sie in uns die geeigneten Empfindungen oder Neigungen hervorrufen, vermöge deren wir so handeln, wie es für unser Wohlsein erforderlich ist, so falsch sie auch immer sein mögen, wenn sie in einem strengen theoretischen Sinne genommen werden. Ja, dies ist unvermeidlich, da der eigentliche Sinn der Ausdrücke durch den Gebrauch bestimmt wird und die Sprache sich daher den herrschenden Meinungen anschließt, welche nicht immer die wahrsten sind. Hiernach ist es selbst in den strengsten philosophischen Betrachtungen unmöglich, niemals durch Abweichung von der Tendenz und dem Geist der Sprache, in der wir reden, Spitzfindlern Anlaß zu geben, angebliche Schwierigkeiten und Widersprüche bei uns zu finden. Aber ein fairer und unbefangener Leser wird den Sinn aus dem Ziel und Fortgang und Zusammenhang eines Vortrags entnehmen und die ungenauen Redeweisen gestatten, welche der Sprachgebrauch unvermeidlich macht.

§ 53. Was die Ansicht betrifft, daß es keine körperlichen Ursachen gibt, so ist sie schon früher durch einige Scholastiker vertreten worden wie neuerdings durch einige der modernen Philosophen, welche, obschon sie annehmen, daß Materie existiert, doch wollen, daß Gott allein die unmittelbar wirkende Ursache von allem ist. Diese Männer [26]) haben richtig erkannt, daß unter allen Sinnesobjekten keine sind, die irgendeine Kraft besitzen oder eine Tätigkeit auszuüben vermöchten, und daß demgemäß das gleiche von allen Körpern, deren Existenz außerhalb des Geistes sie voraussetzen, ebenso gilt wie von den unmittelbaren Sinnesobjekten. Aber wenn sie nun annehmen, daß es eine unzählige Menge geschaffener Dinge gibt, die doch nach ihrer eigenen Ansicht nicht fähig sind, irgendeine Wirkung in der Natur hervorzubringen, und die daher zu gar keinem Zweck geschaffen sind, da Gott alles ebensogut auch ohne sie hätte bewirken können: so ist dies, meine ich, auch wenn es als möglich zugegeben würde, doch gewiß eine sehr vernunftwidrige und ausschweifende Annahme.

§ 54. Achtens. Die allgemeine einmütige Anerkennung der Menschen mag von einigen für ein unüberwindliches Argument zugunsten der Materie oder der Existenz äußerer Dinge gehalten werden. Sollen wir annehmen, daß alle Welt sich irrt, und wenn dem so ist, welche Ursache kann dann angegeben werden für einen so weit verbreiteten und herrschenden Irrtum? Ich antworte erstens: durch eine genaue Untersuchung wird vielleicht gefunden werden, daß nicht so viele, wie man sich vorstellt, wirklich an die Existenz von Materie oder Dingen außerhalb des Geistes glauben. Streng genommen ist es unmöglich, an das zu glauben, was einen Widerspruch in sich schließt oder sinnlos ist, und ob die vorerwähnten Ausdrücke von dieser Art sind oder nicht, gebe ich der unparteiischen Prüfung des Lesers anheim. In einem Sinne kann in der Tat gesagt werden, daß die Menschen an die Existenz der Materie glauben, d. h. sie handeln so, als ob die unmittelbare Ursache ihrer Wahrnehmungen, welche sie in jedem Augenblick affiziert und ihnen so nahe und gegenwärtig ist, ein empfindungsloses nichtdenkendes Wesen wäre. Aber es ist mir undenkbar, daß sie irgendeinen klaren Sinn mit diesen Worten verknüpfen und daraus eine bestimmte theoretische Ansicht bilden sollten. Es ist dies nicht der einzige Fall einer Selbsttäuschung der Menschen vermöge der Einbildung, daß sie Sätze glauben, die sie oft gehört haben, obschon sie im Grunde keinen bestimmten Gedanken damit verknüpfen.

§ 55. Ich antworte aber zweitens, daß, wenn auch zugestanden werden muß, daß einer Vorstellung eine sehr allgemeine und entschiedene Zustimmung zuteil werden kann, hierin doch nur ein schwaches Argument ihrer Wahrheit für einen jeden liegt, der in Betracht zieht, welch einer großen Zahl von Vorurteilen und falschen Meinungen mit der äußersten Zähigkeit der nicht reflektierende Teil der Menschheit (welcher der weitaus größere ist) anhängt. Es gab eine Zeit, zu welcher die Antipoden und die Erdbewegung als monströse Ungereimtheiten selbst von Gelehrten betrachtet wurden, und wenn wir erwägen, welch einen geringen Teil diese von der gesamten Menschheit ausmachen, so werden wir finden, daß bis auf den heutigen Tag diese Begriffe nur noch sehr wenig in der Welt festen Fuß gefaßt haben.

§ 56. Aber man fordert, wir sollen eine Ursache dieses Vorurteils angeben und seine Verbreitung in der Welt erklären. Ich antworte hierauf, daß die Menschen, da sie wissen, daß sie manche Ideen perzipieren, deren Urheber sie nicht selbst sind, da sie nicht von innen her angeregt werden noch auch von ihren eigenen Willensakten abhängen, infolge hiervon annehmen, diese Ideen oder Objekte der Wahrnehmung hätten eine vom Geist unabhängige und außerhalb seiner gelegene Existenz, ohne daß sie es sich jemals auch nur im Traum in den Sinn kommen lassen, daß in diesen Worten ein Widerspruch liegt. Da aber Philosophen klar erkannt hatten, daß die unmittelbaren Objekte der Wahrnehmung nicht außerhalb des Geistes existieren, so korrigierten sie in gewissem Maße den Irrtum der Menge, fielen aber gleichzeitig in einen andern, der nicht weniger ungereimt scheint, nämlich, daß es gewisse Objekte gibt, die wirklich außerhalb des Geistes sind oder eine von ihrem Perzipiertwerden verschiedene Subsistenz haben, Objekte, von welchen unsere Ideen nur Bilder oder Ähnlichkeiten sind, die durch diese Dinge dem Geist eingeprägt werden. Diese Vorstellung der Philosophen verdankt ihren Ursprung derselben Ursache wie die vorhin erwähnte, nämlich dem Bewußtsein, daß sie nicht selbst die Urheber ihrer eigenen Wahrnehmungen sind, von denen sie mit Evidenz zu erkennen glauben, daß sie ihnen von außen eingeprägt sind, und die demnach eine von den Geistern, denen sie eingeprägt sind, verschiedene Ursache haben müssen.

§ 57. Warum sie aber annehmen, die sinnlichen Ideen werden von Dingen, die ihnen ähnlich sind, hervorgerufen, und nicht lieber auf einen *Geist* rekurrieren, der doch allein wirken kann, davon mag der Grund darin liegen: 1) daß sie nicht den Widerspruch bemerken, welcher ebensowohl in der Voraussetzung liegt, daß es außerhalb des Geistes existierende Dinge gibt, die unseren Ideen ähnlich sind, als auch in der Annahme, daß diesen Kraft oder Tätigkeit zukommt; 2) daß der höchste Geist, der jene Ideen in unseren Geistern hervorruft, unserm Blick nicht bezeichnet und begrenzt wird durch irgend eine einzelne beschränkte Gruppe sinnlicher Ideen, wie menschliche wirkende Wesen uns bezeichnet werden durch ihre Größe, ihr Aussehen, ihre Glieder und Bewegungen; 3) daß seine Wirkungen regelmäßig und gleichförmig sind; denn jedesmal, wenn der Lauf der Natur durch ein Wunder unterbrochen wird, sind die Menschen bereit, die Gegenwart eines höheren wirkenden Wesens anzuerkennen; sehen wir aber die Dinge ihren gewöhnlichen Verlauf nehmen, dann regen sie uns nicht zum Nachdenken an; ihre Ordnung und Verkettung ist zwar in der Tat ein Beweis der größten Weisheit, Macht und Güte ihres Schöpfers, ist aber so beständig und uns etwas so gewöhnliches, daß wir sie nicht als die unmittelbaren Wirkungen eines *freien Geistes* denken, besonders weil Unbeständigkeit und Veränderlichkeit beim Handeln, obwohl diese in der Tat eine Unvollkommenheit sind, uns doch als ein Zeichen von *Freiheit* zu gelten pflegen.

§ 58. Zehntens[27]) wird eingewandt werden, daß die von uns aufgestellten Begriffe nicht mit gewissen wohlbegründeten Wahrheiten in der Philosophie und Mathematik zusammen bestehen können. So sei z. B. jetzt die Bewegung der Erde von den Astronomen allgemein als eine auf die klarsten und überzeugendsten Beweise gegründete Wahrheit anerkannt; aber nach den obigen Prinzipien könne es etwas derartiges gar nicht geben. Denn da Bewegung nur eine Idee sei, so folge, daß sie, wenn sie nicht wahrgenommen werde, nicht existiere; die Erdbewegung aber werde nicht sinnlich wahrgenommen. Ich antworte: man wird finden, daß jene Annahme, wenn sie recht verstanden wird, den oben dargelegten Prinzipien nicht widerstreitet; denn die Frage, ob die Erde in Bewegung ist oder nicht, läuft in Wahrheit nur darauf hinaus, ob wir Grund haben, aus den astronomischen Beobachtungen zu schließen, daß, wenn wir unter gewissen Verhältnissen auf einem gewissen Standpunkt in einer bestimmten Entfernung von der Erde und Sonne ständen, wir die Erde inmitten des Chors der Planeten sich bewegen und in jedem Betracht als einen von ihnen erscheinen sehen würden; und dies wird nach den festgestellten Naturgesetzen, denen wir nicht Ursache haben zu mißtrauen, vernunftgemäß aus den Erscheinungen geschlossen.

§ 59. Wir können oft nach der Erfahrung, die wir von dem Lauf und der Aufeinanderfolge unserer Ideen gemacht haben, nicht etwa ungewisse Vermutungen, sondern sichere und wohlbegründete Voraussagen über die Ideen machen, die wir infolge einer großen Menge von Handlungen haben werden, und wir können imstande sein, richtig darüber zu urteilen, was uns erschienen sein würde, falls wir in Lagen wären, welche sehr verschieden von denjenigen sind, in welchen wir uns gegenwärtig befinden. Hierin besteht die Naturerkenntnis, die ihren Nutzen und ihre Gewißheit in sehr guter Übereinstimmung mit dem oben Gesagten behalten kann. Es wird leicht sein, dies auf alle Einwürfe gleicher Art anzuwenden, welche auch immer es seien, die man aus der Größe der Sterne oder irgend welchen anderen Entdeckungen in der Astronomie und der Naturwissenschaft überhaupt entnehmen kann.

§ 60. Elftens wird gefragt werden, wozu die merkwürdige Organisation der Pflanzen und der bewunderungswürdige Mechanismus in den Teilen der Tiere diene. Könnten etwa Pflanzen wachsen und Blätter und Blüten treiben und Tiere alle ihre Bewegungen vollziehen, auch ohne daß sie versehen wären mit allen jenen mannigfachen inneren Teilen, die so hübsch eingerichtet und zusammengefügt sind und die, wenn sie Ideen sind, keine Kraft oder Wirksamkeit in sich haben und in keiner notwendigen Verbindung mit den Wirkungen stehen, die ihnen zugeschrieben werden? Bringt ein Geist unmittelbar durch ein „Fiat“ oder einen Akt seines Willens jegliche Wirkung hervor, so müssen wir annehmen, daß alles Feine und Kunstvolle in den Werken der Menschen und der Natur zwecklos ist. Nach dieser Lehre müßte ein Künstler, obschon er Feder und Räder und das ganze Getriebe einer Uhr gemacht und alles in solcher Art eingerichtet hätte, wie er wußte, daß dadurch die beabsichtigten Bewegungen bewirkt würden, doch glauben, daß dies alles zu nichts diene, und daß eine Intelligenz den Zeiger richte und gemäß der Tagesstunde stelle. Ist es so, warum sollte dann nicht die Intelligenz dies tun, ohne daß der Künstler sich die Mühe machte, das Getriebe anzufertigen und zusammenzustellen? Warum ist nicht ein leeres Gehäuse ausreichend? Und wie geschieht es, daß, wenn irgend ein Fehler im Gang der Uhr ist, eine entsprechende Unordnung im Getriebe gefunden wird, und daß, nachdem eine geschickte Hand die Reparatur vollzogen hat, alles wieder in Ordnung ist? Das Gleiche kann gesagt werden von dem Uhrwerk der Natur, das großenteils so wundervoll fein und zart ist, daß es kaum durch das beste Mikroskop zu erkennen ist. Kurz, es wird gefragt werden, wie nach unseren Prinzipien uns eine auch nur irgendwie befriedigende Erklärung gegeben oder ein Zweck bezeichnet werden kann von der Existenz unzähliger Körper und Maschinen, die mit der ausgesuchtesten Kunst gebildet sind, und die doch nach der gewöhnlichen philosophischen Theorie eine sehr angemessene Verwendung finden und eine Fülle von Erscheinungen zu erklären dienen.

§ 61. Auf alles dies antworte ich erstens, daß, wenn auch in bezug auf das Verfahren der Vorsehung und die Zwecke, die sie einigen Teilen der Natur gesetzt hat, einige Schwierigkeiten übrig blieben, die ich nicht durch die vorstehenden Prinzipien zu lösen vermöchte, dennoch dieser Einwurf von geringem Gewicht sein würde gegen die Wahr- und Gewißheit von Dingen, die mit der größten Evidenz *a priori* bewiesen werden können.[28]) Zweitens sind aber auch die herrschenden Prinzipien nicht frei von den gleichen Schwierigkeiten; denn es kann dabei ebensowohl die Frage aufgeworfen werden, zu welchem Zweck Gott jenen Umweg einschlage, durch Instrumente und Maschinen Dinge zu bewirken, die er, wie niemand leugnen kann, durch das bloße Gebot seines Willens ohne jenen *Apparat* hätte bewirken können; ja, wenn wir näher die Sache betrachten, so werden wir finden, daß der Einwurf mit großer Kraft gegen die zurückgewendet werden kann, welche annehmen, daß jene Maschinen außerhalb des Geistes bestehen, denn es ist überzeugend nachgewiesen worden, daß Solidität, Größe, Figur, Bewegung und Ähnliches keine *Aktivität* oder *Wirkungskraft* in sich tragen, wodurch sie fähig wären, irgend eine Wirkung in der Natur hervorzubringen. S. § 25. Wer also annimmt, daß sie unwahrgenommen existieren (die Möglichkeit hiervon zugegeben), tut dies offenbar zwecklos, da der einzige Zweck, der ihnen in ihrer unwahrgenommenen Existenz zugeschrieben wird, der ist, jene wahrnehmbaren Erfolge hervorzubringen, die in Wahrheit nur einem Geist zugeschrieben werden können.

§ 62. Um aber die Schwierigkeit näher ins Auge zu fassen, muß bemerkt werden, daß, mag auch die Produktion aller jener Teile und Organe nicht durchaus notwendig zur Hervorbringung irgend einer Wirkung sein, sie doch dazu erforderlich ist, in einer konstanten, regelmäßigen Weise den Naturgesetzen gemäß die Dinge hervorzubringen. Es gibt gewisse allgemeine Gesetze, die durch die ganze Kette von Naturerfolgen hindurchgehen; diese lernt man durch Beobachtung und Studium der Natur kennen und wendet sie an ebensowohl zur Bildung von Kunstprodukten zum Zweck des Nutzens und Schmuckes des Lebens wie zur Erklärung der verschiedenen Phänomene; diese Erklärung besteht nur darin, daß man die Übereinstimmung nachweist, in welcher irgendeine einzelne Erscheinung mit den allgemeinen Gesetzen der Natur steht, oder, was dasselbe ist, daß man die *Gleichmäßigkeit* entdeckt, mit welcher die natürlichen Wirkungen erfolgen; dies wird jedem einleuchten, der auf die verschiedenen Fälle achtet, in denen Philosophen von Naturerscheinungen Rechenschaft zu geben behaupten. Daß ein großer Nutzen in diesen regelmäßigen, konstanten Weisen des Handelns liegt, welche der höchste Wirkende beobachtet, ist in § 31 gezeigt worden. Auch ist es nicht weniger einleuchtend, daß eine bestimmte Größe, Figur, Bewegung und Anordnung von Teilen erforderlich ist, obschon nicht absolut zur Hervorbringung irgendeiner Wirkung, so doch zu ihrer Hervorbringung gemäß den beständigen mechanischen Gesetzen der Natur. So kann z. B. nicht geleugnet werden, daß Gott oder die höchste Intelligenz, welche den geordneten Lauf der Dinge aufrechterhält und beherrscht, falls er ein Wunder tun wollte, alle die Bewegungen, die über dem Zifferblatt einer Uhr erfolgen, hervorbringen könnte, auch wenn niemand das Getriebe bearbeitet und eingefügt hätte; will er aber gemäß den Gesetzen des Mechanismus handeln, die von ihm zu weisen Zwecken bei der Schöpfung begründet sind und aufrechterhalten werden, so ist es notwendig, daß jene Handlungen des Uhrmachers, die Anfertigung und angemessene Einrichtung des Getriebes, der Hervorbringung der erwähnten Bewegungen vorausgehen, ebenso wie auch, daß irgendwelche Unregelmäßigkeit in diesen Bewegungen verbunden ist mit der Wahrnehmung irgendwelcher Unordnung im Getriebe, nach deren Beseitigung alles wieder in Ordnung ist.

§ 63. Es kann in der Tat bei gewissen Anlässen erforderlich sein, daß der Urheber der Natur seine oberherrliche Macht bekunde durch Hervorbringung einer Erscheinung außerhalb der geordneten Reihe der Dinge. Solche Ausnahmen von den allgemeinen Gesetzen der Natur sind geeignet zu überraschen und die Menschen zur ehrerbietigen Anerkennung des Daseins Gottes zu bringen; aber dann darf von diesem Mittel nur selten Gebrauch gemacht werden, weil andernfalls zu erwarten steht, daß es seine Wirkung verfehlt. Zudem will Gott, so scheint es, lieber unsere Vernunft von seinen Eigenschaften durch die Werke der Natur überzeugen, die so viele Harmonie und Kunst in ihrem Bau bekunden und so deutlich die Weisheit und Güte ihres Urhebers bezeugen, als uns durch Erregung von Erstaunen mittels außerordentlicher und überraschender Ereignisse zum Glauben an sein Dasein bringen.

§ 64. Um diesen Gegenstand in ein noch helleres Licht zu setzen, bemerke ich, daß das, was in § 60 eingeworfen worden ist, in der Tat nur auf folgendes hinausläuft. Ideen werden nicht auf irgendeine beliebige Art und ordnungslos erzeugt; es ist zwischen ihnen eine bestimmte Ordnung und Verbindung gleich der zwischen Ursache und Wirkung; es gibt auch verschiedene in einer sehr regelmäßigen und künstlichen Weise gebildete Ideengruppen, die wie Instrumente in der Hand der Natur erscheinen, welche, gleichsam hinter der Szene verborgen, eine geheime Wirkung bei der Produktion der Erscheinungen haben, die auf dem Schauplatz der Welt gesehen werden, während sie selbst nur dem nachspürenden Auge des Forschers erkennbar sind. Aber da eine Idee nicht die Ursache einer anderen sein kann, wozu dient denn diese Verbindung? Und da diese Instrumente als bloße *unwirksame Perzeptionen* im Geist nicht zur Hervorbringung natürlicher Wirkungen dienen, so wird gefragt, warum sie gebildet werden oder, mit anderen Worten, was für ein Grund angeführt werden könne, warum Gott uns bei einer sorgsamen Betrachtung seiner Werke eine so große Mannigfaltigkeit von so kunstvoll und so gesetzmäßig miteinander verknüpften Ideen zeigt, da es doch nicht glaublich sei, daß er (so zu sagen) den Aufwand aller dieser Kunst und Regelmäßigkeit zwecklos macht.

§ 65. Auf alles dies ist meine Antwort erstens: daß die Verbindung der Ideen nicht das Verhältnis von *Ursache* und *Wirkung* in sich schließt, sondern nur das Verhältnis eines Merkmals oder *Zeichens* zu dem *bezeichneten* Objekt. Das Feuer, welches ich sehe, ist nicht die Ursache des Schmerzes, den ich empfinde, wenn ich mich ihm nähere, sondern das Merkmal, welches mich davor warnt. In gleicher Art ist das Geräusch, das ich höre, nicht die Wirkung dieser oder jener Bewegung oder des Zusammenstoßes von Körpern in unserer Umgebung, sondern nur das Zeichen davon. Zweitens: der Grund, warum Ideen zu Maschinen gestaltet sind, d. h. zu künstlichen und regelmäßigen Verbindungen, ist derselbe wie der Grund der Verbindung von Buchstaben zu Worten. Damit einige wenige primitive Ideen dazu verwendet werden können, eine große Zahl von Wirkungen und Handlungen zu bezeichnen, ist erforderlich, daß sie mannigfach miteinander kombiniert werden, und damit ihr Nutzen ein beständiger und allgemeiner ist, müssen diese Kombinationen nach *Gesetzen* und *planmäßig* gemacht werden. Auf diese Weise wird uns eine Fülle von Belehrung gegeben über das, was wir von bestimmten Handlungen zu erwarten haben, und welches Verfahren jedesmal einzuhalten ist, um bestimmte Ideen hervorzurufen; und dies ist in der Tat alles, was ich als klaren Sinn der Aussage erkenne, daß wir durch Erkenntnis der Figur, Zusammenfügung und des Mechanismus der inneren Teile von natürlichen oder künstlichen Körpern dahin gelangen können, die verschiedenen davon abhängigen Erfolge und Eigenschaften oder die Natur des Dinges zu erkennen.

§ 66. Hieraus ist offenbar, daß die Dinge, welche unter dem Begriff einer mitwirkenden oder zur Hervorbringung von Wirkungen beitragenden Ursache gänzlich unerklärbar sind und uns in große Ungereimtheiten verwickeln, sehr naturgemäß sich erklären lassen und einen eigentümlichen und naheliegenden Nutzen bekunden, wenn sie nur als Merkmale oder Zeichen, die zu unserer Belehrung dienen, betrachtet werden. Und eben darin sollte die Aufgabe des Naturforschers bestehen, diese durch den Urheber der Natur begründeten Zeichen aufzusuchen und nach ihrem Verständnis zu streben; sie liegt nicht in der Erklärung von Vorgängen durch körperliche Ursachen, welche Lehre so sehr den Geist der Menschen von jenem aktiven Prinzip, jenem höchsten und weisen Geiste abgelenkt zu haben scheint, „in dem wir leben, weben und sind". [29])

§ 67. Zwölftens wird vielleicht eingewandt werden, daß, wenn schon aus dem bisherigen klar sei, es könne so etwas wie eine untätige, unempfindliche, ausgedehnte, solide, gestaltete, bewegliche Substanz, die außerhalb des Geistes existiert, so wie die Materie von Philosophen beschrieben wird, nicht geben, doch nicht einleuchtet, daß nicht möglicherweise eine *Materie* existiert, wenn dieses Wort so verstanden wird, daß man daraus die positiven Ideen Ausdehnung, Figur, Solidität und Bewegung wegläßt und darunter nur eine untätige, unempfindliche Substanz versteht, die außerhalb des Geistes oder unperzipiert existiert und die Ursache unserer Ideen ist oder bei deren Gegenwart es Gott gefällt, Ideen in uns hervorzurufen. Hierauf antworte ich erstens: daß es nicht weniger ungereimt zu sein scheint, eine Substanz ohne Akzidentien als Akzidentien ohne eine Substanz vorauszusetzen. Aber zweitens: auch wenn wir zugäben, daß diese unbekannte Substanz möglicherweise existiert, so fragt sich doch, wo sie denn etwa sein könne. Daß sie nicht im Geist existiert, ist zugegeben, und daß sie nicht an einem Orte ist, ist nicht minder gewiß, da alle Ausdehnung nur im Geist existiert, wie schon bewiesen worden ist. Es bleibt also übrig, daß sie überhaupt nirgendwo existiert.

§ 68. Laßt uns ein wenig die Beschreibung prüfen, die uns hier von der *Materie* gegeben wird. Diese ist weder wirkend noch perzipierend noch wird sie perzipiert; denn nur eben dies ist gemeint, wenn gesagt wird, sie sei eine träge, unempfindliche, unbekannte Substanz — eine Definition, die ganz aus Negationen besteht, nur mit Ausnahme des relativen Begriffs des Drunterstehens oder Tragens; es muß aber dann bemerkt werden, daß die Materie überhaupt nichts *trägt*, und wie nahe dies der Beschreibung eines *Nichtseienden* kommt, möge doch erwogen werden. Aber, sagt ihr, sie ist die *unbekannte Veranlassung*, bei deren Gegenwart Ideen in uns durch den Willen Gottes hervorgerufen werden. Nun möchte ich gern wissen, wie irgend etwas uns gegenwärtig sein könne, das weder durch äußere noch durch innere Wahrnehmung perzipierbar (neither perceivable by sense nor reflexion) noch auch fähig ist, irgendeine Idee in uns hervorzubringen, noch auch ausgedehnt ist, noch auch irgendeine Form hat, noch auch an irgendeiner Stelle existiert. Die Worte *gegenwärtig sein* müssen, wenn sie so angewandt werden, notwendig in irgendeinem abstrakten und seltsamen Sinne genommen werden, den ich nicht fähig bin zu verstehen.

§ **69**. Laßt uns ferner prüfen, was unter *Veranlassung* (occasion) verstanden wird. Soviel ich aus dem gewöhnlichen Sprachgebrauch entnehmen kann, bezeichnet dieses Wort entweder das Wirkende, das irgendeinen Erfolg hervorbringt, oder andernfalls etwas, das in dem gewöhnlichen Lauf der Dinge als den Erfolg begleitend oder ihm vorausgehend beobachtet wird. Wird aber das Wort auf die Materie, wie diese oben beschrieben worden ist, angewandt, so kann es in keiner von diesen Bedeutungen genommen werden. Denn da die Materie passiv und untätig sein soll, so kann sie nicht etwas Wirkendes oder eine hervorbringende Ursache sein; da sie aber auch unperzipierbar ist, indem ihr alle sinnlich wahrnehmbaren Qualitäten fehlen, so kann sie nicht die Veranlassung unserer Perzeptionen in dem zuletzt genannten Sinne sein, wie wenn gesagt wird, daß ich mir den Finger verbrannt habe, sei die Veranlassung des Schmerzes, den ich daran empfinde. Was kann demnach gemeint sein, wenn jene Materie eine *Veranlassung* genannt wird? Dieser Terminus wird dann entweder überhaupt in keinem Sinne gebraucht oder in einem solchen, der von seiner üblichen Bedeutung weit absteht.

§ **70**. Vielleicht werdet ihr sagen, die Materie wird, wenn schon nicht durch uns, so doch durch Gott perzipiert, für den sie die Veranlassung ist, Ideen in unsern Geistern hervorzurufen. Denn, sagt ihr, da wir beobachten, daß unsere Sinneswahrnehmungen in einer geordneten und sich gleichbleibenden Weise hervorgerufen werden, so ist es nur vernunftgemäß vorauszusetzen, daß bestimmte sich gleichbleibende und regelmäßige Veranlassungen zu ihrem Hervorgebrachtwerden bestehen. Das besagt, daß es bestimmte beharrliche und von einander unterschiedene Teile der Materie gibt, die unseren Ideen entsprechen, und die, obschon sie dieselben nicht in unseren Geistern hervorrufen oder uns irgendwie unmittelbar affizieren, da sie durchaus passiv und uns unperzipierbar sind, nichtsdestoweniger für Gott, durch den sie perzipiert werden, gleichsam ebenso viele Anlässe sind, ihn daran zu erinnern, wann und was für Ideen unseren Geistern einzuprägen sind, damit so die Dinge in einer beständigen und gleichmäßigen Weise geschehen.

§ 71. Zur Antwort hierauf bemerke ich, daß, wie hier der Begriff der Materie gefaßt ist, die Frage nicht länger die Existenz eines von *Geist* und *Idee*, vom Perzipierenden und Perzipiertwerdenden verschiedenen Dinges betrifft, sondern darauf geht, ob es nicht gewisse Ideen von ich weiß nicht was für einer Art in Gottes Geist gibt, welche ebenso viele Merkmale oder Zeichen sind, die ihn dazu leiten, Sinnesempfindungen in unseren Geistern nach einer sich gleichbleibenden und regelmäßigen Methode hervorzurufen, zum guten Teil in derselben Weise, wie ein Musiker durch die Musiknoten bei der Erzeugung jener harmonischen Folge und Verbindung von Tönen geleitet wird, die ein *Tonstück* genannt wird, obschon die, welche die Musik hören, die Noten nicht wahrnehmen und vielleicht gar nichts von ihnen wissen. Aber dieser Begriff der Materie scheint zu ausschweifend zu sein, um eine Widerlegung zu verdienen. Zudem bildet er in der Tat keinen Einwurf gegen das von uns Behauptete, daß es nämlich keine empfindungslose unperzipierte *Substanz* gibt.

§ 72. Folgen wir dem Lichte der Vernunft, so werden wir aus der beständigen gleichförmigen Weise unserer Sinneswahrnehmungen auf die Güte und Weisheit des *Geistes* schließen, der sie in uns hervorruft. Aber dies ist alles, was ich vernünftigerweise daraus schließen kann. Mir, sage ich, ist es einleuchtend, daß das Sein eines *unendlich weisen, guten und mächtigen Geistes* völlig zureichend ist, alle Erscheinungen der Natur zu erklären. Mit einer *untätigen empfindungslosen Materie* aber hat nichts von dem, was ich begreife, das mindeste zu tun, nichts leitet meine Gedanken darauf hin. Und ich möchte gern sehen, wie jemand auch nur die geringste Naturerscheinung dadurch erklärt oder irgendeinen Grund aufzeigt, möge dieser auch nur den geringsten Grad von Wahrscheinlichkeit besitzen, warum er ihre Existenz annimmt, oder daß auch nur dieser Annahme in einer irgend erträglichen Weise ein Sinn oder eine Bedeutung gegeben wird. Denn wird gesagt, jene Materie sei eine Veranlassung, so haben wir, denke ich, deutlich gezeigt, daß sie dies für uns nicht ist; sie müßte also für Gott die Veranlassung sein, Ideen in uns hervorzurufen, und worauf dies hinausläuft, hat sich uns jetzt eben gezeigt.

§ 73. Es ist der Mühe wert, ein wenig über die Motive nachzudenken, welche die Menschen bewogen haben, die Existenz einer materiellen Substanz anzunehmen, so daß wir, nachdem wir das stufenweise Hinschwinden und den Untergang dieser Motive oder Gründe beobachtet haben, in gleichem Verhältnis die Zustimmung aufheben können, welche auf sie gegründet worden war. Zuerst also glaubte man, daß Farbe, Figur, Bewegung und die übrigen sinnlichen Qualitäten oder Akzidentien wirklich außerhalb des Geistes existieren, und aus diesem Grunde schien es erforderlich, ein gewisses nichtdenkendes *Substrat* oder eine *Substanz* vorauszusetzen, worin sie Existenz hätten, da sie nicht als an sich selbst existierend gedacht werden konnten. Als man sich nachher im Fortgang der Zeit davon überzeugte, daß Farben, Töne und die übrigen sekundären Qualitäten nicht außerhalb des Geistes existieren, streifte man diesem Substrat oder der materiellen Substanz jene Qualitäten ab und ließ ihm nur die primären übrig: Figur, Bewegung und ähnliche, von denen man immer noch annahm, daß sie außerhalb des Geistes existierten und demgemäß eines materiellen Trägers bedürften. Da nun aber gezeigt worden ist, daß auch von diesen Eigenschaften keine anders als in einem Geist oder einer Seele, wodurch sie perzipiert wird, existieren kann, so folgt, daß wir nicht länger irgendeinen Grund haben, das Dasein einer *Materie* vorauszusetzen, ja daß es durchaus unmöglich ist, daß etwas derartiges existiert, solange dieses Wort in dem Sinne genommen wird, worin es ein *nichtdenkendes Substrat* von Eigenschaften oder Akzidentien bezeichnet, in welchem diese außerhalb des Geistes existieren.

§ **74**. Aber obschon es von den *Materialisten* selbst zugegeben wird, daß die Materie nur zu dem Zweck, als Trägerin von Akzidentien zu dienen, angenommen wird, und obschon man erwarten dürfte, daß, da der Grund ganz wegfällt, der Geist ohne irgendein Widerstreben natürlich auch den Glauben an das, was ausschließlich auf ihn gebaut war, aufgeben werde, so ist doch das Vorurteil so tief in unser Denken eingedrungen, daß wir uns schwer von ihm losmachen können und demgemäß geneigt sind, da die *Sache* selbst unhaltbar ist, wenigstens den *Namen* beizubehalten, den wir dann auf ich weiß nicht was für abstrakte und unbestimmte Begriffe eines *Seienden* oder einer *Veranlassung* anwenden, obschon ohne irgendeinen auch nur scheinbaren Grund, so viel ich wenigstens sehen kann. Denn was für einen Anhalt haben wir unsererseits, oder was perzipieren wir unter allen Ideen, Sinneswahrnehmungen, Begriffen, welche unserem Geist durch die Sinne oder durch Selbstbetrachtung eingeprägt sind (imprinted either by sense or reflexion), woraus sich die Existenz einer trägen, gedankenlosen, unperzipierten Veranlassung erschliessen ließe? Und andererseits, was kann es bei einem *allgenugsamen Geist* geben, das uns glauben oder auch nur vermuten ließe, er werde durch ein träges Ding *geleitet*, das für ihn die Veranlassung sei, Ideen in unserem Geist hervorzurufen?

§ **75**. Es ist ein sehr auffälliger Beweis der Stärke des Vorurteils und etwas sehr Beklagenswertes, daß der Geist des Menschen trotz aller Vernunftevidenz eine so große Vorliebe für ein stupides gedankenloses *Etwas* behält, durch dessen Einschiebung er sich, wenn ich so sagen darf, gegen die göttliche Vorsehung decken und Gott weiter von den Angelegenheiten der Welt entfernen möchte. Aber mögen wir auch das Äußerste tun, was wir können, um den Glauben an eine *Materie* zu sichern, mögen wir auch versuchen, wenn Vernunftgründe uns im Stich lassen, unsere

Meinung auf die bloße Möglichkeit des Dinges zu gründen, und mögen wir dabei auch, um diese bloße *Möglichkeit* herauszubringen, unserer Phantasie den vollen Spielraum gestatten, den sie findet, wenn sie nicht durch die Vernunft geleitet wird, so ist doch das Endresultat nur, daß es gewisse *unbekannte Ideen* im Geist Gottes gibt; denn dies, wenn überhaupt irgend etwas, ist alles, was ich als den Sinn von *Veranlassung* in bezug auf Gott zu verstehen mag. Und dies heißt im Grunde nicht länger für die *Sache,* sondern für den *Namen* kämpfen.

§ 76. Ob es nun solche Ideen im Geist Gottes gibt, und ob sie durch den Namen *Materie* zu bezeichnen sind, darüber werde ich nicht streiten. Aber wenn ihr festhaltet an dem Begriff einer undenkenden Substanz oder eines Trägers von Ausdehnung, Bewegung und anderen sinnlich wahrnehmbaren Eigenschaften, dann finde ich es offenbar unmöglich, daß ein solches Ding existiert, denn es ist ein voller Widerspruch, daß jene Eigenschaften in einer nichtperzipierenden Substanz existieren oder durch eine solche getragen werden.

§ 77. Aber, sagt ihr, mag es auch zuzugeben sein, daß es keinen nichtdenkenden Träger von Ausdehnung und den anderen Qualitäten oder Akzidentien gibt, die wir perzipieren, so gibt es doch vielleicht eine gewisse träge nicht perzipierende Substanz oder ein *Substrat* gewisser anderer Qualitäten, welche uns ebenso unerkennbar sind wie einem Blindgeborenen die Farben, weil wir keinen auf sie eingerichteten Sinn haben. Hätten wir aber einen neuen Sinn, so würden wir dann wohl ebensowenig an ihrer Existenz zweifeln, als ein Blinder, nachdem er sehend geworden ist, an der Existenz von Licht und Farben zweifelt. Ich antworte erstens: wenn das, was ihr unter dem Worte *Materie* versteht, nur der unbekannte Träger unbekannter Qualitäten ist, so ist es gleichgültig, ob ein solches Ding existiert oder nicht, da es uns nichts angeht, und ich sehe nicht, welchen Nutzen eine Disputation über etwas, wovon wir nicht wissen, *was* noch *warum* es ist, bringen kann.

§ 78. Zweitens aber, hätten wir einen neuen Sinn, so könnte er uns nur mit neuen Ideen oder Sinnesempfindungen versehen, und wir hätten dann denselben Grund gegen ihre Existenz in einer nicht perzipierenden Substanz, der bereits hinsichtlich der Gestalt, Bewegung, Farbe usw. vorgebracht worden ist. Qualitäten sind, wie gezeigt worden ist, nichts anderes als *Sinneswahrnehmungen* oder *Ideen*, welche nur in einem *Geist* existieren, der sie perzipiert, und dies gilt nicht nur von den Ideen, die wir zur Zeit besitzen, sondern gleichermaßen von allen möglichen Ideen, von welcher Art sie auch immer sein mögen.

§ **79**. Doch werdet ihr behaupten, wenn sich auch der Glaube an die Existenz der Materie auf keinen Grund stützen, wenn sich auch kein Zweck der Materie angeben und nichts durch sie erklären läßt, wenn sich selbst der Sinn dieses Wortes nicht begreifen läßt, so sei es doch kein Widerspruch zu sagen, daß Materie existiert und daß diese Materie eine *Substanz im allgemeinen* oder eine *Veranlassung von Ideen* ist, obschon in der Tat der Fortgang zur Entwicklung dieser Meinung oder die Zustimmung zu irgendeiner besonderen Erklärung jener Worte mit großen Schwierigkeiten verbunden sein möge. Ich antworte: wenn Worte ohne Sinn gebraucht werden, dann könnt ihr sie nach Belieben zusammenstellen, ohne Gefahr, in einen Widerspruch zu verfallen. Ihr dürft z. B. sagen, daß zweimal zwei gleich sieben ist, so lange ihr erklärt, daß ihr nicht die Worte dieses Satzes in ihrem üblichen Sinne nehmt, sondern als Zeichen für etwas, wovon ihr nicht wißt, was es ist. In derselben Art dürft ihr sagen, es gibt eine träge gedankenlose Substanz ohne Akzidentien, welche die Veranlassung zu unseren Ideen ist. Wir werden durch den einen Satz gerade ebensosehr belehrt werden wie durch den anderen.

§ **80**. Zuletzt werdet ihr sagen: wie aber, wenn wir die Behauptung, es existiert eine materielle Substanz, aufgeben und unter der Materie ein unbekanntes *Etwas* verstehen, das weder Substanz noch Akzidens, weder Geist noch Idee, das träge, gedankenlos, unteilbar, unbeweglich, unausgedehnt ist und an keinem Orte existiert? Denn, sagt ihr, was auch immer gegen *Substanz* oder *Veranlassung* oder irgendeinen anderen positiven oder Relationsbegriff von Materie eingewandt werden mag, findet gar keine Anwendung mehr, so lange diese *negative* Definition der Materie festgehalten wird. Ich antworte: ihr mögt, wenn euch das gut dünkt, das Wort *Materie* in demselben Sinne gebrauchen, worin andere das Wort *nichts* gebrauchen, so daß beide Worte nach eurer Redeweise miteinander vertauscht werden können. Denn dies scheint mir nach allem das Ergebnis dieser Definition zu sein; wenn ich mit Aufmerksamkeit ihre Teile insgesamt oder einzeln betrachte, so finde ich nicht, daß dadurch irgendeine Wirkung auf meinen Geist geübt würde, die verschieden wäre von der, welche das Wort *nichts* hervorruft.

§ **81**. Vielleicht werdet ihr entgegnen, es liege in der vorstehenden Definition etwas, was einen ausreichenden Unterschied von dem Nichts begründe, nämlich die positive abstrakte Idee der *Wesenheit*, des *Seins* oder der *Existenz* (quiddity, entity or existence). In der Tat, ich erkenne an, daß die, welche sich die Fähigkeit zuschreiben, abstrakte allgemeine Ideen zu bilden, so reden, als hätten sie eine solche Idee, welche, wie sie sagen, der abstrakteste und allgemeinste von allen Begriffen ist, d. h. für mich der unbegreiflichste von allen. Ich sehe keinen Grund zu leugnen, daß es eine große Mannigfaltigkeit von Geistern verschiedenen Ranges und verschiedener Befähigung gibt, die eine weit größere Zahl von Kräften und weit umfassendere Kräfte besitzen als die, welche der Urheber meines Seins mir verliehen hat. Und wollte ich mich anheischig machen, nach meinen eigenen geringen, eingeschränkten, nicht weit reichenden Perzeptionsweisen zu bestimmen, was für Ideen die unerschöpfliche Macht des höchsten Geistes ihnen einprägt, so wäre dies gewiß die äußerste Torheit und Anmaßung. Denn es kann, soweit ich darüber zu urteilen vermag, unzählige Arten von Ideen oder Sinnesempfindungen geben, die ebenso verschieden voneinander und von allem, was ich perzipiert habe, sind, wie Farben von Tönen. Wie sehr ich aber auch bereit bin, die Beschränktheit meiner Erkenntniskraft hinsichtlich der endlosen Mannigfaltigkeit von Geistern und Ideen, welche möglicherweise existieren, anzuerkennen, so ist es doch, vermute ich, ein völliger Widerspruch, daß irgendeiner dieser Geister den Begriff eines Seins oder einer Existenz haben könnte, bei dem von *Geist* und *Idee,* Perzipieren und Perzipiertwerden *abstrahiert* wäre. — Nun bleibt uns noch übrig, die Einwürfe zu erwägen, welche möglicherweise im Namen der Religion erhoben werden.

§ 82. Es gibt Personen, welche der Meinung sind, daß, wenn schon zugegeben werden müsse, die aus der Vernunft entnommenen Argumente für die wirkliche Existenz von Körpern seien nicht beweiskräftig, doch die heilige Schrift über diesen Punkt so klar sei, daß dies zureiche, jeden guten Christen davon zu überzeugen, daß Körper in Wirklichkeit existieren und etwas mehr sind als bloße Ideen, da ja in der Bibel unzählige Tatsachen erzählt werden, welche offenbar die Realität von Holz und Stein, Bergen und Flüssen, Städten und menschlichen Leibern voraussetzen. Hierauf antworte ich: daß keine Art von Schriften, seien es heilige oder profane, welche diese und derartige Worte in ihrer gewöhnlichen Bedeutung gebrauchen oder doch so, daß ein Sinn darin liegt, in die Gefahr kommt, daß ihre Wahrheit durch unsere Lehre in Frage gestellt wird. Daß alle jene Dinge wirklich existieren, daß es Körper gibt, selbst körperliche Substanzen, falls dieses Wort im vulgären Sinne gebraucht wird, stimmt, wie bewiesen worden ist, mit unseren Prinzipien zusammen, und der Unterschied zwischen *Dingen* und *Ideen, Realitäten* und *Chimären* ist deutlich erklärt worden (in den §§ 29, 30, 33, 36 usw.). Und ich denke, daß weder das, was die Philosophen *Materie* nennen, noch die Existenz von Objekten außerhalb des Geistes irgendwo in der Schrift erwähnt wird.

§ 83. Ferner, mag es äußere Dinge geben oder nicht, so wird doch allseitig anerkannt, daß der eigentliche Zweck der Worte darin besteht, unsere Begriffe oder die Dinge nur so zu bezeichnen, wie sie uns bekannt und von uns aufgefaßt sind. Hieraus folgt offenbar, daß in den oben dargelegten Sätzen nichts ist, was mit dem richtigen Gebrauch und der Bedeutung der *Sprache* nicht zusammen bestände, und daß jede Ausdrucksweise, von welcher Art sie auch sei, sofern sie einen verständlichen Sinn hat, unangegriffen bleibt. Jedoch dies alles scheint nach dem, was früher schon auseinandergesetzt worden ist, so handgreiflich zu sein, daß es nicht nötig ist, länger dabei zu verweilen.

§ 84. Doch es wird eingewandt werden, daß die *Wunder* zum mindesten viel von ihrer Wichtigkeit und Bedeutung durch unsere Prinzipien verlieren. Was müssen wir von Moses' Stab denken? Wurde er nicht *wirklich* in eine Schlange verwandelt, oder fand nur ein Wechsel von *Ideen* in den Geistern der Zuschauer statt? Und darf man annehmen, daß unser Erlöser auf der Hochzeit zu Kana nicht mehr tat, als auf Gesicht, Geruch und Geschmack der Gäste so einzuwirken, daß er in ihnen die Erscheinung oder Idee *Wein* erschuf? Dasselbe kann von allen anderen Wundern gesagt werden, die den vorstehenden Prinzipien zufolge als ebensoviele Täuschungen oder Illusionen der Phantasie angesehen werden müssen. Hierauf antworte ich, daß der Stab in eine wirkliche Schlange und das Wasser in wirklichen Wein verwandelt wurde. Daß dies nicht im mindesten dem, was ich anderswo gesagt habe, widerstreitet, wird aus den §§ 24 und 25 einleuchten. Aber wie es um *real* und *imaginär* steht, ist schon so deutlich und vollständig erklärt, es ist so oft darauf Bezug genommen worden, und die aufgeworfenen Zweifel lassen sich so leicht lösen, daß es den Verstand des Lesers beleidigen hieße, wenn an dieser Stelle die Erklärung aufs neue vorgebracht werden sollte. Ich will nur bemerken, daß, wenn bei Tisch alle Anwesenden Wein sehen und riechen und schmecken und trinken und seine Wirkungen erfahren, nach mir kein Zweifel an seiner Realität bestehen kann, so daß im Grunde der die Realität der Wunder betreffende Zweifel nicht unsere, sondern nur die herrschenden Prinzipien betrifft und folglich eher *für* als *gegen* das Gesagte spricht.

§ 85. Nachdem wir uns mit den Einwürfen abgefunden haben, die ich in das hellste Licht zu stellen und denen ich alle mögliche Kraft und Stärke zu geben versuchte, gehen wir nun zunächst dazu über, einen Blick auf die Konsequenzen unserer Sätze zu werfen. Einige von ihnen springen sofort in die Augen. Mehrere schwierige und dunkle

Probleme, an welche ein Übermaß von Spekulationen verschwendet worden ist, werden gänzlich aus der Philosophie verbannt. Kann eine körperliche Substanz empfinden? Ist die Materie ins Unendliche teilbar? Und wie wirkt sie auf den Geist? Mit diesen und ähnlichen Untersuchungen haben sich Philosophen zu allen Zeiten unablässig unterhalten. Da sie aber durch die Existenz der *Materie* bedingt sind, so können sie nach unseren Prinzipien nicht mehr stattfinden. Es gibt sowohl bezüglich der *Religion* als der *Wissenschaften* noch manche andere Vorteile, die leicht ein jeder aus dem Vorstehenden entnehmen kann. Doch dies wird im folgenden deutlicher werden.

§ 86. Aus den vorgetragenen Prinzipien folgt, daß die menschliche Erkenntnis naturgemäß in zwei Hauptklassen eingeteilt werden kann, nämlich in die Erkenntnis von *Ideen* und die von *Geistern*. Von einer jeden werde ich ordnungsgemäß handeln. Was zuerst die *Ideen* oder nichtdenkenden Dinge betrifft, so ist unsere Erkenntnis von ihnen sehr verdunkelt und verwirrt, und wir sind zu sehr gefährlichen Irrtümern verleitet worden durch die Voraussetzung einer zweifachen Existenz der Sinnesobjekte, einer *intelligiblen* im Geist und einer *realen* außerhalb des Geistes, wobei angenommen wurde, daß undenkende Dinge eine natürliche Existenz an sich selbst hätten, die verschieden wäre von ihrem Perzipiertwerden durch Geister. Dies, was, wenn ich mich nicht ganz täusche, als eine durchaus grundlose und ungereimte Vorstellung erwiesen worden ist, ist der gerade Weg zum *Skeptizismus;* denn solange man der Meinung war, daß reale Dinge außerhalb des Geistes existieren, und daß ihrer Erkenntnis nur insoweit *Realität* zukomme, als sie *realen Dingen* konform sei, mußte folgen, daß es uns nicht gewiß sein könne, daß wir irgendeine reale Erkenntnis überhaupt besitzen. Denn wie kann erkannt werden, daß die Dinge, welche perzipiert werden, jenen anderen konform sind, welche nicht perzipiert werden oder außerhalb des Geistes existieren?

§ 87. Farbe, Gestalt, Bewegung, Ausdehnung usw. sind, sofern wir sie nur als ebensoviele *sinnliche Wahrnehmungen* im Geist betrachten, vollkommen bekannt, da nichts in ihnen ist, was nicht perzipiert würde. Werden sie aber als Merkmale oder Bilder betrachtet, die in Beziehung stehen zu *Dingen* oder *Urbildern*, welche außerhalb des Geistes existieren, dann verfallen wir alle in *Skeptizismus*. Wir sehen nur die Erscheinungsweisen und nicht die realen Qualitäten der Dinge. Was Ausdehnung, Figur oder Bewegung irgendeines Dinges wirklich und absolut oder an sich sein mögen, ist uns unmöglich zu erkennen; wir erkennen nur das Verhältnis oder die Beziehung, worin sie zu unseren Sinnen stehen. Während die Dinge unverändert bleiben, wechseln unsere Ideen, und welche von ihnen die wirklich in dem Dinge existierende wahre Qualität repräsentieren, oder ob irgend welche von ihnen diese überhaupt repräsentieren, ist eine uns nicht erreichbare Erkenntnis, so daß, soweit wir darüber zu urteilen vermögen, alles, was wir sehen, hören und fühlen, ein bloßes Phantom und eine eitle Chimäre sein und nicht im mindesten mit den wirklichen Dingen, welche *in rerum natura* existieren, übereinstimmen mag. Alle diese Anzweiflung folgt aus der Voraussetzung, daß ein Unterschied zwischen *Dingen* und *Ideen* besteht und daß die ersten ein Bestehen außerhalb des Geistes oder unwahrgenommen haben. Es wäre leicht, ausführlich über dieses Thema zu handeln und zu zeigen, wie die von den *Skeptikern* zu allen Zeiten vorgebrachten Argumente von der Voraussetzung äußerer Objekte abhängen.

§ **88**. Solange wir nichtdenkenden Dingen eine wirkliche Existenz zuschreiben, welche von ihrem Perzipiertwerden verschieden ist, ist es uns nicht bloß unmöglich, mit Evidenz die Natur irgend eines wirklichen nichtdenkenden Dinges zu erkennen, sondern sogar, daß es überhaupt existiert. Daher geschieht es, daß wir gewisse Philosophen ihren Sinnen mißtrauen und an der Existenz von Himmel und Erde, von jeglichem Ding, das sie sehen und fühlen, selbst an der Existenz ihres eigenen Körpers zweifeln sehen. Und nach all ihrer mühevollen Gedankenarbeit sind sie genötigt einzugestehen, daß wir gar keine an sich selbst evidente oder durch einen Beweis gesicherte Erkenntnis von der Existenz sinnlicher Dinge zu erlangen vermögen. Aber alle diese Ungewißheit, die so sehr den Geist irreführt und verwirrt und die *Philosophie* lächerlich macht in den Augen der Welt, verschwindet, wenn wir einen Sinn mit unseren Worten verknüpfen und uns nicht selbst durch die Termini *absolut, äußerlich, existieren* und ähnliche täuschen, welche etwas bezeichnen, wovon wir nicht wissen, was es ist. Ich kann ebensowohl an meinem eigenen Sein zweifeln wie an dem Sein jener Dinge, die ich tatsächlich durch die Sinne wahrnehme, da es ein offenbarer Widerspruch ist, daß irgendein sinnliches Ding unmittelbar durch das Gesicht oder Getast wahrgenommen wird und doch gleichzeitig keine wirkliche Existenz hat, da die wirkliche Existenz eines nichtdenkenden Dinges eben in seinem *Perzipiertwerden* besteht.

§ 89. Nichts scheint von größerer Wichtigkeit zur Begründung eines festen Systems gesunder und echter Erkenntnis zu sein, das gegenüber den Angriffen des *Skeptizismus* die Probe bestehen soll, als das Ausgehen von einer bestimmten Erklärung, was unter *Ding, Realität, Existenz* verstanden wird, denn vergeblich werden wir über die reale Existenz von Dingen disputieren oder irgend etwas darüber zu wissen behaupten, solange wir nicht den Sinn dieser Worte festgestellt haben. *Ding* oder *Seiendes* ist der allgemeinste aller Namen; darunter fallen zwei völlig voneinander verschiedene und heterogene Arten, welche nichts als den Namen miteinander gemein haben, nämlich *Geister* und *Ideen*. Die ersten sind *tätige, unteilbare Substanzen*, die anderen *träge, vergängliche, abhängige Dinge*, die nicht an sich existieren, sondern getragen werden von Geistern oder spirituellen Substanzen oder in diesen existieren. *) Wir erkennen unsere eigene Existenz durch ein inneres Gefühl oder durch Reflexion und die Existenz anderer Geister durch einen Vernunftschluß. Man darf sagen, daß wir einige Kenntnis oder einen Begriff von unserem eigenen Gemüte, von Geistern und aktiven Dingen haben, wovon wir im strengen Sinne keine Ideen besitzen. In gleicher Art erkennen wir Beziehungen zwischen Dingen oder

---

* Die hier folgenden Sätze bis zum Schluß des Paragraphen sind eine Hinzufügung der zweiten Auflage.

Ideen und haben einen Begriff von diesen Beziehungen, welche von den aufeinander bezogenen Dingen oder Ideen verschieden sind, sofern die letzten von uns perzipiert werden können, ohne daß wir die ersten perzipieren. Mir scheint, daß Ideen, Geister und Beziehungen in allen ihren Arten den Gegenstand der menschlichen Erkenntnis und das, wovon gehandelt werden kann, ausmachen, und daß der Ausdruck *Idee* nur uneigentlich in einem so weiten Sinne gebraucht werden kann, daß er zur Bezeichnung all dessen dient, was wir erkennen oder wovon wir irgend einen Begriff *(notion)* haben.

§ 90. Ideen, welche den Sinnen eingeprägt sind, sind wirkliche Dinge oder existieren wirklich: dies leugnen wir nicht; aber wir leugnen, daß sie außerhalb der Geister, welche sie perzipieren, selbständig bestehen, oder daß sie Abbilder von Urbildern sind, welche außerhalb des Geistes existieren, da das wirkliche Sein einer Sinneswahrnehmung oder Idee in ihrem Perzipiertwerden besteht und eine Idee nur einer Idee ähnlich sein kann. Ferner mögen die durch die Sinne perzipierten Dinge *äußere* genannt werden mit Rücksicht auf ihren Ursprung, sofern sie nicht von innen her, durch den Geist selbst, erzeugt, sondern durch einen Geist, der von dem sie perzipierenden verschieden ist, diesem eingeprägt werden. Ebenso mögen sinnlich wahrnehmbare Objekte noch in einem anderen Sinne außerhalb des Geistes befindlich genannt werden, nämlich, wenn sie in irgendeinem anderen Geist existieren. So können, wenn ich meine Augen schließe, die Dinge, welche ich sah, noch existieren, aber sie müssen dann in einem anderen Geist existieren.

§ 91. Es wäre ein Mißverständnis, wenn man annähme, das hier Gesagte tue im mindesten der Realität der Dinge Eintrag. Nach der herrschenden Doktrin wird anerkannt, daß Ausdehnung, Bewegung, mit einem Wort, alle sinnlichen Qualitäten eines Trägers bedürfen, da sie nicht für sich selbst subsistieren können. Daß aber die sinnlich perzipierten Objekte nur Kombinationen von solchen Qualitäten sind und demgemäß nicht für sich subsistieren können, wird zugegeben. Insoweit stimmen alle miteinander überein. Wenn wir also leugnen, daß die sinnlich perzipierten Dinge eine von einer Substanz oder einem Träger, worin sie existieren, unabhängige Existenz haben, so entziehen wir nichts der herrschenden Annahme ihrer *Realität* und machen uns in dieser Hinsicht keiner Neuerung schuldig. Die ganze Differenz liegt darin, daß nach uns die undenkenden, sinnlich perzipierten Dinge keine von ihrem Perzipiertwerden verschiedene Existenz haben, und daß sie demgemäß in keiner anderen Substanz existieren können als in jenen unausgedehnten unteilbaren Substanzen oder *Geistern*, welche handeln und denken und sie perzipieren, wogegen die Philosophen in der Regel annehmen, daß die sensiblen Qualitäten in einer trägen, ausgedehnten, nicht perzipierenden Substanz, welche sie *Materie* nennen, existieren, in einer Substanz, der sie eine natürliche selbständige Existenz außerhalb aller denkenden Wesen zuschreiben, welche verschieden ist vom Perzipiertwerden durch einen Geist, welcher es auch sein möge, verschieden selbst vom Perzipiertwerden durch den ewigen Geist des Schöpfers, in dem sie nur Ideen der von ihm geschaffenen körperlichen Substanzen voraussetzen, wenn anders sie überhaupt das Geschaffensein dieser Substanzen zugeben.

§ 92. Denn wie wir gezeigt haben, daß die Lehre von der Materie oder körperlichen Substanz die Hauptstütze und Säule des *Skeptizismus* gewesen ist, ebenso sind auch aus demselben Grunde alle jene unfrommen Systeme des *Atheismus* und der Irreligion hervorgegangen. Ja, es ist als so schwierig erschienen zu begreifen, daß Materie aus Nichts geschaffen ist, daß selbst die berühmtesten derjenigen alten Philosophen, die das Sein eines Gottes annahmen, die Materie für ungeschaffen und gleich ewig mit ihm gehalten haben. Wie sehr die materielle Substanz den *Atheisten* aller Zeiten wert gewesen ist, bedarf nicht der Erwähnung. Alle ihre monströsen Systeme stehen in einer so offenbaren und notwendigen Abhängigkeit von ihr, daß, ist dieser Eckstein einmal weggenommen, das ganze Gebäude notwendig zusammenstürzen muß, so sehr, daß sich nicht länger der Zeitaufwand lohnen wird, eine besondere Betrachtung auf die Absurditäten einer jeden nichtswürdigen Sekte von *Atheisten* zu richten.

§ **93**. Daß unfromme und weltlich gesinnte Personen leicht auf solche Systeme fallen, welche ihre Neigungen begünstigen, indem sie die Annahme einer immateriellen Substanz verspotten und voraussetzen, die Seele sei teilbar und dem Untergang ebenso wie der Körper unterworfen, Systeme, die alle Freiheit, Intelligenz und Absicht aus der Bildung der Dinge ausschließen und stattdessen eine von selbst existierende, stupide, nichtdenkende Substanz zur Wurzel und zum Ursprung aller Dinge machen; daß sie auf solche hören, die eine Vorsehung oder Aufsicht eines höheren Geistes in bezug auf die Dinge der Welt leugnen und die ganze Reihe der Ereignisse entweder einem blinden Zufall oder einer verhängnisvollen Notwendigkeit zuschreiben, die aus der Einwirkung der Körper aufeinander entspringt, — das alles ist sehr natürlich. Und wenn andererseits Männer von besseren Prinzipien bemerken, daß die Feinde der Religion ein so großes Gewicht auf eine *nichtdenkende Materie* legen, und daß sie alle so viele Mühe und Kunst aufwenden, alles auf sie zu reduzieren, so sollte ich denken, jene müßten sich freuen, ihre Gegner ihres mächtigen Halts beraubt und aus jener einzigen Festung vertrieben zu sehen, außerhalb welcher die Epikureer, Hobbisten und ähnlich Denkende auch nicht einmal den Schatten eines Vorwands haben, sondern über die nun auf das einfachste und leichteste der Sieg errungen wird.

§ **94**. Die Existenz einer Materie oder unwahrgenommener Körper ist nicht nur die Hauptstütze der *Atheisten* und *Fatalisten* gewesen, sondern auf demselben Prinzip ruht ebenso auch der *Götzendienst* in allen seinen mannigfachen Formen. Möchten die Menschen nur erwägen, daß Sonne, Mond und Sterne und alle anderen Sinnesobjekte nur ebenso viele Wahrnehmungen in ihren Geistern sind, die keine andere Existenz als ihr bloßes Perzipiertwerden haben, so würden sie gewiß nicht niederfallen und ihre eigenen Ideen anbeten, sondern vielmehr ihre Huldigung jenem ewigen unsichtbaren Geist darbringen, der alle Dinge hervorbringt und erhält.

§ 95. Dasselbe ungereimte Prinzip hat, indem es sich mit den Artikeln unseres Glaubens mischte, Christen nicht geringe Schwierigkeiten verursacht. Wie viele Zweifel und Einwürfe sind nicht z. B. in betreff der Wiederauferstehung von Sozinianern und anderen erhoben worden! Aber hängen nicht die plausibelsten von ihnen von der Voraussetzung ab, daß ein Körper *derselbe* genannt wird nicht in Anbetracht seiner Form oder dessen, was durch die Sinne perzipiert wird, sondern der materiellen Substanz, welche unter mancherlei Formen dieselbe bleibt? Wird diese *materielle Substanz* hinweggenommen, um deren Identität der ganze Streit sich dreht, und wird unter *Körper* verstanden, was jede schlichte gewöhnliche Person unter diesem Worte versteht, nämlich das unmittelbar Gesehene und Gefühlte, was nur eine Verbindung von sinnlichen Eigenschaften ist, so reduzieren sich jene unbeantwortbaren Einwürfe auf nichts.

§ 96. Ist einmal die Materie aus der Natur ausgetrieben, so nimmt sie so manche skeptischen und unfrommen Vorstellungen mit sich fort, solch eine unglaubliche Zahl von Streitigkeiten und verwirrenden Fragen, die sowohl für Theologen als Philosophen Dornen gewesen sind und den Menschen so viele fruchtlose Arbeit gemacht haben, daß, wenn die Gründe, die wir dagegen aufgestellt haben, nicht beweiskräftig gefunden werden (was sie meines Erachtens doch offenbar sind), ich doch dessen gewiß bin, daß alle Freunde der Erkenntnis, des Friedens und der Religion Grund haben zu wünschen, sie wären es.

§ 97. Neben der vermeintlichen äußeren Existenz der Sinnesobjekte ist eine andere reiche Quelle von Irrtümern und Schwierigkeiten in betreff der Ideenerkenntnis die Lehre von *abstrakten Ideen*, wie sie in der Einführung auseinandergesetzt worden ist. Die einfachsten Dinge von der Welt, mit denen wir aufs genaueste vertraut sind und die wir vollkommen kennen, erscheinen, wenn sie in einer abstrakten Weise betrachtet werden, auf eine seltsame Art schwierig und unbegreiflich. Zeit, Raum und Bewegung sind, wenn sie im einzelnen oder konkret genommen werden, einem jeden bekannt; sind sie aber durch den Kopf eines Metaphysikers gegangen, so werden sie zu abstrakt und zu fein, um von Menschen mit gewöhnlicher Auffassungsgabe verstanden zu werden. Sagt euerm Diener, er solle euch zu einer gewissen *Zeit* an einem gewissen *Ort* erwarten, so wird er sich nicht mit langen Überlegungen über den Sinn dieser Worte aufhalten; er findet nicht die mindeste Schwierigkeit darin, sich die besondere Zeit und den Ort vorzustellen oder die Bewegung, durch welche er sich dorthin zu begeben hat. Wird aber *Zeit* mit Ausschluß aller jener einzelnen Handlungen und Ideen, die Abwechslung in den Tag bringen, bloß als Fortsetzung der Existenz oder Dauer *in abstracto* genommen, dann wird es vielleicht auch einem Philosophen Mühe machen, ihren Sinn zu erfassen.

§ 98. Jedesmal, wenn ich versucht habe, eine einfache, von der Ideenfolge in meinem Geist abstrahierte Idee der *Zeit* zu bilden, die gleichmäßig verfließt und an der alle Dinge teilhaben, habe ich mich in unauflösbare Schwierigkeiten verwickelt und verloren. Ich habe überhaupt keinen Begriff von ihr und höre nur andere sagen, sie sei ins Unendliche teilbar, und so über sie reden, daß ich zu wunderlichen Gedanken über meine Existenz veranlaßt werde, da diese Lehre ihrem Bekenner durchaus die Notwendigkeit auferlegt zu denken, entweder, daß er unzählige Zeitalter hindurch ohne einen Gedanken fortdauere, oder andererseits, daß er in einem jeden Augenblick seines Lebens vernichtet werde, was doch beides gleich ungereimt zu sein scheint. Da also die Zeit nichts ist, wenn wir absehen von der Ideenfolge in unserm Geist, so folgt, daß die Dauer eines endlichen Geistes nach der Zahl der Ideen oder der Handlungen abgeschätzt werden muß, die einander in eben diesem Geist oder Gemüt folgen. Hieraus ist eine offenbare Konsequenz, daß die Seele immer denkt, und in der Tat wird ein jeder, der in seinen Gedanken oder durch Abstraktion die *Existenz* eines Geistes von dessen *Denken* abzusondern unternimmt, den Versuch, wie ich glaube, nicht leicht finden. [30])

§ 99. Ebenso verlieren wir Ausdehnung und Bewegung, wenn wir versuchen, sie von allen anderen Eigenschaften abzulösen und für sich zu betrachten, aus dem Auge und verfallen in sehr ausschweifende Meinungen, was die Folge einer zweifachen Abstraktion ist, indem erstens vorausgesetzt wird, daß z. B. die Ausdehnung sich von allen anderen sinnlichen Eigenschaften abtrennen läßt, und zweitens, daß das Sein (die Entität) der Ausdehnung sich von ihrem Perzipiertwerden durch Abstraktion sondern läßt. Aber ein jeder, der nachdenken und Sorge tragen will zu verstehen, was er sagt, wird, wenn ich nicht irre, anerkennen, daß alle sinnlichen Qualitäten gleichermaßen *Sinnesempfindungen* und alle gleichermaßen *real* sind, daß, wo Ausdehnung ist, auch Farbe ist, d. h. in seinem Geist, und daß ihre Urbilder nur in einem anderen *Geist* existieren können; ferner, daß die sinnlich wahrnehmbaren Dinge nichts anderes als verbundene, gemischte oder (wenn man so sagen darf) zusammenzementierte (concreted together) Sinnesempfindungen sind, von welchen allen keiner eine unperzipierte Existenz zugeschrieben werden darf.

§ 100. Was es heißt, jemand sei glücklich, oder ein Objekt sei gut, mag ein jeder zu wissen glauben. Aber auf die Bildung einer abstrakten Idee von *Glück*, die von aller einzelnen Lust abgelöst wäre, oder von *Güte*, die von jeglichem Ding, das gut ist, abgesondert wäre, können wenige Anspruch machen. Ebenso kann jemand gerecht und tugendhaft sein, ohne genaue Ideen von *Gerechtigkeit und Tugend* zu besitzen. Die Meinung, daß diese und ähnliche Worte für allgemeine Begriffe stehen, welche von allen einzelnen Personen und Handlungen abstrahiert sind, scheint die Sittenlehre schwierig und ihr Studium für die Menschen minder nützlich gemacht zu haben. Und in der Tat hat die Lehre von der *Abstraktion* nicht wenig dazu beigetragen, die nützlichsten Teile der Wissenschaft zu schädigen.

§ 101. Die beiden großen Gebiete theoretischer Wissenschaft, die auf sinnlich gegebene Ideen und deren Relationen* gehen, sind *Naturbetrachtung (natural philosophy)* und *Mathematik*. In bezug auf jede von ihnen will ich eini-

* Die letzten drei Worte sind in der zweiten Auflage hinzugefügt.

ges bemerken, und zwar zuerst in bezug auf die Naturbetrachtung. Auf diesem Gebiet triumphieren die *Skeptiker*. Der ganze Vorrat von Argumenten, welche sie vorbringen, um unsere Fähigkeiten herabzusetzen und die Menschen als unwissend und schwach erscheinen zu lassen, ist besonders aus der Grundannahme geflossen, daß wir in betreff der *wahren* und *wirklichen* Natur der Dinge von einer unbesiegbaren Blindheit sind. Dies stellen sie sehr übertrieben dar und lieben es, sich darüber zu verbreiten. Wir werden, sagen sie, auf eine klägliche Weise von unseren Sinnen irregeführt und getäuscht mit der bloßen Außenseite und Erscheinung der Dinge. Das wirkliche Wesen, die inneren Eigenschaften und die Einrichtung eines jeden, auch des geringsten Objekts ist demzufolge unserem Blick verborgen; ihrer Ansicht nach ist etwas in jedem Wassertropfen, in jedem Sandkorn, das zu ergründen oder zu begreifen die Kraft des menschlichen Verstandes übersteigt. Es ist aber aus dem Nachgewiesenen offenbar, daß diese ganze Klage grundlos ist, und daß wir nur unter dem Einfluß falscher Prinzipien zu dem Grade des Mißtrauens gegen unsere Sinne gelangen, daß wir glauben, wir wüßten nichts von den Dingen, die wir vollkommen begreifen.

§ 102. Uns selbst als unwissend in bezug auf die Natur der Dinge zu bekennen, dazu liegt ein großer Anreiz in der herrschenden Meinung, daß jegliches Ding in sich die Ursache seiner Eigenschaften trägt, oder daß in einem jeden Ding ein inneres Wesen ist, welches die Quelle seiner unterscheidbaren Eigenschaften bildet und wovon diese abhängig sind. Einige haben sich anheischig gemacht, Rechenschaft von den Erscheinungen durch verborgene Qualitäten zu geben, die aber in jüngster Zeit meistens in mechanische Ursachen aufgelöst worden sind, d. h. in Figur, Bewegung, Gewicht und derartige Qualitäten unwahrnehmbarer Teilchen, während es doch in Wahrheit keine andere tätige oder wirkende Ursache gibt als den *Geist*, da es offenbar ist, daß Bewegung ebensowohl wie alle anderen *Ideen* durchaus träge ist (s. § 25). Daher muß der Versuch, die Hervorbringung von Farben oder Tönen durch Figur, Bewegung, Größe und ähnliches zu erklären, notwendigerweise eine vergebliche Arbeit sein. Und demgemäß sehen wir, daß die hierauf abzielenden Versuche durchaus nicht befriedigen. Dies mag im allgemeinen über jene Bezeichnung einer Idee oder Eigenschaft als der Ursache einer anderen gesagt sein. Ich brauche nicht zu sagen, wie viele Hypothesen und Spekulationen durch diese Lehre wegfallen, und wie sehr das Naturstudium durch sie vereinfacht wird.

§ 103. Das große mechanische Prinzip, welches jetzt in Ansehen steht, ist die *Attraktion*. Daß ein Stein zur Erde fällt oder die See zum Monde hin anschwillt, mag einigen hierdurch zureichend erklärt zu sein scheinen. Aber wie sind wir denn aufgeklärt, wenn uns gesagt wird, dies geschehe durch Anziehung? Zeigt dieses Wort die Art des Strebens an und bedeutet es, daß die Annäherung durch einen gegenseitigen Zug der Körper erfolgt und nicht dadurch, daß sie zu einander hin gestoßen oder gedrängt werden? Aber es ist nichts über die Weise oder Tätigkeit festgestellt, und diese kann vielleicht (so viel wir wissen) mit gleicher Wahrheit als *Impuls* oder *Fortstoßung* wie als *Anziehung* bezeichnet werden. Ferner sehen wir, daß die Teile des Stahls fest aneinander haften, und auch dies wird durch die Attraktion erklärt; aber in diesem Falle wie in den übrigen finde ich nicht, daß irgend etwas weiteres als der Erfolg selbst bezeichnet ist; die Art und Weise der Tätigkeit, wodurch er hervorgebracht wird, oder die Ursache, welche ihn hervorbringt, wird dadurch auch nicht einmal mutmaßlich bestimmt.

§ 104. In der Tat können wir, wenn wir einen Blick auf die verschiedenen Phänomene werfen und sie miteinander vergleichen, einige Ähnlichkeit und Übereinstimmung zwischen ihnen finden. Z. B. in dem Fall eines Steines auf den Boden, in der Erhebung der See gegen den Mond hin, in der Kohäsion und Kristallisation ist etwas Ähnliches, nämlich eine Vereinigung oder gegenseitige Annäherung von Körpern, so daß eine jede von diesen oder ihnen ähnlichen Erscheinungen demjenigen nicht befremdlich oder überraschend sein mag, der genau die Naturwirkungen beobachtet und miteinander verglichen hat; denn dafür wird nur dasjenige gehalten, was ungewöhnlich oder ein für sich dastehendes und außerhalb des gewöhnlichen Verlaufes unserer Beobachtung liegendes Ding ist. Daß Körper zum Mittelpunkt der Erde hinstreben, wird nicht für etwas Seltsames gehalten, weil es etwas ist, das wir in einem jeden Augenblick unseres Lebens beobachten. Daß sie aber eine gleiche Gravitation zum Mondmittelpunkt hin haben, wird den meisten Menschen als wunderlich und unerklärbar erscheinen, weil es nur bei der Ebbe und Flut beobachtet wird. Aber ein Naturforscher, dessen Gedanken einen größeren Kreis von Naturvorgängen umfassen, hat eine gewisse Ähnlichkeit unter himmlischen und irdischen Erscheinungen beobachtet, welche bekundet, daß unzählige Körper eine Tendenz haben, sich einander zu nähern; diese bezeichnet er durch den allgemeinen Namen *Attraktion* und glaubt nun, daß von allem, was darauf zurückgeführt werden kann, eine genügende Rechenschaft gegeben ist. So erklärt er die Ebbe und Flut durch das Angezogenwerden der Erdkugel zum Monde hin, welches ihm nicht als wunderlich oder gesetzlos erscheint, sondern nur als ein einzelnes Beispiel einer allgemeinen Regel oder eines Naturgesetzes.

§ 105. Wenn wir demgemäß den Unterschied, der zwischen Naturforschern und anderen hinsichtlich ihrer Erkenntnis der Erscheinungen besteht, näher ins Auge fassen, so werden wir finden, daß er nicht in einer genaueren Kenntnis der wirkenden Ursache, welche die Erscheinungen hervorbringt, besteht, denn diese kann nur der *Wille eines Geistes* sein, sondern nur in einer größeren Breite der Auffassung, wodurch Ähnlichkeiten, Harmonien, Übereinstimmungen in den Werken der Natur entdeckt und die einzelnen Erscheinungen erklärt, d. h. auf allgemeine Regeln zurückgeführt werden (s. § 62), welche Regeln, gegründet auf die in der Hervorbringung der natürlichen Wirkungen beobachtete Ähnlichkeit und Gleichförmigkeit, dem Geist höchst erfreulich sind und von ihm gesucht werden, und zwar darum, weil sie unsern Blick über das hinaus, was gegenwärtig und uns nahe ist, erweitern und uns befähigen, sehr wahrscheinliche Vermutungen über Dinge aufzustellen, die in sehr weiten zeitlichen und räumlichen Entfernungen sich ereignet haben mögen, ebenso wie Zukünftiges vorauszusagen; und diese Art von Hinstreben zur Allwissenheit wird vom Geist sehr geliebt.

§ 106. Aber wir sollten vorsichtig bei solcher Forschung verfahren; denn wir sind geneigt, zu großes Gewicht auf Analogien zu legen und zum Nachteil der Wahrheit jenem ungestümen Drang des Geistes nachzugeben, seine Kenntnisse zu allgemeinen Theoremen zu erweitern. So sind z. B. einige sofort geneigt, Gravitation oder gegenseitige Anziehung, weil sie sich in vielen Fällen zeigt, für *allgemein* auszugeben und anzunehmen, *daß das Anziehen und das Angezogenwerden durch jeden anderen Körper eine wesentliche Eigenschaft ist, die allen Körpern, welche es auch sein mögen, innewohnt.* Wogegen es doch scheint, daß die Fixsterne kein solches Zueinanderstreben haben [31]), und so weit ist jene Gravitation davon entfernt, den Körpern *wesentlich* zu sein, daß in einigen Fällen ein gerade entgegengesetztes Prinzip sich zu bekunden scheint wie in dem Wachsen der Pflanzen nach oben und in der Elastizität der Luft. [32]) Es ist nichts Notwendiges oder Wesentliches in dem Vorgang, sondern dieser hängt gänzlich von dem Willen des *herrschenden Geistes* ab, der verursacht, daß gewisse Körper sich fest zusammenschließen oder zu einander hinstreben gemäß verschiedenen Gesetzen, während er andere in einer fixierten Entfernung hält; und einigen gibt er eine völlig entgegengesetzte Tendenz, auseinander zu fliehen, gerade wie er es passend findet.

§ 107. Nach dem Vorstehenden dürfen wir, denke ich, folgende Schlüsse ziehen. 1) Es ist klar, daß die Philosophen sich selbst fruchtlos täuschen, wenn sie eine natürliche wirkende Ursache suchen, die von einer *Seele* oder einem *Geist* verschieden ist. 2) In Anbetracht dessen, daß die gesamte Schöpfung das Werk eines *weisen und guten wirkenden Wesens* ist, sollte es als Aufgabe der Forscher gelten, ihre Gedanken (im Gegensatz zu dem, was einige fordern) auf die Zweckursachen der Dinge zu richten, und ich muß gestehen, daß ich keinen Grund sehe, warum eine Aufzeigung der verschiedenen Zwecke, zu welchen Naturobjekte bestimmt sind und denen gemäß sie uranfänglich mit unaussprechlicher Weisheit eingerichtet worden sind, nicht für eine gute Weise, Rechenschaft über sie zu geben, gelten soll, die eines Forschers durchaus würdig ist. 3) Aus dem Obigen kann kein Grund entnommen werden, warum fernerhin nicht die Naturgeschichte studiert und Beobachtungen und Versuche gemacht werden sollten; daß aber diese den Menschen zum Nutzen gereichen und uns befähigen, Schlüsse zu ziehen, ist nicht das Ergebnis irgendwelcher unveränderlichen Eigenschaften oder Beziehungen zwischen den Dingen selbst, sondern allein der göttlichen Güte und Freundlichkeit gegen die Menschen in der Leitung der Welt (s. die §§ 30 und 31). 4) Durch eine sorgsame Beobachtung der in unseren Gesichtskreis fallenden Erscheinungen können wir die allgemeinen Gesetze der Natur erkennen und aus ihnen die anderen Erscheinungen *herleiten* (deduzieren), ich sage nicht *als notwendig erweisen* (demonstrieren); denn alle Herleitungen (Deduktionen) dieser Art sind abhängig von der Voraussetzung, daß der Urheber der Natur stets gleichmäßig handelt unter beständiger Beobachtung jener Regeln, die wir für Prinzipien ansehen, was wir doch nicht mit Sicherheit wissen können.

§ 108. Die, welche allgemeine Regeln aus den Erscheinungen entnehmen und nachher die Erscheinungen aus diesen Regeln ableiten, scheinen vielmehr *Zeichen* als *Ursachen* zu betrachten. Jemand kann natürliche Zeichen wohl verstehen, ohne ihre Analogie zu kennen oder sagen zu können, nach was für einem Gesetz ein Ding so oder anders ist. Und gleich wie es sehr wohl möglich ist, inkorrekt zu schreiben durch eine zu strenge Befolgung allgemeiner grammatischer Regeln, so ist es bei Schlüssen aus allgemeinen Naturgesetzen nicht unmöglich, durch zu weite Ausdehnung der Analogie zu irren.

§ 109. Wie beim Lesen anderer Bücher ein weiser Mann seine Gedanken vielmehr auf den Sinn richten und ihn sich zunutze zu machen streben als sie zu grammatischen Bemerkungen über die Sprache verwenden wird, so scheint es bei der Lesung des Buches der Natur unter der Würde des Geistes zu sein, allzusehr nach Exaktheit in der Zurückführung jeder einzelnen Erscheinung auf allgemeine Gesetze oder in dem Nachweis, wie sie aus ihnen folgt, zu streben.

Wir sollten uns edlere Ziele stecken, unseren Geist erfrischen und erheben durch einen Blick auf die Schönheit, Ordnung, Fülle und Mannigfaltigkeit der Naturobjekte, dann durch richtig hierauf gebaute Schlüsse unsere Begriffe von der Größe, Weisheit und Güte des Schöpfers erweitern und zuletzt die verschiedenen Teile der Schöpfung, soweit dies bei uns steht, den Zwecken dienstbar machen, zu welchen sie bestimmt sind, nämlich Gottes Ehre sowie Erhaltung und Schmückung des Lebens für uns und unsere Mitgeschöpfe.

§ 110. Daß den besten Aufschluß über die vorhin erwähnte naturwissenschaftliche Erkenntnis der Regelmäßigkeit in den Erscheinungen ein gewisser berühmter Traktat über die *Mechanik* [33]) gewährt, wird man zweifellos anerkennen. In der Einleitung dieses mit Recht bewunderten Traktats werden Zeit, Raum und Bewegung eingeteilt in *absolute* und *relative, wahre* und *scheinbare, mathematische* und *vulgäre;* diese Unterscheidung setzt, wie ihr Verfasser dies ausführlich erklärt, voraus, daß jene Größen eine Existenz außerhalb des Geistes haben, und daß sie gewöhnlich in Beziehung zu den sinnlichen Dingen betrachtet werden, zu welchen sie jedoch ihrer eigenen Natur nach überhaupt keine Beziehung haben können.

§ 111. Was die Zeit betrifft, wie sie hier in einem absoluten oder abstrakten Sinne genommen wird, als die Dauer oder Beharrung der Existenz der Dinge, so habe ich nichts dem hinzuzufügen, was hierüber schon in den §§ 97 u. 98 gesagt worden ist. Übrigens ist dieser berühmte Schriftsteller der Meinung, es gebe einen *absoluten Raum,* der als nicht durch die Sinne perzipierbar an sich gleichförmig und unbeweglich bleibe, und einen relativen Raum, der das Maß des absoluten sei; dieser relative Raum sei beweglich und bestimmt durch seine Lage in Rücksicht der sinnlich wahrnehmbaren Körper, werde aber gewöhnlich für den unbeweglichen Raum genommen. Den Ort definiert er als den Teil des Raumes, den ein Körper einnimmt. Ebenso wie der Raum teils absolut, teils relativ sei, sei dies auch der Ort. *Absolute Bewegung* ist der Übergang eines Körpers aus einem absoluten Ort an einen anderen absoluten

Ort, relative Bewegung der Übergang aus einem relativen Ort an einen anderen. Da die Teile des absoluten Raumes nicht in die Sinneswahrnehmung fallen, so sind wir genötigt, statt ihrer ihre sinnfälligen Maße zu gebrauchen und somit Ort und Bewegung mit Rücksicht auf Körper zu bestimmen, welche wir als unbeweglich betrachten. Aber es wird gesagt, wir müssen in philosophischen Betrachtungen von unseren Sinnen abstrahieren, weil es sein kann, daß keiner von den Körpern, die zu ruhen scheinen, wirklich ruht, und daß dasselbe Ding, welches relativ in Bewegung ist, in Wirklichkeit ruht. Ebenso kann ein und derselbe Körper in relativer Ruhe und Bewegung oder sogar gleichzeitig in entgegengesetzter relativer Bewegung sein, je nachdem sein Ort verschieden bestimmt wird. Alle diese Vieldeutigkeit wird in den scheinbaren Bewegungen gefunden, aber durchaus nicht in der wahren oder absoluten Bewegung, welche demgemäß allein in der Philosophie betrachtet werden sollte. Die wahre Bewegung, wird uns gesagt, ist von den scheinbaren oder relativen Bewegungen durch folgende Eigenschaften zu unterscheiden. 1) In der wahren oder absoluten Bewegung nehmen alle die Teile, welche dieselbe Lage in Beziehung auf das Ganze behalten, an den Bewegungen des Ganzen teil. 2) Wird der Ort bewegt, so bewegt sich auch das darin Befindliche, so daß ein Körper, der sich an einem Ort bewegt, welcher selbst in Bewegung ist, an der Bewegung seines Ortes teilnimmt. 3) Wahre Bewegung wird niemals anders erzeugt oder abgeändert als durch eine auf den Körper selbst einwirkende Kraft. 4) Wahre Bewegung wird stets geändert durch eine auf den bewegten Körper einwirkende Kraft. 5) In einer nur relativen kreisförmigen Bewegung ist keine Zentrifugalkraft, die jedoch in der wahren oder absoluten Bewegung der Quantität der Bewegung proportional ist.

§ 112. Aber ungeachtet dessen, was hier gesagt worden ist, scheint mir keine Bewegung eine andere als eine *relative* sein zu können, so daß wir uns, um uns Bewegung vorzustellen, zum mindesten zwei Körper vorstellen müssen, deren Abstand oder gegenseitige Lage sich ändert. Hiernach könnte, wenn überhaupt nur ein Körper existierte, dieser unmöglich in Bewegung sein. Dies scheint einleuchtend zu sein, sofern die Idee, die ich von Bewegung habe, notwendig eine Beziehung in sich schließt.

§ 113. Aber obschon es bei jeder Bewegung notwendig ist, mehr als einen Körper zu denken, so kann es doch geschehen, daß nur einer bewegt ist, nämlich der, auf welchen die Kraft wirkt, die den Wechsel des Abstandes verursacht, oder mit anderen Worten, der, auf welchen die Tätigkeit gerichtet ist. Denn wenngleich einige die relative Bewegung so definieren, daß darunter die Änderung des Abstandes eines Körpers zu verstehen ist, mag die Kraft oder Tätigkeit, welche diese Änderung bewirkt, auf ihn gerichtet worden sein oder nicht: so scheint es doch, daß, da die relative Bewegung diejenige ist, welche sinnlich perzipiert und bei den gewöhnlichen Vorgängen im Leben beobachtet wird, jedermann, der gesunden Menschenverstand hat, ebensowohl wie der beste Philosoph weiß, was sie ist; nun frage ich einen jeden beliebigen, ob nach dem Sinne, worin er *Bewegung* nimmt, die Steine, über die er schreitet, wenn er durch die Straßen geht, *bewegt* genannt werden können, weil sie ihren Abstand von seinen Füßen ändern? Mir scheint, obwohl Bewegung die Beziehung eines Dinges auf ein anderes in sich schließt, doch nicht notwendig zu sein, daß jede veränderte Beziehung Bewegung genannt wird. Wie ein Mensch über etwas denken kann, was selbst nicht denkt, so kann ein Körper zu einem anderen Körper hin oder von ihm weg sich bewegen, ohne daß dieser doch darum selbst in Bewegung ist.

§ 114. Wenn der Ort auf verschiedene Weise bestimmt wird, so ändert sich die auf ihn bezügliche Bewegung. Von einem Menschen, der in einem Schiffe ist, kann man sagen, er ruht in bezug auf die Seiten des Fahrzeugs und bewegt sich doch in bezug auf das Land, oder er kann sich ostwärts in der einen und westwärts in der anderen Hinsicht bewegen. Im gemeinen Leben denken die Menschen niemals über die Erde hinaus, um den Ort irgend eines Körpers zu bestimmen; was in bezug auf die Erde ruht, wird als *absolut* ruhend angesehen. Aber Forscher, die einen größeren Gedankenkreis umfassen und richtigere Begriffe vom

Ganzen der Dinge haben, entdecken, daß auch die Erde selbst in Bewegung ist. In der Absicht also, ihre Gedanken zu fixieren, scheinen sie die körperliche Welt als begrenzt zu denken und sich deren äußerste unbewegte Grenze oder ihre Hülse als den Ort vorzustellen, wonach sie wahre Bewegungen abschätzen. Prüfen wir unsere eigenen Begriffe, so werden wir, denke ich, finden, daß alle die absolute Bewegung, von der wir uns eine Idee bilden können, im Grunde nichts anderes ist als in dieser Art bestimmte relative Bewegung. Denn wie schon bemerkt worden ist, absolute Bewegung ist, wenn man alle Beziehung auf Äußeres ausschließt, undenkbar, und auf diese Art relativer Bewegung passen, wie man, wenn ich nicht irre, finden wird, alle die oben erwähnten Eigenschaften, Ursachen und Wirkungen, welche man der absoluten Bewegung zuschreibt. Was das über die Zentrifugalkraft Gesagte betrifft, daß sie nicht bei relativer Kreisbewegung vorkomme, so sehe ich nicht, wie dies aus dem Experiment folgt, welches zum Beweise beigebracht worden ist. (Siehe *Philosophiae naturalis principia mathematica*, im Schol. zu Defin. VIII.) Denn das Wasser in dem Gefäß[34] hat zu der Zeit, wo ihm die größte relative Bewegung zugeschrieben wird, meiner Meinung nach gar keine Bewegung[35], wie aus dem vorigen Paragraphen hervorgeht.

§ 115. Denn um einen Körper *bewegt* zu nennen, ist erforderlich: 1) daß er seinen Abstand oder seine Lage in Beziehung auf einen anderen Körper ändert, 2) daß die diese Änderung veranlassende Kraft oder Tätigkeit auf ihn gerichtet ist. Bleibt eine dieser beiden Bedingungen unerfüllt, so entspricht es, denke ich, nicht der gewöhnlichen Auffassung noch auch dem Sprachgebrauch, einen Körper bewegt zu nennen. Ich gebe zwar zu, daß es uns möglich ist, einen Körper, den wir seinen Abstand von einem andern ändern sehen, als bewegt zu denken, obschon keine Kraft auf ihn gerichtet ist (in welchem Sinne scheinbare Bewegung vorhanden sein mag); dann aber geschieht dies darum, weil die Kraft, welche den Abstandswechsel verursacht, von uns vorgestellt wird als gerichtet oder bezogen auf den Körper, den wir als bewegt denken, was in der Tat zeigt, daß wir des Irrtums fähig sind, ein Ding, welches unbewegt ist, sei in Bewegung; das ist alles, was sich folgern läßt.[36])

§ **116**. Aus dem Gesagten folgt, daß die philosophische Betrachtung der Bewegung nicht das Dasein eines *absoluten Raumes* einschließt, der verschieden wäre von dem durch die Sinne perzipierten und auf Körper bezüglichen Raum. Daß dieser letzte nicht außerhalb des Geistes existieren kann, ist klar vermöge derselben Prinzipien, welche das gleiche von allen anderen Sinnesobjekten beweisen. Und vielleicht werden wir bei genauerer Untersuchung finden, daß wir nicht einmal die Idee eines *reinen Raumes* mit Ausschluß aller Körper bilden können. Ich muß bekennen, daß mir dies unmöglich erscheint, weil diese Idee höchst abstrakt wäre. Rufe ich eine Bewegung in einem Teile meines Körpers hervor, und läßt sie sich frei oder ohne Widerstand vollziehen, so sage ich, es ist dort *Raum;* finde ich aber einen Widerstand, so sage ich, es ist dort ein *Körper,* und in dem Maße, wie der Widerstand gegen die Bewegung geringer oder größer ist, sage ich, der *Raum* ist mehr oder weniger *rein.* Es muß also, wenn ich von reinem oder leerem Raum spreche, nicht vorausgesetzt werden, das Wort *Raum* stehe für eine Idee, die von Körper und Bewegung gesondert oder ohne sie denkbar wäre. Freilich sind wir geneigt zu glauben, daß jedes *Nomen substantivum* eine bestimmte Idee vertritt, die von allen anderen gesondert werden kann, was unzählige Irrtümer veranlaßt hat. Wenn ich also annehme, daß die ganze Welt vernichtet wird außer meinem eigenen Körper, so sage ich, es bleibt noch der *bloße Raum;* hiermit ist nichts anderes gemeint, als daß ich es als möglich denke, daß die Glieder meines Leibes sich nach allen Seiten hin ohne den geringsten Widerstand bewegen; wäre aber auch noch mein Leib vernichtet, dann könnte keine Bewegung und folglich kein Raum sein. Vielleicht glauben einige, der Gesichtssinn liefere ihnen die Idee des bloßen Raumes; aber es geht aus dem, was wir anderweitig gezeigt haben, klar hervor, daß die Ideen *Raum* und *Entfernung* nicht durch diesen Sinn erlangt werden. Siehe den „Versuch über das Sehen".

§ 117. Das hier Vorgetragene scheint alle jene Disputationen und jene Bedenken aufzuheben, die sich unter den Gelehrten in betreff der Natur des *leeren Raumes* erhoben haben. Der Hauptvorteil aber, der daraus hervorgeht, besteht darin, daß wir von jenem gefährlichen Dilemma befreit werden, in welches einige, die ihre Gedanken auf diesen Gegenstand gerichtet haben, sich selbst verstrickt glauben, nämlich entweder annehmen zu müssen, daß der reale Raum Gott sei, oder andernfalls, daß es etwas von Gott Verschiedenes gebe, das ewig, ungeschaffen, unendlich, unteilbar, unveränderlich sei; und beide Vorstellungen scheinen doch verderblich und ungereimt zu sein. Es ist gewiß, daß nicht wenige Theologen ebensowohl wie Philosophen von großem Ansehen aus der Schwierigkeit, welche sie darin fanden, Grenzen des Raumes oder Vernichtung des Raumes zu denken, den Schluß gezogen haben, er müsse *göttlich* sein. In jüngster Zeit haben einige sich besonders bemüht zu zeigen, daß dies nicht im Widerstreit zu den unmittelbaren Attributen Gottes steht. Wie sehr auch diese Lehre der Würde der göttlichen Natur widerstreiten mag, so sehe ich doch nicht, wie wir von ihr loskommen können, so lange wir den herrschenden Meinungen anhängen.[37])

§ 118. Soviel über Naturphilosophie. Wir wenden uns nun zu einigen Untersuchungen, welche den andern Hauptzweig theoretischer Erkenntnis, nämlich die *Mathematik* betreffen. Wie sehr diese auch wegen ihrer Klarheit und der Sicherheit ihrer Beweisführung gepriesen werden mag, die schwerlich auf irgendeinem anderen Gebiet wiedergefunden wird, so kann sie dennoch nicht für durchaus frei von Irrtümern gehalten werden, sofern in ihren Prinzipien ein versteckter Irrtum sitzt, der den Vertretern dieser Wissenschaft mit den anderen Menschen gemeinsam ist. Obwohl die Mathematiker ihre Theoreme aus sehr einleuchtenden Fundamentalsätzen ableiten, so gehen doch ihre Prinzipien nicht über die Betrachtung der Quantität hinaus, und sie steigen nicht auf bis zu einer Betrachtung jener obersten transzendentalen Grundsätze, welche auf alle Einzelwissenschaften Einfluß haben; jede von diesen, die Mathematik nicht ausgenommen, muß demgemäß von Irrtümern, die in diesen Grundsätzen liegen, mitbetroffen werden. Wir leugnen nicht, daß die von den Mathematikern aufgestellten Prinzipien wahr sind, und daß ihre Weise der Ableitung aus jenen Prinzipien klar und unanfechtbar ist. Wir sind aber der Meinung, daß es gewisse irrtümliche allgemeine Sätze gibt, die weiter reichen als das Objekt der Mathematik, und die aus diesem Grunde in dieser Wissenschaft durchgängig nur stillschweigend vorausgesetzt, aber nicht ausdrücklich erwähnt werden; wir glauben, daß die üblen Wirkungen jener verborgenen ungeprüften Irrtümer sich durch alle Zweige der Mathematik hindurch erstrecken. Um deutlich zu reden: wir vermuten, daß die Mathematiker ebensowohl wie andere Menschen an den Irrtümern beteiligt sind, welche aus der Lehre herfließen, daß es abstrakte allgemeine Ideen gibt, und daß Objekte außerhalb des Geistes existieren.

§ 119. Man hat gemeint, die *Arithmetik* habe zu ihrem Objekt abstrakte *Zahl*ideen. Die Eigenschaften und gegenseitigen Verhältnisse abstrakter Zahlen zu verstehen, wird für keinen geringen Teil theoretischer Erkenntnisse gehalten. Die Meinung, daß den Zahlen *in abstracto* ein reines, durch den Verstand erkennbares Wesen zukomme, hat sie in Ansehn bei solchen Philosophen gesetzt, welche sich eine ungewöhnliche Feinheit und Erhebung des Denkens zum Ziele gesetzt zu haben scheinen. Der größte Wert wurde den nichtigsten Zahlenspekulationen zugeschrieben, von denen sich keine nützliche Anwendung machen läßt, sondern die nur zur Ergötzung dienen, und einige gingen infolge davon so weit, von hohen *Mysterien* zu träumen, die in den Zahlen liegen, und mittels ihrer die Naturobjekte erklären zu wollen. Wenn wir aber unsere eigenen Gedanken durchforschen und das oben Gesagte erwägen, so werden wir wohl jene hohen Gedankenflüge und Abstraktionen gering achten und alle Untersuchungen über Zahlen nur als ebenso viele mühevolle Spielereien *(difficiles nugae)* betrachten, so weit sie nicht der Praxis dienen und den Vorteil des Lebens befördern.

§ 120. Die Einheit *in abstracto* haben wir oben in § 13 betrachtet; daraus und aus dem in der Einführung Gesagten folgt offenbar, daß es gar keine solche Idee gibt. Da aber die Zahl als eine *Zusammenfassung von Einheiten* definiert wird, so dürfen wir schließen, daß, wenn es nichts derartiges wie Einheit oder Eins *in abstracto* gibt, es keine abstrakten Zahlideen gibt, welche durch die Zahlworte und Ziffern bezeichnet werden. Werden also die Theorien in der Arithmetik von den Worten und Ziffern durch Abstraktion abgesondert, wie gleicherweise auch von aller praktischen Anwendung und auch von den einzelnen gezählten Objekten, so darf man annehmen, daß sie ganz gegenstandslos sind. Hieraus ergibt sich, wie vollständig die Wissenschaft von den Zahlen der Anwendung zu dienen hat, und wie nüchtern und tändelnd sie wird, wenn man sie als etwas rein Theoretisches betrachtet.

§ 121. Da es jedoch einige gibt, die, getäuscht durch den glänzenden Schein der Entdeckung abstrakter Wahrheiten, ihre Zeit an arithmetische Theorien und Probleme verschwenden, welche gar keinen Nutzen bringen, so wird es nicht unangemessen sein, eine vollständigere Betrachtung anzustellen und das Täuschende jenes Scheines aufzudekken. Es wird dies ganz offenbar werden, wenn wir einen Blick auf die Arithmetik in ihrer Kindheit werfen und beobachten, was es war, das ursprünglich die Menschen zum Studium dieser Wissenschaft führte und auf welches Ziel sie dabei ihr Streben richteten. Es ist eine naturgemäße Annahme, daß die Menschen zuerst zur Unterstützung des Gedächtnisses und zur Hilfe beim Zusammenzählen von Rechenmarken Gebrauch gemacht haben oder beim Schreiben von einzelnen Strichen, Punkten oder Ähnlichem, wovon ein jedes bestimmt war, eine Einheit zu bezeichnen, d. h. ein gewisses einzelnes Ding irgend welcher Art, das sie mit anderen zusammenzuzählen hatten. Später erfanden sie die kürzere Weise, ein einzelnes Zeichen mehrere Striche oder Punkte vertreten zulassen. Zuletzt kamen die arabischen oder indischen Zahlzeichen in Gebrauch, wobei durch Wiederholung einiger weniger Züge oder Figuren und durch Änderung der Bedeutung eines jeden Zeichens nach der Stelle, die es einnimmt, alle Zahlen aufs angemessenste ausgedrückt werden können. Dies scheint vermöge einer Nachahmung der Sprache geschehen zu sein, so daß sich eine genaue Ähnlichkeit zwischen der Bezeichnung durch Ziffern und durch Worte beobachten läßt, indem die neun einfachen Zahlzeichen den neun ersten Zahlworten entsprechen und die Stellen in der Zahlbezeichnung der Benennung als Zehner, Hunderter usw. in den Zahlworten. Gemäß jenen Bedingungen des einfachen Wertes und des Stellenwertes der Ziffern wurden Methoden ersonnen, aus den gegebenen Ziffern oder Zeichen der Teile zu finden, was für Ziffern und wie gestellte Ziffern geeignet seien, das Ganze zu bezeichnen und umgekehrt. Nachdem man die gesuchten Ziffern gefunden und beobachtet hat, daß dieselbe Regel oder Analogie durchgängig gilt, ist es leicht, sie in Worte zu fassen, und so wird die Zahl vollständig bekannt. Denn die Zahl irgend welcher einzelnen Dinge heißt dann bekannt, wenn wir das Zahlwort oder die Zahlzeichen (in ihrer richtigen Stellung) kennen, welche ihnen gemäß der feststehenden Analogie zugehören. Denn wenn diese Zeichen bekannt sind, so können wir durch die arithmetischen Operationen die Zeichen irgend eines Teiles der einzelnen durch sie bezeichneten Summen kennenlernen, und indem wir so in Zeichen rechnen, können wir, zufolge der zwischen ihnen und der bestimmten Menge von Dingen, von welchen jedes als eine Einheit gilt, zustande gebrachten Verbindung die Geschicklichkeit erlangen, richtig zu summieren, zu teilen und Verhältnisse zu bilden, welche auf die Dinge selbst Anwendung finden, die wir der Rechnung zu unterwerfen beabsichtigen.

§ 122. In der Arithmetik werden demnach nicht *Dinge*, sondern *Zeichen* betrachtet, welche jedoch nicht um ihrer selbst willen, sondern darum, weil sie uns zeigen, wie in bezug auf die Dinge zu verfahren und wie über sie richtig zu verfügen ist, der Untersuchung unterworfen werden. Nun geschieht es hier ebenso, wie wir dies oben in bezug auf die Worte im allgemeinen bemerkt haben, daß man meint, durch Zahlworte oder Zahlzeichen würden abstrakte Ideen bezeichnet und nicht Ideen von einzelnen Dingen in unserem Geist angeregt. Ich will jetzt nicht eine speziellere Untersuchung hierüber führen, sondern nur bemerken, daß aus dem Gesagten klar ist, daß das, was man als abstrakte Wahrheiten und Theoreme über Zahlen ansieht, in Wahrheit auf kein Objekt geht, das von den einzelnen zählbaren Dingen verschieden wäre, ausser bloß auf Namen und Ziffern, die ursprünglich in keinem anderen Sinne betrachtet wurden, als sofern sie *Zeichen* sind oder geeignet, auf eine angemessene Weise alle einzelnen Dinge zu bezeichnen, welche man zu zählen nötig hatte. Hieraus folgt, daß sie um ihrer selbst willen zu studieren ebenso weise sein und einem ebenso guten Zwecke dienen würde, wie wenn jemand mit Vernachlässigung des rechten Gebrauches oder der ursprünglichen Absicht und Aufgabe der Sprache seine Zeit auf eine unschickliche Kritik über Worte oder auf Erwägungen und Streitfragen, die nur Worte betreffen, verwenden wollte.

§ 123. Von den Zahlen gehen wir in unserer Betrachtung zur *Ausdehnung* fort, die, als relative Ausdehnung genommen, das Objekt der Geometrie ist. Die *unendliche* Teilbarkeit *endlicher* Ausdehnung wird zwar nicht ausdrücklich als Axiom oder als Theorem in den Elementen dieser Wissenschaft ausgesprochen, wird aber in ihr überall vorausgesetzt, und man denkt, sie stehe in einer so untrennbaren und wesentlichen Verbindung mit den geometrischen Prinzipien und Demonstrationen, daß die Mathematiker sie niemals in Zweifel ziehen oder irgendeine Untersuchung darauf richten. Da diese Vorstellung die Quelle aller jener ergötzlichen geometrischen Paradoxien ist, die in so schroffem Widerstreit zum schlichten Menschenverstand stehen, und die ein noch nicht durch Gelehrsamkeit von dem geraden Wege abgelenkter Geist nur mit soviel Widerstreben in sich aufnimmt, so ist sie der Hauptanlaß zu all jener mißlichen äußersten Subtilität, welche das mathematische Studium so schwierig und ermüdend macht. Können wir also zeigen, daß keine endliche Ausdehnung unendlich viele Teile enthält oder ins Unendliche teilbar ist, so folgt, daß hierdurch sofort die geometrische Wissenschaft von einer Menge von Schwierigkeiten und Widersprüchen befreit werden wird, welche stets der menschlichen Vernunft zum Vorwurf gereicht haben, und daß zugleich die Aneignung dieser Wissenschaft weniger Zeit und Mühe kosten wird als bisher.

§ **124**. Jede einzelne begrenzte Ausdehnung, welche ein Objekt unseres Denkens werden kann, ist eine *Idee*, die nur im Geist existiert, und demgemäß muß jeder ihrer Teile perzipiert werden. Wenn ich also nicht unzählig viele Teile in irgendeiner begrenzten Ausdehnung, die ich betrachte, perzipieren kann, so ist gewiß, daß sie nicht darin enthalten sind; es ist aber offenbar, daß ich nicht unzählig viele Teile in irgendeiner einzelnen Linie, Fläche oder einem Körper unterscheiden kann, mag ich diese Gebilde sinnlich wahrnehmen oder sie mir in meinem Geist vorstellen; hieraus schließe ich, daß sie darin nicht enthalten sind. Nichts kann mir klarer sein, als daß die Ausdehnungen, die ich betrachte, nichts anderes als meine eigenen Ideen sind, und es ist nicht weniger klar, daß ich die Ideen, die ich habe, nicht in eine unendliche Zahl anderer Ideen auflösen kann, d. h. daß sie nicht ins Unendliche teilbar sind. Wenn unter *endlicher Ausdehnung* etwas von einer endlichen Idee Verschiedenes gemeint ist, so erkläre ich, daß ich nicht weiß, was das ist, und daß ich demgemäß nichts davon behaupten noch auch leugnen kann. Wenn aber die Termini *Ausdehnung, Teile* und ähnliche in einem verständlichen Sinne genommen werden, d. h. wenn sie Ideen bezeichnen, dann ist es ein so offenbarer Widerspruch zu sagen, eine endliche Größe oder Ausdehnung bestehe aus unendlich vielen Teilen, daß ein jeder ihn auf den ersten Blick als solchen anerkennt. Und es ist ebenso unmöglich, daß jener Aussage jemals irgendein denkendes Wesen beistimmt, wenn es nicht durch geringe und allmähliche Übergänge dahin gebracht worden ist, wie daß ein eben erst bekehrter Heide an das Wunder der Transsubstantiation glaubt. Alte und eingewurzelte Vorurteile erlangen oft die Geltung von Prinzipien, und solche Sätze, die einmal die Kraft und das Ansehen eines *Prinzips* erlangt haben, gelten nicht nur selbst, sondern mit ihnen zugleich auch das, was sich aus ihnen ableiten läßt, für erhaben über alle Prüfung. Keine Ungereimtheit ist so groß, daß nicht der Geist auf diese Weise bereit gemacht werden konnte, sie hinzunehmen.

§ 125. Wer das Vorurteil hegt, daß abstrakte allgemeine Ideen existieren, der kann auch die Annahme billigen, daß (was auch immer von den sinnlichen Ideen gelten möge) die Ausdehnung *in abstracto* ins Unendliche teilbar sei, und wer der Meinung ist, daß die Sinnesobjekte außerhalb des Geistes existieren, wird vielleicht auf Grund hiervon zu dem Zugeständnis gebracht werden, daß eine Linie, die nur einen Zoll lang ist, unzählig viele Teile enthalten könne, welche wirklich existieren, obwohl sie zu klein seien, um unterschieden zu werden. Diese Irrtümer sind im Geist der Geometer ebensowohl eingewurzelt wie im Geist anderer Menschen und haben den gleichen Einfluß auf ihre Erwägungen, und es wäre nicht schwer zu zeigen, wie darauf die geometrischen Argumente beruhen, auf welche die unendliche Teilbarkeit der Ausdehnung gestützt wird. Für jetzt wollen wir nur im allgemeinen bemerken, warum alle Mathematiker diese Lehre so sehr lieben und mit solcher Zähigkeit an ihr festhalten.

§ 126. Es ist an einer anderen Stelle (in § 15 der Einführung) bemerkt worden, daß die geometrischen Sätze und Beweise allgemeine Ideen betreffen; es ist dort erklärt worden, in welchem Sinne dies zu verstehen ist, nämlich, daß die einzelnen Linien und Figuren in der Zeichnung so betrachtet werden, daß sie unzählige andere von verschiedener Größe vertreten, oder mit anderen Worten: der Geometer betrachtet sie mit Abstraktion von ihrer Größe, was nicht in sich schließt, daß er eine abstrakte Idee bildet, sondern nur, daß er sich nicht darum kümmert, welches die einzelne Größe ist, ob eine bedeutende oder geringe, vielmehr sie als etwas für die Beweisführung Gleichgültiges ansieht. Hieraus folgt, daß von einer in der Zeichnung enthaltenen Linie, obschon sie nur einen Zoll lang ist, so gesprochen werden muß, als ob sie zehntausend Teile enthielte, weil sie nicht an sich, sondern als allgemein betrachtet wird; allgemein aber ist sie nur in ihrer Bedeutung, wonach sie unzählige Linien vertritt, die größer sind als sie selbst, in denen zehntausend und mehr Teile unterschieden werden können, obschon sie selbst nicht mehr als einen Zoll lang sein mag. Demgemäß werden die Eigenschaften der bezeichneten Linien (nach einer sehr gebräuchlichen Redeweise) auf das Zeichen übertragen und durch Mißverständnis so betrachtet, als ob sie diesem nach seiner eigenen Natur angehören.

§ 127. Da keine Zahl von Teilen so groß ist, daß es nicht eine Linie geben könnte, die deren noch mehrere enthielte, so wird gesagt, die Linie von einem Zoll enthalte so viele Teile, daß deren Zahl jede angebbare Zahl überschreite; dies ist wahr, nicht von jener Linie an sich, sondern nur von dem durch sie Bezeichneten. Hält man aber in seinem Denken diese Unterscheidung nicht fest, so kommt man unvermerkt zu dem Glauben, daß die kleine einzelne aufs Papier gezeichnete Linie in sich selbst unzählig viele Teile hat. Es gibt nichts derartiges wie den zehntausendstel Teil eines Zolles, wohl aber einer Meile oder des Erddurchmessers, welche durch jenen Zoll bezeichnet werden können. Wenn ich also ein Dreieck aufs Papier zeichne und eine Seite z. B., die nicht über einen Zoll lang ist, als Radius nehme, so betrachte ich diesen als geteilt in zehntausend oder in hunderttausend Teile oder mehr. Denn obwohl der zehntausendste Teil jener Linie an sich betrachtet ganz und gar nichts ist und demgemäß ohne irgendeinen Irrtum oder Nachteil vernachlässigt werden kann, so folgt doch aus der Betrachtung dieser Linien als bloßer Zeichen für größere Quantitäten, deren zehntausendster Teil sehr beträchtlich sein kann, daß, um nennenswerte Irrtümer in der Anwendung zu vermeiden, der Radius als eine Linie von zehntausend oder mehr Teilen genommen werden muß.

§ 128. Aus dem Gesagten ist klar, warum wir, wenn ein Satz allgemein anwendbar werden soll, von den auf das Papier hingezeichneten Linien so sprechen müssen, als ob sie Teile enthielten, welche sie in Wirklichkeit nicht enthalten. Tun wir dies, so werden wir doch bei genauer Prüfung wohl finden, daß wir dabei nicht einen Zoll selbst als bestehend aus tausend Teilen oder als zerlegbar in tausend Teile betrachten können, sondern nur eine gewisse andere

Linie, die weit größer ist als ein Zoll und durch diesen repräsentiert wird, und daß wir, wenn wir sagen, eine Linie sei *ins Unendliche teilbar,* eine *unendlich große* Linie meinen müssen. In dem Erwähnten scheint die Hauptursache zu liegen, warum man die Voraussetzung der unendlichen Teilbarkeit endlicher Ausdehnung in der Geometrie für erforderlich gehalten hat.

§ 129. Die vielen aus dieser Voraussetzung hervorgehenden Ungereimtheiten und Widersprüche hätten, sollte man denken, als ebensoviele Beweise gegen sie gelten sollen. Aber ich weiß nicht, nach was für einer *Logik* man annimmt, daß Beweise *a posteriori*[38]) gegen Sätze, die das Unendliche betreffen, nicht zulässig sind. Als ob es nicht sogar für einen unendlichen Geist unmöglich wäre, Widersprüche miteinander zu vereinigen, oder als ob etwas Ungereimtes und Widersprechendes in einer notwendigen Verbindung mit der Wahrheit stehen oder aus ihr herfließen könnte. Vielmehr wird ein jeder, der die Schwäche dieses Vorwandes erkennt, denken, daß er ersonnen wurde der Trägheit des Geistes zu Gefallen, der sich lieber bei einem gemächlichen Zweifel beruhigt, als daß er die Mühe auf sich nähme, jene Voraussetzungen, die er stets als wahr angenommen hat, einer strengen Prüfung zu unterwerfen.

§ 130. In der jüngsten Zeit[39]) sind die Spekulationen über unendliche Größen so weit getrieben worden und haben so seltsame Vorstellungen erzeugt, daß dadurch nicht geringe Zweifel und Disputationen unter den Geometern der Gegenwart veranlaßt worden sind. Einige von ihnen, die in hohem Ansehen stehen, begnügen sich nicht mit der Behauptung, daß endliche Linien in eine unendliche Zahl von Teilen zerlegt werden können, sondern behaupten ferner noch, daß ein jeder dieser unendlich kleinen Teile selbst wieder in eine unendliche Anzahl anderer Teile oder unendlich kleiner Größen zweiter Ordnung zerlegbar sei und so fort *in infinitum.* Diese, sage ich, behaupten, es gebe unendlich kleine Teile unendlich kleiner Teile unendlich kleiner Größen, ohne daß jemals ein Ende erreicht werde, so daß nach ihnen ein Zoll nicht nur eine unendliche Zahl von Teilen enthält, sondern eine Unendlichkeit einer

Unendlichkeit einer Unendlichkeit von Teilen, ins Unendliche hin. Andere sind der Meinung, daß alle Ordnungen von Infinitesimalgrößen unterhalb der ersten gar nichts sind, indem sie die Annahme mit gutem Grund für absurd halten, daß es irgendeine positive Quantität oder eine Teilgröße einer Ausdehnung gebe, welche, obschon unendlich vervielfacht, niemals der kleinsten gegebenen Ausdehnung gleich werden könne. Und doch scheint es andererseits nicht weniger absurd anzunehmen, daß das Quadrat, der Kubus oder eine andere Potenz einer positiven realen Basis selbst gar nichts sein sollten, was diejenigen behaupten müssen, welche Infinitesimalgrößen der ersten Ordnung, aber keine der höheren Ordnungen annehmen.

§ 131. Haben wir also nicht recht zu folgern, daß sie *beide im Unrecht* sind, und daß es in der Tat nichts derartiges gibt wie unendlich kleine Teile oder eine unendliche Zahl von Teilen, die in einer endlichen Größe enthalten sind? Aber ihr werdet sagen, wenn diese Lehre gälte, so würden die Grundlagen der Geometrie zerstört werden, und die großen Männer, welche diese Wissenschaft zu einer so erstaunlichen Höhe gebracht haben, hätten ein Luftschloß gebaut. Hierauf kann entgegnet werden, daß alles, was in der Geometrie nützlich ist und dem menschlichen Leben Förderung gewährt, doch gesichert und durch unsere Prinzipien unerschüttert bleibt. Diese Wissenschaft wird, als eine praktische betrachtet, eher Vorteil aus dem Gesagten ziehen als irgend eine Schädigung zu befürchten haben. Dies aber in das rechte Licht zu stellen, mag die Aufgabe einer besonderen Untersuchung sein. Mag übrigens folgen, daß einige der verwickeltsten und subtilsten Teile der theoretischen Mathematik wegfallen werden ohne irgend eine Benachteiligung der Wahrheit, so sehe ich doch nicht, was für einen Schaden die Menschheit davon haben wird. Im Gegenteil, es wäre sehr zu wünschen, daß Männer von großen Fähigkeiten und ausdauerndem Fleiß ihre Gedanken von jenen Ergötzungen ablenkten und sie dem Studium solcher Dinge zuwendeten, die den Angelegenheiten des Lebens näher liegen oder mehr direkten Einfluß auf die Sitten haben.

§ **132**. Wenn man sagt, daß einige unzweifelhaft wahre Sätze durch Methoden, bei denen vom Unendlichen Anwendung gemacht worden ist, entdeckt worden seien, und daß dies nicht möglich gewesen wäre, wenn seine Existenz einen Widerspruch in sich schlösse, so antworte ich, daß bei einer eindringenden Untersuchung nicht gefunden werden wird, daß in irgend einem Falle unendlich kleine Teile endlicher Linien gedacht oder angewandt werden müssen oder auch nur Quantitäten, die geringer wären als das sinnlich wahrnehmbare Minimum *(minimum sensibile);* ja es wird einleuchten, daß dies auch in der Tat niemals geschieht, da es unmöglich ist.[40])

§ **133**. Aus dem Gesagten geht klar hervor, daß sehr zahlreiche und folgenschwere Irrtümer aus jenen falschen Prinzipien hervorgegangen sind, die wir in den vorstehenden Teilen dieser Abhandlung bekämpft haben. Zugleich erweisen sich die ihnen entgegengesetzten Annahmen als die fruchtreichsten Prinzipien, aus denen unzählige Konsequenzen hervorgehen, die der wahren Philosophie ebensowohl wie der Religion höchst vorteilhaft sind. Insbesondere ist gezeigt worden, daß *die Materie* oder *die absolute Existenz körperlicher Objekte* dasjenige ist, worin die erklärtesten und verderblichsten Feinde aller menschlichen oder göttlichen Erkenntnis immer ihre Hauptstütze gesucht und worauf sie ihr Vertrauen gesetzt haben. Und fürwahr, wenn durch Unterscheidung der wirklichen Existenz nichtdenkender Dinge von ihrem Perzipiertwerden und durch die Annahme, daß sie eine Subsistenz an sich selbst außerhalb der Seelen oder Geister haben, kein einziges Ding in der Natur erklärt wird, sondern im Gegenteil eine große Zahl unlösbarer Schwierigkeiten entsteht; wenn die Voraussetzung, daß es Materie gibt, bloß eine prekäre ist, da sie sich nicht auch nur auf einen einzigen Grund stützt; wenn ihre Konsequenzen nicht das Licht der Prüfung und freien Forschung vertragen, sondern sich durch die dunkle und unbestimmte Behauptung der *Unbegreiflichkeit des Unendlichen* decken; wenn zugleich die Beseitigung dieser *Materie* nicht die geringste üble Folge nach sich zieht, wenn sie nicht einmal in der Welt vermißt wird, sondern jegliches

Ding ebenso leicht, ja leichter ohne sie sich begreifen läßt; wenn endlich sowohl *Skeptiker* als *Atheisten* durch die Voraussetzung, daß es nur Geister und Ideen gibt, für immer zum Schweigen gebracht werden, und diese Ansicht sowohl der *Vernunft* als auch der *Religion* gemäß ist: dann, denke ich, sollte man erwarten, daß sie gebilligt und entschieden festgehalten wird, möchte sie auch nur als eine *Hypothese* aufgestellt und die Existenz der Materie als möglich zugegeben worden sein, während wir doch, wie ich glaube, deutlich gezeigt haben, daß sie nicht möglich ist.

§ 134. Es ist wahr, daß den obigen Prinzipien zufolge verschiedene Disputationen und Spekulationen, die für nicht unwesentliche Teile der Gelehrsamheit gehalten werden, als nutzlos wegfallen. Wie sehr dies aber auch gegen unsere Prinzipien diejenigen einnehmen mag, welche schon sehr in Studien jener Art sich vertieft und große Fortschritte darin gemacht haben, so wird doch, hoffen wir, von anderen nicht ein berechtigter Grund zur Verwerfung der hier dargelegten Prinzipien und Sätze darin gefunden werden, daß sie die Mühe des Studiums vermindern und die menschlichen Wissenschaften klarer, übersichtlicher und zugänglicher machen, als sie zuvor waren.

§ 135. Nach Erledigung dessen, was wir über die Erkenntnis von *Ideen* zu sagen beabsichtigten, haben wir der oben aufgestellten Disposition zufolge nunmehr von *Geistern* zu handeln; die Erkenntnis, welche die Menschen von ihnen haben, ist wohl nicht so mangelhaft, wie man gewöhnlich annimmt. Als Hauptgrund für die Ansicht, daß wir die Natur der Geister nicht kennen, wird angeführt, daß wir keine Idee davon haben. Aber es sollte doch fürwahr nicht als Mangel des menschlichen Verstandes angesehen werden, daß er nicht die Idee *Geist* perzipiert, wenn es offenbar unmöglich ist, daß es eine solche *Idee* gibt; dies aber ist, wenn ich nicht irre, in § 27 bewiesen worden, wozu ich hier noch füge, daß ein Geist als die einzige Substanz oder der Träger aufgezeigt worden ist, worin die nichtdenkenden Dinge oder Ideen existieren können, und daß es offenbar eine ungereimte Annahme ist, diese *Substanz,* welche

Ideen trägt oder perzipiert, sei selbst eine *Idee* oder ähnlich einer *Idee*.

§ 136. Vielleicht wird gesagt werden, daß uns ein Sinn fehlt, der (wie einige sich eingebildet haben) geeignet sei, auch Substanzen zu erkennen, und daß wir, wenn wir ihn besäßen, unsere Seele ebenso gut erkennen könnten, wie wir ein Dreieck erkennen. Hierauf antworte ich, daß, wenn wir mit einem neuen Sinn ausgestattet wären, wir dadurch doch nur gewisse neue Sinneswahrnehmungen oder sinnliche Ideen erlangen könnten. Niemand aber wird, wie ich glaube, sagen, was er unter den Ausdrücken *Seele* und *Substanz* versteht, sei nur eine besondere Art von Idee oder Sinneswahrnehmung. Wir dürfen demgemäß schließen, daß, alles wohl erwogen, es ebensowenig vernunftgemäß ist, unsere Fähigkeiten darum, weil sie uns nicht eine Idee von einem Geist oder einer tätigen denkenden Substanz liefern, für mangelhaft zu halten, als es vernunftgemäß sein würde, sie wegen der Unfähigkeit zu tadeln, ein rundes Viereck zu begreifen.

§ 137. Aus der Meinung, daß Geister nach der Weise einer Idee oder Sinneswahrnehmung zu erkennen seien, sind mancherlei ungereimte und vom rechten Glauben abweichende Annahmen und Zweifel in betreff der Natur der Seele entstanden. Es ist sogar wahrscheinlich, daß diese Meinung einige zu dem Zweifel geführt hat, ob sie überhaupt irgend eine von ihrem Körper verschiedene Seele haben, da sie sich bei der Untersuchung nicht im Besitz einer Idee von ihr finden konnten. Daß eine *Idee*, welche untätig ist und deren Existenz im Perzipiertwerden besteht, das Abbild oder das Gleichnis eines an sich bestehenden tätigen Wesens sein sollte, scheint keiner anderen Widerlegung zu bedürfen als der bloßen Aufmerksamkeit auf das, was unter diesen Worten verstanden wird. Vielleicht aber werdet ihr sagen, wenn auch eine *Idee* einem *Geist* nicht in dessen Denken, Handeln oder substantiellem Bestehen gleichen könne, so könne sie ihm doch in anderen Beziehungen gleichen, und es sei nicht nötig, daß eine Idee oder ein Bild in allen Beziehungen seinem Original gleiche.

§ 138. Ich antworte: wenn nicht in den erwähnten Beziehungen, dann unmöglich in irgend welchen anderen. Nehmt die Fähigkeit des Wollens, Denkens und der Ideenperzeption hinweg, so bleibt nichts mehr übrig, worin eine Idee einem Geist gleichen könnte. Denn unter dem Worte *Geist* verstehen wir nur das, was denkt, will und perzipiert; dies und nur dies macht die Bedeutung dieses Wortes aus. Ist es also unmöglich, daß diese Vermögen in irgend einem Grade in einer Idee repräsentiert sind, so ist es offenbar, daß es keine Idee eines Geistes geben kann.[41])

§ 139. Aber es wird entgegnet werden, wenn es keine durch die Ausdrücke *Seele, Geist* und *Substanz* bezeichneten Ideen gebe, so seien sie gänzlich bedeutungslos oder ohne Sinn. Ich antworte: diese Ausdrücke bedeuten oder bezeichnen durchaus ein wirkliches Ding, welches weder eine Idee noch einer Idee ähnlich ist, sondern Ideen perzipiert und in bezug auf sie will und denkt. Was ich selbst bin, was ich durch den Terminus *„Ich"* bezeichne, ist identisch mit dem, was unter„ *Seele*" oder *„geistige Substanz"* zu verstehen ist. Wird gesagt, dies heiße nur um ein Wort rechten, und da die unmittelbaren Bedeutungen anderer Namen mit allgemeiner Übereinstimmung *Ideen* genannt würden, so könne kein Grund angeführt werden, warum das, was durch die Namen *Geist* oder *Seele* bezeichnet werde, nicht ebenso genannt werden solle, so antworte ich: alle nichtdenkenden Objekte des Geistes kommen darin miteinander überein, daß sie gänzlich passiv sind, und daß ihre Existenz nur in ihrem Perzipiertwerden besteht, wogegen eine Seele oder ein Geist ein aktives Ding ist, dessen Existenz nicht im Perzipiertwerden, sondern im Perzipieren von Ideen und im Denken besteht. Es ist demgemäß zur Vermeidung von Zweideutigkeit und von Ineinandermengung völlig verschiedener und unähnlicher Wesen erforderlich, zwischen *Geist* und *Idee* einen Unterschied zu machen. Siehe § 27.

§ 140. In einem weiteren Sinne des Wortes mag in der Tat gesagt werden, daß wir eine Idee oder vielmehr einen Begriff *(notion)* *) vom *Geist* haben, d. h. wir verstehen die

* Die letzten vier Worte sind in der zweiten Auflage hinzugefügt.

Bedeutung des Wortes; andernfalls könnten wir ja nichts davon bejahen oder verneinen. [42]) Wie wir ferner die Ideen, welche in anderen Geistern sind, vermittelst unserer eigenen, die, wie wir voraussetzen, jenen ähnlich sind, verstehen, so erkennen wir andere Geister vermittelst unserer eigenen Seele, welche in diesem Sinne das Abbild oder die Idee jener ist, indem sie eine gleiche Beziehung zu anderen Geistern hat wie die Bläue oder Hitze, die ich perzipiere, zu den gleichartigen, durch einen anderen perzipierten Ideen.

§ 141. Man muß nicht annehmen, daß die, welche der Seele eine in ihrem Wesen begründete (natürliche) Unsterblichkeit zuschreiben, der Meinung sind, sie könne absolut nicht vernichtet werden, selbst nicht durch die Allmacht ihres Schöpfers; sie behaupten nur, sie sei nicht vermöge der gewöhnlichen Gesetze der Natur oder der Bewegung dem Zerfallen oder Aufgelöstwerden ausgesetzt. Diejenigen dagegen, welche annehmen, die Seele eines Menschen sei nur eine feine Lebensflamme oder ein System von materiellen Lebensgeistern, lassen sie vergänglich und zerstörbar gleich dem Körper sein, da nichts leichter zerstreut werden kann als solch ein Ding, welches der Natur gemäß unmöglich die Auflösung des umschließenden Gehäuses überleben kann. Und diese Vorstellung ist begierig ergriffen und gehegt worden von dem schlechtesten Teile der Menschen als das wirksamste Gegenmittel gegen alle Eindrücke der Tugend und Religion. [43]) Aber es ist deutlich gezeigt worden, daß Körper, von welchem Bau oder Gefüge sie auch sein mögen, nur passive Ideen im Geist sind, der von ihnen weiter absteht und ihnen ungleichartiger ist als das Licht von der Finsternis. Die Seele ist, wie wir gezeigt haben, unteilbar, unkörperlich, unausgedehnt, folglich auch unzerstörbar. Nichts kann deutlicher sein, als daß der *Naturlauf*, d. h. die Bewegungen, die Veränderungen, der Verfall und die Auflösung, wovon wir stündlich Naturkörper befallen sehen, unmöglich eine tätige, einfache, unzusammengesetzte Substanz betreffen kann; ein solches Ding ist demgemäß nicht durch die Kraft der Natur zerstörbar, d. h. *die menschliche Seele hat eine natürliche Unsterblichkeit.*

§ 142. Nach dem Gesagten ist es, denke ich, klar, daß unsere Seelen nicht in derselben Weise wie empfindungslose untätige Objekte oder in der Weise einer *Idee* erkannt werden können. *Geister* und *Ideen* sind so durchaus verschiedene Dinge, daß, wenn wir sagen, *sie existieren, sie werden erkannt,* nicht angenommen werden darf, daß diese Worte irgend etwas beiden Wesen Gemeinsames bezeichnen; es gibt nichts Ähnliches oder Gemeinsames in ihnen, und die Erwartung, daß wir durch irgend eine Vermehrung oder Erweiterung unserer Geisteskräfte befähigt werden könnten, einen Geist so zu erkennen, wie wir ein Dreieck erkennen, scheint mir ebenso ungereimt zu sein, als wenn wir hofften, *einen Ton zu sehen.* Ich betone dies, weil ich denke, daß es von Bedeutung ist zur Klärung verschiedener wichtiger Fragen und zur Vermeidung einiger sehr gefährlicher Irrtümer, welche die Natur der Seele betreffen.*) Man kann, glaube ich, streng genommen, nicht sagen, daß wir eine *Idee* von einem tätigen Ding oder von einer Tätigkeit haben, obwohl man sagen kann, daß wir einen *Begriff (notion)* davon haben. Ich habe eine gewisse Kenntnis oder einen Begriff von meinem Geist und seinen Tätigkeiten, die sich auf Ideen beziehen, sofern ich weiß oder verstehe, was mit diesen Worten gesagt werden soll. Was ich weiß, davon habe ich einen Begriff. Ich schließe nicht aus, daß die Ausdrücke *Idee* und *Begriff* wechselseitig für einander gebraucht werden können, wenn die Welt es so will. Aber es fördert doch die Klarheit und Bestimmtheit, sehr verschiedene Dinge mit verschiedenen Namen zu bezeichnen. Ebenso ist zu bemerken, daß, da alle Beziehungen eine Tätigkeit des Geistes in sich schließen, nicht in strengem Sinn gesagt werden kann, daß wir eine Idee, sondern vielmehr, daß wir einen Begriff von den Beziehungen oder Verhältnissen zwischen den Dingen haben. Indes wenn, wie es heute üblich ist, das Wort *Idee* auf Geister, Beziehungen und Tätigkeiten mitbezogen wird, so handelt es sich dabei schließlich doch nur um den Wortgebrauch.

§ 143. Es wird nicht unpassend sein, hier noch die Be-

* Die nun folgenden Sätze bis zum Schluß des Paragraphen sind eine Hinzufügung der zweiten Auflage.

merkung beizufügen, daß die Lehre von den *abstrakten Ideen* keinen geringen Anteil daran gehabt hat, die Wissenschaften, welche eigens von geistigen Dingen handeln, verwickelt und dunkel zu machen. Man hat sich vorgestellt, man könne abstrakte Begriffe von den Kräften und Tätigkeiten des Geistes bilden und sie abgelöst ebensowohl von der Seele oder dem Geist selbst wie von ihren bezüglichen Objekten und Wirkungen betrachten. [44]) Infolge hiervon ist eine große Zahl von dunklen und mehrdeutigen Ausdrükken, welche abstrakte Begriffe bezeichnen sollen, in die Metaphysik und Moral eingeführt worden, und hieraus sind unzählige Verwirrungen und Disputationen unter den Gelehrten erwachsen.

§ **144**. Aber nichts scheint mehr zum Aufkommen von Streitigkeiten und Irrungen, welche die Natur und die Tätigkeiten der Seele betreffen, beigetragen zu haben, als die Angewohnheit, von jenen Dingen in Ausdrücken zu reden, die von sinnlichen Dingen hergenommen sind. So wird z. B. der Wille als die *Bewegung* der Seele bezeichnet: dies flößt den Glauben ein, der menschliche Geist sei wie ein Ball in Bewegung, angestoßen und bestimmt durch die Sinnesobjekte mit gleicher Notwendigkeit, wie dies durch den Schlag eines Ballschlägers geschieht. Hieraus fließen endlose Zweifel und Irrtümer mit gefährlichen Folgen auf dem Gebiet der Moral. Dies alles kann, ich zweifle daran nicht, geklärt werden, und die Wahrheit kann schlicht, einfach und in sich wohlgegründet erscheinen, falls nur die Philosophen dazu bestimmt werden könnten, in sich selbst einzukehren und aufmerksam ihre eigenen Gedanken zu betrachten.

§ **145**. Aus dem Gesagten geht klar hervor, daß wir die Existenz anderer Geister auf keine andere Weise als durch ihre Tätigkeiten oder durch die von ihnen in uns hervorgerufenen Ideen erkennen können. Ich nehme verschiedene Bewegungen, Veränderungen und Verknüpfungen von Ideen wahr, die mir bekunden, daß es bestimmte einzelne tätige Wesen gleich mir selbst gibt, welche damit in Verbindung stehen und an ihrer Hervorbringung teilhaben. [45]) Hiernach ist die Kenntnis, welche ich von anderen Geistern habe, keine unmittelbare, wie die Kenntnis meiner Idee es ist, sondern sie ist durch Ideen vermittelt, welche ich als Wirkungen oder begleitende Zeichen auf tätige Wesen oder Geister beziehe, die von mir selbst verschieden sind.

§ 146. Aber obwohl es einige Dinge gibt, die uns davon überzeugen, daß die Wirksamkeit menschlicher Wesen an ihrer Hervorbringung beteiligt ist, so ist es doch einem jeden klar, daß diejenigen Dinge, welche wir Naturprodukte nennen, d. h. der weitaus größere Teil der von uns perzipierten Ideen oder Sinneswahrnehmungen, nicht durch menschliche Willensakte hervorgebracht oder von ihnen abhängig ist. Es existiert also ein anderer Geist, der sie verursacht, da die Annahme, daß sie durch sich selbst bestehen, einen Widerspruch in sich schließen würde. Siehe § 29. Wenn wir aber aufmerksam jene beständige Regelmäßigkeit, Ordnung und Verkettung der Naturobjekte betrachten, die erstaunliche Pracht, Schönheit und Vollkommenheit der größeren und die höchste Kunst in der Bildung der kleineren Teile der Schöpfung, zugleich mit der genauen Übereinstimmung und dem Zusammenhang aller Teile des Ganzen, und vor allem die niemals genug bewunderten Gesetze des Schmerzes und der Lust und die Instinkte oder Naturtriebe, Bestrebungen und Affekte der Tiere: wenn wir, sage ich, dies alles in Betracht ziehen und gleichzeitig den Sinn und die Bedeutung der Attribute „eins, ewig, unendlich weise, gut und vollkommen" beachten, so werden wir klar erkennen, daß sie dem vorhin erwähnten Geist angehören, *der alles in allem wirkt* und *durch den alles besteht*.

§ 147. Hieraus leuchtet ein, daß Gott ebenso gewiß und unmittelbar erkannt wird wie irgend ein anderes psychisches Wesen oder ein Geist, welcher es auch sei, der von uns selbst verschieden ist. Wir dürfen sogar behaupten, daß die Existenz Gottes weit einleuchtender perzipiert (perceived) wird als die Existenz von Menschen, weil die Naturwirkungen unendlich zahlreicher und beträchtlicher sind als die, welche Menschen zugeschrieben werden. Es gibt durchaus kein Merkmal, das einen Menschen oder eine von ihm hervorgebrachte Wirkung bekundet, und das nicht noch strenger das Sein jenes Geistes erwiese, welcher der *Urheber der Natur* ist. Denn es leuchtet ein, daß bei der Affizierung anderer Personen der Wille eines Menschen kein anderes Objekt hat als nur die Bewegung der Glieder seines Leibes; daß aber eine solche Bewegung von irgend einer Idee im Geist eines anderen begleitet sein oder sie hervorrufen sollte, hängt gänzlich von dem Willen des Schöpfers ab. Er allein ist der, welcher, da er *alle Dinge trägt durch das Wort seiner Macht*, jene Beziehung zwischen Geistern aufrecht erhält, wodurch sie fähig sind, ihre Existenz gegenseitig zu erkennen. Dieses reine und helle Licht aber, welches einen jeden erleuchtet, ist selbst unsichtbar.

§ **148**. Die Menge gedankenloser Personen scheint ganz allgemein vorzuschützen, daß man Gott nicht sehen könne. Könnten wir ihn nur sehen, sagen diese Leute, wie wir einen Menschen sehen, so würden wir glauben, daß er ist, und auf Grund dieses Glaubens seinen Geboten gehorchen. Aber ach! wir brauchen ja nur unsere Augen zu öffnen, um den Oberherrn aller Dinge in vollerem Maße und mit höherer Klarheit zu schauen als irgend eines unserer Mitgeschöpfe. Ich stelle mir nicht vor, daß wir (wie einige wollen) Gott durch einen direkten und unmittelbaren Anblick sehen, oder daß wir körperliche Dinge nicht durch sich selbst sehen, sondern durch das, was sie im Wesen Gottes repräsentiert, welche Lehre, wie ich bekennen muß, mir unverständlich ist.[46]) Doch ich will meine Meinung erläutern. Ein menschlicher Geist, eine menschliche Person, wird nicht sinnlich perzipiert, da er nicht eine Idee ist; sehen wir also die Farbe, Größe, Gestalt und die Bewegungen eines Menschen, so perzipieren wir nur gewisse Sinneswahrnehmungen oder Ideen in unseren eigenen Geistern, und da sich diese unserem Blick in mehreren besonderen Gruppen darstellen, so dienen sie dazu, uns die Existenz von endlichen und geschaffenen Geistern, die uns selbst ähnlich sind, anzuzeigen. Hieraus ist klar, daß wir nicht einen Menschen sehen, wenn unter *Mensch* etwas uns Ähnliches, das lebt, sich bewegt, wahrnimmt und denkt, verstanden wird, sondern nur einen solchen Ideenkomplex, der uns anleitet zu denken, daß ein besonderes Denk- und Bewegungsprinzip, welches uns selbst gleicht, damit zugleich vorhanden und dadurch repräsentiert ist. [47]) In derselben Weise sehen wir Gott; der ganze Unterschied liegt darin, daß, während irgend eine endliche und begrenzte Gruppe von Ideen einen einzelnen menschlichen Geist anzeigt, wir jederzeit und überall, wohin wir auch unsere Blicke richten mögen, deutliche Spuren der Gottheit erblicken, da jedes Ding, das wir sehen, hören, fühlen oder irgendwie sinnlich wahrnehmen, ein Zeichen oder eine Wirkung der göttlichen Macht ist, in eben der Weise, wie unsere Perzeptionen der von Menschen hervorgebrachten Bewegungen uns als Zeichen dienen.

§ 149. Es ist also klar, daß nichts offenbarer für jeden, der des geringsten Nachdenkens fähig ist, sein kann, als die Existenz Gottes oder eines Geistes, der unseren Geistern innerlich gegenwärtig ist, indem er in ihnen alle jene Mannigfaltigkeit von Ideen oder Sinneswahrnehmungen hervorbringt, die uns beständig affizieren, eines Geistes, von dem wir absolut und gänzlich abhängig sind, kurz, „in dem wir leben, weben und sind". Daß zur Entdeckung dieser großen Wahrheit, die dem Geiste so nahe liegt und so zugänglich ist, nur die Vernunft so weniger gelangt, ist ein betrübender Beweis der Stumpfheit und Unaufmerksamkeit der Menschen, die, obschon sie rings umgeben sind von so klaren Selbstbezeugungen der Gottheit, doch so wenig davon ergriffen werden, daß es scheint, als seien sie gleichsam geblendet durch ein Übermaß von Licht. [48])

§ 150. Aber, werdet ihr sagen, hat denn die Natur keinen Anteil an der Hervorbringung von Naturobjekten und müssen sie alle der unmittelbaren und alleinigen Wirksamkeit Gottes zugeschrieben werden? Ich antworte: wird unter *Natur* nur verstanden die sichtbare *Reihe* von Wirkungen oder von Sinneswahrnehmungen, welche nach gewissen feststehenden und allgemeinen Gesetzen unserem Geist eingeprägt sind: dann ist klar, daß die Natur in diesem Sinne des Wortes überhaupt nichts hervorbringen kann. Wird aber unter *Natur* ein sowohl von Gott als auch von den Naturgesetzen und sinnlich perzipierten Dingen verschiedenes Wesen verstanden, so muß ich gestehen, daß mir dann dieses Wort ein leerer Schall ohne irgendeine verständliche Bedeutung ist. Natur in diesem Sinne ist ein eitles Wahngebilde, welches die Heiden aufgebracht haben, die keinen richtigen Begriff von der Allgegenwart und unendlichen Vollkommenheit Gottes besaßen. Unerklärlicher aber ist, daß es Eingang finden konnte unter Christen, welche an die heilige Schrift zu glauben bekannten, die doch beständig der unmittelbaren Hand Gottes jene Wirkungen zuschreibt, welche die heidnischen Philosophen als Wirkungen der *Natur* zu erklären pflegen. „Der Herr zieht die Nebel auf vom Ende der Erde; er macht die Blitze im Regen und läßt den Wind kommen aus verborgenen Orten" (Jerem. X, 13). „Er macht aus der Finsternis den Morgen und aus dem Tage die finstere Nacht" (Amos V, 8). „Du suchst das Land heim und wässerst es und machst es sehr reich. Du segnest sein Gewächs, und krönst das Jahr mit deiner Güte. Die Anger sind voll Schafe, und die Auen stehen dick mit Korn" (Psalm LXV, 10—14). Obschon dies aber die beständige Sprache der Schrift ist, so haben wir doch, ich weiß nicht was für eine Abneigung zu glauben, daß Gott sich so direkt mit unseren Angelegenheiten befasse. Gern möchten wir ihn in einem großen Abstand von uns denken und eine blinde, nichtdenkende Vertretung an seine Stelle setzen, obschon (wenn wir dem hl. Paulus glauben dürfen) „er nicht fern ist von einem jeglichen unter uns".

§ **151**. Es wird ohne Zweifel entgegnet werden, die langsame und allmähliche Weise, die sich bei der Entstehung von Naturobjekten beobachten lasse, scheine zu ihrer Ursache nicht die unmittelbare Hand eines *allmächtigen wirkenden Wesens* zu haben. Zudem sind Monstra, unzeitige Geburten, nicht zur Entwicklung gelangte Früchte, Regen in Wüsteneien, Unglücksfälle, die das menschliche Leben treffen, ebenso viele Argumente dafür, daß der gesamte Bau der Natur nicht unmittelbar durch einen Geist von unendlicher Weisheit und Güte bewirkt und beaufsichtigt werde. Die Antwort aber auf diesen Einwurf liegt großenteils schon in § 62 vor: es ist offenbar, daß die vorerwähnten Wirkungsweisen der Natur durchaus erforderlich sind zu dem Zweck, nach den einfachsten und allgemeinsten Gesetzen und auf eine gleichförmige und beständige Weise zu wirken, was für Gottes *Weisheit* und *Güte* zeugt. Solcher Art ist die kunstvolle Einrichtung des großen Mechanismus der Natur, daß, während ihre Bewegungen und mannigfachen Erscheinungen unsere Sinne treffen, die Hand selbst, welche das Ganze bewirkt, den Menschen aus Fleisch und Blut nicht wahrnehmbar ist. „Fürwahr" (sagt der Prophet) „Du bist ein verborgener Gott" (Jesaias XLV, 15). Aber wiewohl Gott sich den *Sinnlichen* und *Trägen* verbirgt, die sich nicht im geringsten mit Denken bemühen wollen, so kann doch dem vorurteilslosen und aufmerksamen Geist nichts deutlicher erkennbar sein als die Gegenwart eines *allweisen Geistes* im Innersten der Dinge, der das System alles Seienden gestaltet, ordnet und aufrecht erhält. Es ist nach dem, was wir an anderen Stellen bemerkt haben, offenbar, daß das Wirken nach allgemeinen und feststehenden Gesetzen so notwendig zu unserer Leitung in den Geschäften des Lebens und Einweihung in das Geheimnis der Natur ist, daß ohne dies auch der umfassendste Verstand, aller menschliche Scharfsinn und alle Überlegung zu gar keinem Zweck dienen könnten; es wäre sogar unmöglich, daß es solche Vermögen oder Kräfte im Geist gäbe. Siehe § 31. Diese eine Rücksicht wiegt reichlich alle einzelnen Unzuträglichkeiten auf, die aus der Gesetzmäßigkeit hervorgehen mögen.

§ 152. Wir sollten ferner in Betracht ziehen, daß gerade die Flecken und Mängel der Natur nicht ohne Nutzen sind, indem sie eine angenehme Mannigfaltigkeit bewirken und die Schönheit des übrigen Teiles der Schöpfung erhöhen, wie Schatten in einem Gemälde dazu dienen, die helleren und lichteren Teile zu heben. Es wäre auch gut, wenn wir prüfen möchten, ob unsere Auffassung der Überfülle an Samen und Keimen und der zufälligen Zerstörung von Pflanzen und Tieren als eines unzweckmäßigen Verfahrens des Urhebers der Natur nicht die Wirkung eines Vorurteils ist, welches aus dem gewohnten Verfahren schwacher und sparsamer Sterblichen hergeflossen ist. Bei einem *Menschen* mag mit Recht eine haushälterische Verwaltung solcher Dinge, die er sich nicht ohne viele Mühe und Fleiß verschaffen kann, für *Weisheit* gehalten werden. Aber wir dürfen uns nicht vorstellen, daß der unerklärbar feine Mechanismus eines Tieres oder einer Pflanze dem großen Schöpfer irgendwie mehr Mühe oder Sorge bei seiner Hervorbringung als ein Kiesel kostet, da nichts einleuchtender ist, als daß ein allmächtiger Geist gleichmäßig jedes Ding durch ein bloßes „es werde" oder einen Akt seines Willens hervorbringen kann. Hiernach ist klar, daß der großartige Aufwand von Naturobjekten nicht als Schwäche oder Verschwendung vonseiten des sie hervorbringenden Wesens gedeutet werden, sondern vielmehr als ein Beweis der Fülle seiner Macht gelten sollte.

§ 153. Die Zumischung von Schmerz und Ungemach, die in der Welt gemäß den Naturgesetzen und den Handlungsweisen endlicher, unvollkommener Geister herrscht, ist in unserem gegenwärtigen Zustand durchaus erforderlich für unser Wohlsein. Aber unser Blick ist zu beschränkt: wir fassen z. B. die Idee irgend eines einzelnen Schmerzes ins Auge und bezeichnen ihn als ein *Übel*. Wenn wir dagegen unseren Blick erweitern, so daß wir die verschiedenen Zwecke, Verbindungen und Abhängigkeitsverhältnisse der Dinge betrachten und erwägen, bei was für Gelegenheiten und in welchen Verhältnissen wir mit Schmerz und Lust affiziert werden, wenn wir das Wesen der menschlichen Freiheit und den Zweck, um deswillen wir in die Welt hineingesetzt worden sind, begreifen: so werden wir uns genötigt sehen anzuerkennen, daß jene einzelnen Dinge, die an sich als *Übel* erscheinen, die Natur eines *Gutes* haben, sofern sie in ihrer Verbindung mit dem ganzen System der Dinge betrachtet werden.

§ 154. Nach dem Gesagten wird es jedem Nachdenkenden einleuchten, daß nur aus Mangel an Aufmerksamkeit und umfassendem Denken einige Personen als Begünstiger des Atheismus oder auch der manichäischen Häresie auftreten. Beschränkte und nichtnachdenkende Geister mögen zwar die Werke der Vorsehung, die Schönheit und Ordnung, die zu begreifen sie nicht imstande sind oder sich nicht die Mühe geben wollen, herabsetzen. Aber wer auch nur einigermaßen richtig und umfassend zu denken vermag und zugleich Übung im Nachdenken hat, kann niemals genug die Spuren der göttlichen Weisheit und Güte bewundern, die aus der Einrichtung der Natur hervorleuchten. Jedoch welche Wahrheit gäbe es wohl, die so klar dem Geist einleuchtete, daß wir nicht durch eine Abkehr unseres Denkens, ein freiwilliges Schließen der Augen ihrer Anerkennung zu entgehen vermöchten? Darf man sich demnach wundern, wenn man finden sollte, daß die große Menge der Menschen stets auf Geschäfte oder auf Vergnügen ausgehend und wenig gewöhnt, die Augen ihres Geistes zu öffnen und fest auf ein Objekt zu richten, nicht die volle Überzeugung und Gewißheit von dem Sein Gottes hat, welche bei vernünftigen Wesen zu erwarten wäre?

§ 155. Wir können uns nicht sowohl darüber wundern, daß unachtsame Menschen unüberzeugt bleiben von einer so einleuchtenden und wichtigen Wahrheit, als vielmehr darüber, daß Menschen gefunden werden können, die so stumpf sind, unachtsam zu bleiben. Und doch ist zu fürchten, daß nur zu viele Menschen, welche Fähigkeiten und Muße haben und in christlichen Ländern leben, bloß durch eine träge, erschreckliche Unachtsamkeit in einen gewissen *Atheismus* verfallen sind. Denn es ist durchaus unmöglich, daß eine von der vollen Empfindung der Allgegenwart, Heiligkeit und Gerechtigkeit jenes *allmächtigen Geistes* durchdrungene und erleuchtete Seele ohne Gewissensbisse in einer Verletzung seiner Gesetze beharrt. Wir sollten also ernstlich und anhaltend nachdenken über jene wichtigen Punkte, um so eine völlig zweifellose Überzeugung davon zu gewinnen, „daß die Augen des Herrn überall hinschauen auf Böse und Gute, daß er mit uns ist und uns schützt überall, wohin wir gehen, und uns Brot zu essen gibt und Kleidung anzuziehen"; daß er uns gegenwärtig ist und unsere innersten Gedanken kennt, und daß wir uns in der absolutesten und unmittelbarsten Abhängigkeit von ihm befinden. Ein klarer Blick auf diese großen Wahrheiten muß notwendig unsere Herzen mit ehrfurchtsvoller Andacht und heiliger Furcht erfüllen, welche der kräftigste

Antrieb zur *Tugend* und der beste Schutz gegen das *Laster* ist.

§ 156. Denn was im Grunde doch den Vorrang vor allen unseren anderen Studien verdient, ist die Betrachtung *Gottes* und unserer *Pflicht.* Diese zu befördern, war die Hauptabsicht und das Ziel meiner Arbeit, und ich werde sie für durchaus unnütz und fruchtlos halten, wenn ich nicht durch das, was ich gesagt habe, meine Leser mit einem frömmeren Gefühl der Gegenwart Gottes erfüllen und durch Aufzeigung der Falschheit oder Leerheit jener unfruchtbaren Spekulationen, welche die Hauptbeschäftigung der Gelehrten ausmachen, sie geneigter machen kann zur ehrfurchtsvollen Annahme der heilsamen Wahrheiten des Evangeliums, deren Erkenntnis und Ausübung die höchste Vollendung des menschlichen Wesens ist.

Anmerkungen

[1] Dieser Paragraph, mit dem die Prüfung der Lehre von den „abstrakten Ideen oder Begriffen" beginnt, deckt bereits einen grundsätzlichen Mangel der Position Berkeleys auf, nämlich das Fehlen einer scharfen Unterscheidung zwischen Anschauung und Denken. Von Anfang an ist von Ideen (ideas) *und Begriffen (notions)* die Rede: auch diese werden als general notions ausdrücklich abgelehnt — ganz zu Unrecht, denn, obwohl ich weder eine Anschauung von einem *zugleich* besonderen und allgemeinen Gegenstand haben noch einen allgemeinen Gegenstand als *selbständigen* Gegenstand isoliert *anschauen* kann, so kann ich doch ohne jeden Zweifel einen Gegenstand als allgemeinen d. h. in seiner Allgemeinheit *denken*, also *Allgemeinbegriffe* z. B. von Ausdehnung, Farbe, Körper, Tier und Mensch bilden. Desgleichen kann ich einen Allgemeinbegriff von Farbe bilden, der die Ausdehnung (als Denkgegenstand) *nicht* einschließt, denn die Untrennbarkeit von Farbe und Ausdehnung stellt zwar einen unaufhebbaren Sachzusammenhang bzw. ein Wesensgesetz der Dinge dar, macht aber die abstrakte Denkbarkeit von Farbe oder von Ausdehnung als bestimmten Momenten des komplexen Seinszusammenhanges keineswegs unmöglich. Übrigens spielt Berkeley bereits in § 7 („man sagt uns aber") auf Locke an, den er indessen mit seiner Kritik schon deswegen grundsätzlich nicht zu treffen vermag, weil bei Locke die notions *unter* die ideas fallen, also das, was für die Berkeleyschen Ideen (oder die Sinneswahrnehmung) richtig sein mag, gleichwohl für die Lockeschen Begriffe (oder das Denken) falsch sein kann. Im nächsten Paragraphen geht Berkeley nun zur genaueren Auseinandersetzung mit Locke über.

[2] Nämlich die *Cartesianer,* deren schroffe Sonderung zwischen Geist und Materie zu der Alternative führte, den Tieren entweder Seelen von menschlich-geistiger Art zuzuschreiben oder ihnen die Beseeltheit gänzlich abzusprechen und ihnen nur materielle „Lebensgeister" (spiritus vitales) zuzugestehen, die keiner psychischen Funktionen (keines Empfindens, Wahrnehmens usw.) fähig sind. Descartes wählte das letzte. Übrigens schrieb er auch dem Menschen materielle Lebensgeister zu, welche hier die Beziehung zwischen der Seele und den gröberen Teilen des Leibes vermitteln sollten.

[3] An dieser Stelle — wie im ganzen § 12 — wird die Un-

haltbarkeit der Berkeleyschen Repräsentations- und Zeichenlehre und die Unmöglichkeit, das Allgemeine in irgendeiner Form für eine rein partikularistische Auffassungsweise in Anspruch zu nehmen, schlagend offenbar. Das Einzelne, das nach Berkeleys unaufhörlicher Bekräftigung völlig *partikular* sein soll, kann daher auch keinesfalls ein Allgemeines darstellen (represent or stand for) oder bezeichnen (signify) — es sei denn, daß der Gesichtspunkt der *Art*allgemeinheit (ideas of the same *sort!)* insgeheim unterschoben wird. Dieser Gesichtspunkt der Allgemeinheit nun bedingt ein vergleichendes, unterscheidendes, identifizierendes und nicht zuletzt *abstrahierendes Denken,* also gerade dasjenige, was Berkeley a limine zu leugnen sucht, und was in der Tat gänzlich außerhalb seiner rein *sensualistischen* Einstellung liegt. Ohne die Anwendung eines solchen abstrahierend-reflektierenden generalisierenden *Denkens* kann ein Einzelnes und Besonderes im Sinne der Berkeleyschen *Idee* niemals „Zeichen" für etwas Anderes, was es nicht ist, sein, d. h. ebensowenig „allgemein" werden wie der *Name,* der diese Idee bezeichnet. Das, was als Zeichen dient, soll partikular sein und bleiben, nur sein Gebrauch und seine Verwendung, die Funktion der Bezeichnung, die es ausübt, soll allgemein sein, aber das gerade setzt die denkende Erfassung des Allgemeinen bereits voraus und ist nur unter dieser Bedingung überhaupt möglich.

Angesichts der prinzipiellen Unhaltbarkeit dieser ganzen Lehre, die wesensgesetzlich außerstande ist, sich über das Partikulare hinweg zur Erfassung des wahrhaft Allgemeinen zu erheben, ist es von durchaus untergeordneter Bedeutung, ob man den Akzent mehr auf die Idee legt und sie *Konzeptualismus* nennt oder mehr auf den Namen und sie dementsprechend als *Nominalismus* charakterisiert: sie ist beides *in eins.* Daß übrigens auch die grundlegende *Voraussetzung* der Berkeleyschen Lehre, derzufolge die wirklichen Dinge *ausschließlich* partikular bzw. individuell sein sollen, *falsch* ist, wurde schon in der Einleitung hervorgehoben; sie sind in Wahrheit ebenso allgemein wie individuell und zwar in ihrem Dasein nicht minder als in ihrem Sosein — eben deswegen sind der neuzeitliche Nominalismus aller Schattierungen und der antik-mittelalterliche Realismus der Allgemeinbegriffe einschließlich aller Vermittelungsversuche zwischen beiden gleichermaßen verfehlt. Indessen gehört eine Weiterverfolgung dieses weitausgreifenden, realontologisch und logisch gleich gewichtigen, aber heute noch immer nicht hinreichend geklärten Problemkomplexes nicht in den Rahmen dieser Anmerkungen.

In seiner Schrift „The Development of Berkeley's Philosophy", London 1923, gibt *G. A. Johnston* anläßlich der Behandlung des Abstraktionsproblems (S. 117-141) eine ausgezeichnete Kritik der Berkeleyschen Repräsentations- und Zeichenlehre, an der er vor allem den Partikularismus und den Sensualismus als ihre Grundgebrechen hervorhebt. Mit Recht wird hierbei geltend gemacht, daß ein „Zeichen" bereits den Charakter der Allgemeinheit besitzen muß und gar nicht nur partikular sein kann, wenn es befähigt sein soll, generalisierende Funktionen im Sinne der Berkeleyschen „Repräsentation" zu übernehmen, was zugleich Operationen des Geistes erforderlich mache, „die nach Art und Prinzip von bloßer Sinneswahrnehmung verschieden sind" (bes. S. 138/9). Treffend urteilt auch *G. D. Hicks* hinsichtlich des § 12 u. a.: „Einer partikularen Idee einen symbolischen Charakter der angezeigten Art zuzuerkennen setzt den Akt der Generalisierung voraus und erklärt ihn nicht" („Berkeley", London 1932, S. 95/6 ff.).

[4] Vgl. hierzu S. XV der Einleitung.

[5] Vgl. hierzu Anmerkung 3.

[6] Auch im Hinblick auf die Formulierungen dieses interessanten Zusatzes der 2. Aufl. muß gegen Berkeley eingewandt werden, daß das Allgemeine keineswegs von einem *Einzelnen* als solchen, d. h. für sich genommen, abstrahiert werden kann, sondern sein Begriff (!) nur aufgrund von *mehreren* Einzelnen gebildet werden kann, an denen — durch Denken (!) — das Besondere und das Allgemeine unterschieden wird. Anders ausgedrückt: die Erfahrung *als Ganzes* ist die alleinige mögliche Grundlage für die Bildung von Allgemeinbegriffen. Dieses Ganze stellt einen einzigen selbstgesetzlichen Zusammenhang von unabsehbar reichen und mannigfaltigen wechselseitigen *Bezügen* dar. In ihn muß man eindringen, wenn man auch nur das unscheinbarste Einzelding und -wesen erfassen will. Die erste grundlegende Wahrheit, die sich einem dann erschließt, ist die, daß es gar kein Einzelnes im Sinne eines *isolierten* Einzelnen gibt. Damit erledigt sich von vornherein jener Berkeleysche Partikularismus, Individualismus, Isolationismus und Stigmatismus, der ihn die Relationen nur gelegentlich am Rande erwähnen und obendrein subjektivistisch mißverstehen läßt, ohne ihre schon von Locke so eindrucksvoll unterstrichene Bedeutung auch nur zu ahnen, und der ihn gleichzeitig unfähig macht, dem Allgemeinen gegenüber dem Partikularen wahrhaft gerecht zu werden. Aber noch mehr. Es erledigt sich damit ohne weiteres auch der Berkeleysche *Sensualismus,* denn Relationen irgend welcher Art, z. B. Einheit des Seins und des Wirkungszusammenhanges oder Universales und Individuales, die gleichermaßen in den Dingen selber liegen und überhaupt nur in ihrem wechselseitigen Verhältnis zu einander sichtbar werden, vermag nur das *Denken* zu erfassen. Berkeley kennt in bezug auf die „Ideen" nur isolierte particulars, daher kennt er auch keine echten Begriffe und universals.

Immerhin kommt der Zusatz der 2. Aufl. zum § 16 der richtigen Auffassung in seinen Formulierungen am nächsten, insofern in ihm de facto ein Akt der Abstraktion anerkannt, obzwar als lediglich anschauende Abstraktion unzureichend interpretiert wird. Gleichwohl gibt dieser spätere Zusatz, wie *André Joussain* mit Recht hervorhebt, der Berkeleyschen Theorie „einen neuen Sinn" („Exposé critique de la Philosophie de Berkeley", Paris 1921, S. 4/5, 16, 19 f., 24, 28). Ähnlich urteilen *Johnston* (a.a.O., S. 147) und *Hicks* (a.a.O., S. 97). Übrigens gelangt Hicks in diesem Zusammenhang (S. 100) auch zu der richtigen Ansicht, daß dasjenige, was unserer bewußten Erfahrung ursprünglich zugrunde liegt, an und für sich *weder* allgemein *noch* individuell ist, und daß sich diese — in Wahrheit einander wechselseitig bedingenden — Charakteristika des Wirklichen erst im Prozeß der Erkenntnis (einem dialektischen Denken nämlich) erschließen. Im Gegensatz zu den Äußerungen der genannten Denker glaubt *A. A. Luce* hinsichtlich des Zusatzes zum § 16 feststellen zu können, daß er „Berkeleys Position nicht im mindesten ändert" und nur dem ängstlichen Bestreben entspringt, „Einseitigkeit zu vermeiden" („Berkeley and Malebranche", Oxford 1934, S. 156).

[7] *Locke* sagt: „Ich versuche, so viel ich kann, mich von den Täuschungen frei zu machen, in die wir uns selbst dadurch zu versetzen geneigt sind, daß wir Wörter als Sachen gelten lassen. Unserer Unwissenheit wird nicht dadurch abgeholfen, daß wir ein Wissen vorgeben, wo wir keines haben, indem wir mit Lauten ohne klare und bestimmte Bedeutung Lärm machen." (Essay Buch II, Kap. 13, § 18). Und: „Menschen, welche . . . die Ideen ihres eigenen Geistes wohl prüfen, können, wie ich glaube, im Denken nicht weit voneinander abweichen, wenn sie sich auch gemäß der Redeweise der verschiedenen Schulen oder Sekten, in denen sie erzogen worden sind, mit Worten in Verwirrung setzen mögen; obgleich unter gedankenlosen Leuten, die ihre eigenen Ideen nicht genau und sorgfältig prüfen und sie von den für sie gebräuchlichen Zeichen nicht ablösen, sondern mit den Worten verschmelzen, endloser Streit, Zank und Wortklauberei entstehen muß, besonders wenn es gelehrte Bücherwürmer sind, die einer bestimmten Sekte ergeben und an deren Sprache gewöhnt gelernt haben, anderen nachzusprechen." (A.a.O., § 28.)

[8] Des öfteren ist die Frage aufgeworfen worden, in welchem Verhältnis die in dieser Einführung von Berkeley vorgetragene Kritik der abstrakten Ideen und Begriffe zu dem immaterialistischen Grundprinzip seiner Lehre steht, zumal in der Einführung kein Wort über Materie gesagt wird. Die Meinung geht mit Recht vorzugsweise dahin, daß der Berkeleysche Nominalismus bzw. Konzeptualismus zwar ein Eckpfeiler seines Systems ist, der auch den Immaterialismus stützen soll, daß dieser aber außerdem eine davon unabhängige Grundlage besitzt. In sehr prägnanten Ausführungen legt z. B. *Joussain* dar, daß der Immaterialismus Berkeleys von seinem Nominalismus prinzipiell unabhängig und daher „tiefer" ist als dieser, der gleichwohl als

„Mittel der Polemik" und zum „logisch schlüssigen Beweis" der Hauptthese mit herangezogen wird (a.a.O., S. 37-9). Ähnlich äußert sich *Luce*, wenn er betont, daß „die Widerlegung der Materie zwar nicht auf der Widerlegung der abstrakten Ideen *beruht*, aber die eine Widerlegung doch sehr viel Hilfe zu leisten vermag zum Verständnis der andern", so daß „wer immer über Berkeleys bloße Leugnung der Materie hinauszugehen und in den Geist seiner konstruktiven Philosophie einzutreten wünscht, seiner Zurückweisung der abstrakten Ideen volles Gewicht beilegen muß" („Berkeley's Immaterialism", London etc. 1950, 2. Aufl., S. 36).

Kritisch ist zu alledem zu sagen: 1. Der Berkeleysche Nominalismus bzw. Konzeptualismus, der das getreue Widerspiel seines Sensualismus und Partikularismus ist, ist eine denkbar schlechte Stütze für den Immaterialismus, da er aus mehr als einem Grunde sachlich unhaltbar ist. 2. Insoweit der Nominalismus-Konzeptualismus von Berkeley tatsächlich als eine spezifische Methode zum Beweis oder auch nur zur Erhärtung des immaterialistischen Prinzips angewandt wird, ist die Sache des Immaterialismus von vornherein verloren — ein Zusammenhang und eine Tatsache, die uns alsbald einleuchten werden.

[9] Die ursprüngliche Bezeichnung des Inhaltes der hier beginnenden Schrift als Teil I besagt, daß ein Teil II folgen sollte, der auch in der Vorrede der „Dialoge" (sogar noch in ihrer zweiten Auflage von 1725) in Aussicht gestellt ist und auf den auch schon in den „Kommentaren" wiederholt angespielt wird (z. B. 508, 807, 878). Dieser zweite Teil sollte die Philosophie des *Geistes* und der *Moral* behandeln. Als Grund dafür, daß er nie veröffentlicht wurde, gibt Berkeley im Brief an Johnson vom 25. XI. 1729 an, daß das Manuskript dazu während einer italienischen Reise verloren gegangen ist und er seitdem niemals die Muße hatte, „eine so unangenehme Sache zu tun als zweimal über denselben Gegenstand zu schreiben" (Bd. II, S. 282). Indessen sollten außer dem zweiten Teil offenbar noch ein *dritter* Teil über Naturwissenschaft und ein *vierter* Teil über Mathematik folgen (a.a.O., S. 5/6). An die Stelle dieser 3 Teile sind dann „Alciphron" (1732), „De Motu" (1721) und "The Analyst" (1734) getreten. *T. E. Jessop* resumiert den Tatbestand mit den Worten: „Es ist also augenscheinlich, daß Berkeley, während er noch in seinen frühen Zwanzigern war, einen Plan konzipierte, der nicht weniger umfaßte als das ganze Feld der Philosophie und der Wissenschaft, so wie sie in seinen Tagen bekannt waren . . . . . Berkeley hat uns nicht ein System gegeben, sondern nur das Skelett eines Systems, obwohl hier und da mit lebendigem Fleisch bekleidet und wie durch ein Wunder an philosophischer Hellsichtigkeit und schriftstellerischer Kunst schon mit einer Seele ausgestattet." (A.a.O., S. 6.)

[10] Im englischen Text heißt es an dieser Stelle: "It is evident

to any one who takes a survey of the objects of human knowledge, that they are either ideas actually imprinted on the senses, or else such as are perceiv'd by attending to the passions and operations of the mind, or lastly ideas formed by help of memory and imagination" usw. Es erscheint mir unmöglich zu bestreiten, daß Berkeley hier von *Ideen* in bezug auf das *Leiden und Tun der Seele* spricht. Eben diese Art der „Perzeption" ist die *reflection* Lockes — ein Ausdruck, den Berkeley ja auch in den §§ 25, 35, 68 und 74 im gleichen Sinne in Anspruch nimmt und dem er sogar im dritten der „Drei Dialoge zwischen Hylas und Philonous" an entscheidenden Stellen wiederholt allerhöchsten Nachdruck verleiht. Er kann die Reflexion im Sinne der inneren- oder Selbst*wahrnehmung* sachlich gar nicht entbehren, wenn er ihr auch als einem spezifischen Terminus der Lockeschen Philosophie nach Möglichkeit auszuweichen sucht. *Jessop* bemerkt zu der obigen Stelle: "'Such as' may mean either 'such ideas' or 'such objects'. §§ 27, 135-40 and 142 prove that the latter is to be understood. Berkeley always means by 'idea' a sensory object. In this opening sentence the vagueness, doubtless deliberate, does not matter." (Bd. II, S. 41.) Indessen scheint mir, um es noch einmal nachdrücklich zu wiederholen, im Zusammenhang der Stelle eine Beziehung des such as auf *objects* anstelle von ideas nicht wohl möglich; es kann m. E. nur heißen: such *ideas* usw. (Vgl. hierzu auch die Einleitung, S. XXI/II.)

Daß die Sache selber nicht ganz so unwichtig ist, wie sie Jessop nehmen möchte, beweist wohl allein schon die Tatsache, daß dieser Eingangssatz des ersten Teils der „Prinzipien" zum literarischen Streitobjekt geworden ist. Schon *Johnston* hat freilich im Interesse einer möglichst widerspruchslosen Auffassung der Berkeleyschen Lehre feststellen zu können geglaubt, daß die zweite Klasse der an dieser Stelle von Berkeley aufgezählten Erkenntnisobjekte eine Klasse von „Objekten" und nicht von „Ideen" ist, was er sowohl grammatikalisch als auch philosophisch zu begründen versucht (a.a.O., S. 143 ff.). Diese Auffassung widerlegt sich m. E. selber allein schon durch die spezifische Bedeutung des Ausdrucks *perceived,* der im eigentlichen Sinne nur von *Ideen* gelten darf; es handelt sich hier also in der Tat um perceptual knowledge und nicht um notional knowledge, wie Johnston meint, der überdies zugeben muß, daß Berkeley auch in § 2 objects of knowledge ausdrücklich mit ideas gleichsetzt. Mit Recht hat daher *Hicks* die Interpretation Johnstons als unhaltbar zurückgewiesen (a.a.O., S. 109).

Außer Jessop sucht in der Gegenwart auch *Luce* die Stelle im anti-„idee"alistischen Sinne zu verstehen. So fragt er in „Berkeley and Malebranche" (S. 74): "Does this phrase . . . adequately describe that hemisphere of knowledge, called 'knowledge of spirits'? I think it does. It is not a full decription, but it is not positively incorrect, and therefore it is sufficient for Berkeley's immediate purpose." Dies scheint mir keine haltbare Begründung zu sein, denn spirits sind zwar self, other spirits and Deity, aber eben nicht jene passions and operations of the mind, von denen im Eingangssatz die Rede ist, und die *eine ganz andere Art von Sein haben wie die spirits,* die ihre Subjekte oder Substrate sind. Auch in „Berkeley's Immateralism" (S. 39/40) wiederholt *Luce* die Feststellung, daß mit den passions and operations of the mind nur die spirits: ourselves, other spirits, and God gemeint sein können (was ontologisch nicht haltbar ist), da Berkeley nur zwei Haupttypen von Erkenntnisobjekten anerkennt: ideas and spirits. Das letzte ist zwar durchaus richtig, aber eben gerade an dieser Stelle tritt eines der schlimmsten Grundgebrechen der Berkeleyschen Erkenntnislehre klar zutage, nämlich die Unmöglichkeit einer zureichenden Einordnung der Passionen und Affektionen des Geistes, die weder aktiv sind und daher nach Berkeley dem Bereich der spirits nicht zugewiesen werden können noch ideas sein sollen, in die Erkenntnisgegenstände. So kommt es in der Tat an dieser Stelle zu jenem Bruch, den anzunehmen Luce für unverzeihlich hält (to make him disrupt his whole philosophy in his opening sentence is unpardonable, S. 40), der aber gleichwohl in sachlich präzisester Form an dieser Stelle aufzudecken ist. (Vgl. Einleitung S. XXI/II.) Wenn Luce schließlich im gleichen Zusammenhang für möglich hält, daß die „Vagheit" des Ausdrucks darauf zurückzuführen ist, daß Berkeley den an Lockesche Terminologie gewöhnten Lesern absichtlich entgegenkommen wollte, so ist das wohl das schwächste aller Argumente, das vorgebracht werden kann, um Berkeley vor einer Brüchigkeit zu retten, die in bezug auf die reflection of ideas bzw. die ideas of reflection ja nicht nur im Eingangssatz des ersten Teils der „Prinzipien" in Erscheinung tritt, sondern im innersten Gefüge seiner Erkenntnislehre liegt und daher auch an anderen Stellen seiner Werke offenbar wird.

[11] Selbstverständlich können „Ideen" (aktuelle Wahrnehmungen, Phantasievorstellungen usw.) immer nur *in* uns sein, aber ihre *Gegenstände* sind es niemals: sie sind stets *„außerhalb"* unseres Geistes, als die bewußtseinstranzendenten *Korrelate* unserer Ideen. Wenn Berkeley daher rund heraus erklärt, Objekte und Ideen, Gegenstände und Inhalte des Bewußtseins seien *eins,* so ist diese Identifizierung nicht nur sachlich unhaltbar, sondern auch willkürlich und unbegründet; sie ist die *dogmatische* Voraussetzung eines konsequenten Bewußtseinsidealismus und die entscheidende petitio principii des Berkeleyschen Systems.

[12] Vgl. hierzu Anmerkung 11. Im übrigen ist es nachweislich falsch, daß wir stets nur unsere eigenen Wahrnehmungen (sensations) wahrnehmen (perceive) — es ist dies eine eingeschränkte, besondere Formulierung des Berkeleyschen Fundamentalirrtums, die der grundsätzlichen Formulierung des § 3 er-

läuternd zur Seite tritt. Demgegenüber ist festzustellen, daß wir *primär* nicht unsere Wahrnehmungen, sondern deren *Objekte* wahrnehmen (intentio recta), unsere Wahrnehmungen dagegen — *als* Objekte — erst in einer *sekundären* auf uns selber zurückgewendeten Wahrnehmung oder Reflexion (intentio obliqua).

[13] In der 1. Auflage folgte hier noch der Satz: "In truth the object and the sensation are the same thing, and cannot therefore be abstracted from each other." Mit alledem wird in diesem Paragraphen das immaterialistische Grundprinzip des esse percipi in unmittelbare Beziehung gesetzt zu der in der Einführung von Berkeley vorgetragenen Abstraktionstheorie (vgl. Anmerkung 8). Die Anerkennung eines Objektes der Wahrnehmung, das selber keine Wahrnehmung ist, die Unterscheidung zwischen Wahrnehmung und Gegenstand der Wahrnehmung also — das soll die Höhe des Irrtums sein, zu dem die Lehre von den abstrakten Ideen und Begriffen nach Berkeley hinaufführt, womit der Begriff der Abstraktion zugleich seine größtmögliche Ausweitung erfährt. Nimmt man sie einmal hin, so ist folgendes dazu zu sagen. Anläßlich seiner Kritik der abstrakten Ideen und Begriffe hat Berkeley zwei elementare Schwächen an den Tag gelegt, nämlich erstens die Abtrennung des Partikularen und Besonderen vom Allgemeinen, zu dem es selber wesensgemäß hinzugehört, und zweitens die Isolierung der Sinnesanschauung vom Denken, ohne das, wie schon Locke wußte, nicht die allereinfachste Wahrnehmung überhaupt möglich ist. Im Zeichen der Bekämpfung des Abstraktionismus fügt nun Berkeley hier mit der Identifizierung von Wahrnehmung und Wahrgenommenem d. h. zugleich mit der Bestreitung einer Idee von Existenz, die nicht die Existenz der Wahrnehmung (genauer des Wahrnehmungsinhaltes) selber ist, eine dritte einschneidende Problemverkürzung und Simplifizierung hinzu, in der sich sein Immaterialismus mit höchster Präzision ausspricht. Das alles soll im Gegensatz zu einem abstrakten Denken ein ganz konkretes und wirklichkeitsnahes Denken sein. In Wahrheit ist es — entgegen nicht nur Berkeley selber, sondern beispielsweise auch entgegen *Luce* („Berkeley's Immaterialism", S. 66/7) — das gerade Gegenteil davon und zwar ein dreifacher schlagender Beleg für diejenige Art von Abstraktion, die Berkeley vorgeblich und vermeintlich verwirft, nämlich die „Trennung des Untrennbaren"!

[14] In diesem Paragraphen erfährt die Berkeleysche Erkenntnistheorie ihre Krönung, da für die Existenz *aller* Ideen *Gott* als ihr letzter Ankergrund namhaft gemacht wird: menschliches percipi posse ist Gottes percipi und menschliches affici ist Gottes velle. Mit Recht erklärt daher *Luce* diesen Paragraphen und den ihm innerlichst verwandten § 149 als das Alpha und das Omega des ganzen Werkes und weist (in „Berkeley and Malebranche", S. 83/4) darauf hin, daß die gehobene Diktion der

beiden Paragraphen die religiös-mystische Grunderfahrung Berkeleys anzeigt, derzufolge Himmel und Erde im allumfassenden Geist Gottes dargebreitet anzuschauen sind. Vgl. hierzu auch a.a.O., S. 111 ff., ferner „Berkeley's Immaterialism", S. 68-77, wo es zur Erläuterung des § 6 u. a. heißt: „Gott war sein erster Gedanke, sein Anfängliches in der Erkenntnisordnung; von diesem Gesichtswinkel her muß man auf seine volle Lehre von der Existenz im Geist zugehen, im Licht dieses Prinzips muß man sie interpretieren . . . . Zu sagen also, daß Körper im Geist Gottes subsistieren, heißt sagen, daß Gott die Heimat des Wahrnehmbaren ist, wenn Menschen es nicht wahrnehmen . . . . Berkeley begreift Gott als eine aktive Rolle in der menschlichen Wahrnehmung spielend" usw. (Vgl. auch S. 101/2, 105, 124/5, 134.) Damit ist der religionsphilosophische Charakter der Berkeleyschen Erkenntnistheorie vortrefflich unterstrichen; sie ist *in sich selber* metaphysisch und religiös, und nur so werden bestimmte ihrer Wesenszüge, wie die völlige Passivität und Wirkensunfähigkeit der Dinge oder Ideen sowie ihr immateriell-spiritualistischer Charakter, überhaupt vollauf verständlich. Metaphysik und Religionsphilosophie treten nicht gleichsam *von außen* zur Berkeleyschen Erkenntnistheorie *hinzu,* so daß man diese davon loslösen könnte (dann fällt sie ohnehin sogleich in sich zusammen), sondern sind in ihrer *Grundlage* beschlossen. Vgl. hierzu auch *Rudolf Metz* „George Berkeley, Leben und Lehre", Stuttgart 1925, S. 97/8 und 122 ff., ferner Einleitung, S. XLVI/VII u. S. L.

[15] Mit diesem Paragraphen zieht Berkeley die für ihn entscheidende Schlußfolgerung aus der vorangegangenen Grundlegung seiner Lehre, indem er die Unmöglichkeit der Existenz einer *materiellen* Substanz feststellt und die ausschließliche Existenz von *geistigen* Substanzen statuiert. Auf die einfachste Formel gebracht, lautet der damit für die Unmöglichkeit der Materie vorgetragene Beweis: Ideen (perceptions, sensations usw.) können nur einer wahrnehmenden Substanz inhärieren, nicht aber einer nichtwahrnehmenden — also kann es, da es nur ideas und spirits gibt, keine materiellen Körper oder Substanzen als Träger von sensiblen Qualitäten geben. Dieser sogenannte „Beweis" deckt die ganze Schwäche der Voraussetzungen und Grundlagen der Berkeleyschen Lehre in einer geradezu peinlichen Weise auf. Zu vergleichen sind hierzu vor allem auch die Eingangserörterungen des *ersten* der „Drei Dialoge zwischen Hylas und Philonous", die gleichfalls die Unmöglichkeit der materiellen Substanz beweisen sollen. Sie beginnen mit der Gleichsetzung von Hitze und Unlust bzw. Lust (je nach den Stärkegraden der Hitze) und schreiten über die weitere Identifizierung von Hitze und Feuer zu der Feststellung fort, daß der Hitze und dem Feuer nichts Materielles zugrunde liegen kann, weil nur Geister (perceiving substances) Empfindungen (perceptions)

haben können; da nun die sinnlichen Dinge oder Qualitäten insgesamt nichts sind als Empfindungen bzw. Wahrnehmungen, ist eine nichtgeistige Substanz (unperceiving or unthinking substance) als ihr Träger unmöglich. Diese ganze »Beweisführung", die — außer im *zweiten* Dialog — auch in dem gewichtigen Zusatz der 3. Auflage zum *dritten* Dialog, also an entscheidender Stelle, als Hauptbeweis gegen die Möglichkeit einer materiellen Substanz wiederholt wird, ist ein Schulbeispiel für Berkeleys Unterschlagung der objektiven Seite der Wahrnehmungen und in diesem Sinne ein charakteristisches Seitenstück zu den Grundthesen über die Gesichtswahrnehmung in der „Neuen Theorie des Sehens".

[16] In diesem Passus widerlegt Berkeley — freilich auf seine besondere Weise und mit den unzureichenden Mitteln seiner Erkenntnislehre — zu Recht die Abbildtheorie des naiven d. h. absoluten Realismus. Vgl. hierzu auch den Schluß des *ersten* der „Drei Dialoge zwischen Hylas und Philonous".

[17] *Locke* sagt im zweiten Buch seines „Essay": Die Idee der Einheit wird (ebenso wie die Idee der Existenz) dem Verstand durch jedes äußere Objekt und durch jede innere Idee nahegelegt (Kap. 7, § 7) oder an anderer Stelle (Kap. 13, § 26): Jedes Objekt der äußeren und der inneren Wahrnehmung führt die Idee der Einheit mit sich; er erklärt des weiteren (Kap. 16, § 1), keine Idee sei seines Erachtens so einfach wie die der Einheit und keine mit allen unseren Gedanken so innig verwebt usw. Diese Lockeschen Sätze bekämpft hier Berkeley — zu Recht, insofern die „Idee" der Einheit weder den Charakter der Absolutheit noch den der Einfachheit hat, die beide Locke ihr zuschreibt, zu Unrecht, insofern der Begriff der Einheit zwar durchaus relativ, aber keineswegs *nur* subjektiv ist.

[18] Zur Frage der primären und sekundären Qualitäten vgl. meine Schrift „*John Locke* Theoretische Philosophie", Meisenheim am Glan/Wien 1952, S. 198-215. Berkeley behandelt das Problem ausführlicher im *ersten* der „Drei Dialoge zwischen Hylas und Philonous". Obwohl es unstreitig ein Verdienst ist, nachgewiesen zu haben, daß die sogenannten primären Qualitäten hinsichtlich des Charakters ihrer Objektivität grundsätzlich nichts vor den sogenannten sekundären Qualitäten voraus haben, so wird dieses Verdienst doch dadurch außerordentlich beeinträchtigt, daß Berkeley seine unhaltbare Interpretation der sekundären Qualitäten nun auch auf die primären Qualitäten überträgt. Daß übrigens Bewegung „nur im Geist existieren" soll, wird uns noch später (anläßlich des § 114) beschäftigen.

[19] Zum Problem der Substanz vgl. meine Schrift über „*John Locke*", S. 271-324. Auch in den Erörterungen der „Drei Dialoge zwischen Hylas und Philonous" spielt der Substanzbegriff, wie wir wissen, eine äußerst gewichtige Rolle. Ihren Hauptbeweis für den vermeintlich widerspruchsvollen Charakter des Be-

griffes der *materiellen* Substanz haben wir bereits in Anmerkung 15 als jeder Begründung entbehrend bezeichnet, da er auf der undiskutablen Berkeleyschen petitio principii der Identifizierung von Wahrnehmung und Wahrgenommenem beruht. Richten wir daher jetzt unser Augenmerk auf die gleichsam technische Seite der Sache. Im *ersten* der „Drei Dialoge" wird der Begriff der Substanz als des Substrats oder Trägers von Qualitäten, Akzidentien oder Modifikationen als ein *Relations*begriff charakterisiert — diejenige Klärung des Begriffes übrigens, die aus der Polemik zwischen Locke und Stillingfleet hervorgegangen war. Gegen Ende des *zweiten* der „Drei Dialoge" besteht Berkeley darauf, daß dieser Begriff sich nicht realisieren läßt im Falle des Verhältnisses von *sinnlichen* Qualitäten und *materiellem* Substrat, was wiederum lediglich aus seiner oben angegebenen petitio principii folgt, denn ohne sie ist nicht im mindesten einzusehen, warum nicht sinnlich wahrnehmbare Eigenschaften materiellen Körpern als ihren Trägern inhärieren sollten — ein Verhältnis, das freilich nicht unmittelbar durch die Sinne feststellbar ist, sondern nur durch ein die Sinneswahrnehmung vervollständigendes und sinngemäß auslegendes Denken.

Bemerkenswert an allen diesen Erörterungen ist, daß Berkeley immer wieder den Begriff des Trägers von Akzidentien überhaupt als leer, nichtssagend, wenn nicht gar sinnlos hinstellen und beispielsweise die Unterscheidung der Ausdehnung von dem, *was* ausgedehnt ist, leugnen möchte. Diesen Unterschied scharf ins Auge zu fassen, fällt ihm auch im Falle des *geistigen* Seins so unendlich schwer: er vermag sich nicht wahrhaft zu vergegenwärtigen, daß der Geist, *der* tätig ist, von seinen Tätigkeiten selber verschieden ist, und daß *beide, der Geist und seine Tätigkeiten, eine ganz verschiedene Art des Seins haben.* Als Samuel Johnson (in seinem ersten Brief vom 10. IX. 1729) Berkeley mit unmißverständlicher Deutlichkeit auf diesen Sachverhalt hinweist und dabei der Hoffnung Ausdruck gibt, daß der zweite Teil der „Prinzipien" in dieser Beziehung wie in manchen anderen eine Klärung bringen werde, weicht er aus und bleibt in seiner Antwort auf diesen Brief ebenso eine zureichende Klärung schuldig wie in seiner Beantwortung des zweiten Johnson-Briefes (vom 5. II. 1730), in dem Johnson seine diesbezüglichen Hinweise auf das nachdrücklichste wiederholt. In der Tat kann auch wohl schwerlich daran gezweifelt werden, daß Berkeley den zweiten Teil der „Prinzipien", der (abgesehen von der Moral) die Probleme des geistigen Seins behandeln sollte, deswegen ungeschrieben ließ, weil er sich den Schwierigkeiten, die ihm das geistige Sein sowohl ontologisch als auch methodologisch (wie wir bald noch genauer sehen werden) bereitete, nicht gewachsen fühlte; er hätte in beiden Hinsichten unzweifelhaft einschneidende Korrekturen an den Grundlagen seiner Philosophie vornehmen müssen, so ließ er es denn bei der locker gefügten, in genialer Jugendlichkeit entworfenen Skizze des Systems bewenden.

Jedenfalls aber ist auf das nachdrücklichste festzustellen: *entweder* ist der Substanzbegriff („Träger" von „Akzidentien") überhaupt vage, leer, nichtssagend, unangemessen oder bedeutungslos — dann ist er es auch im Falle der *geistigen* Substanz, denn seine wesentlichen Merkmale sind in beiden Fällen die gleichen, *oder* aber dieser Begriff ist als solcher sinnvoll und verständlich — dann ist er es — entgegen der Berkeleyschen petitio principii — *auch* im Falle des *materiellen* Seins.

[20] „Argumenta *a posteriori*" in dem alten aristotelisch-scholastischen Sinne dieses Ausdrucks, wonach das Argumentieren a priori das Schließen aus der Ursache als dem der Natur nach Früheren (φύσει πρότερον) auf die Wirkung als das der Natur nach Spätere (φύσει ὕστερον) bedeutet, das Argumentieren a posteriori aber das Schließen aus den Wirkungen auf die Ursachen (aus dem φύσει ὕστερον auf das φύσει πρότερον). Bei dem Schließen a posteriori ist das der natürlichen Folge nach Spätere (die Wirkungen) für uns das Frühere (πρότερον πρὸς ἡμᾶς) oder das uns früher und leichter Erkennbare (γνωριμώτερον ἡμῖν), woraus wir auf das an sich Frühere (die Ursachen) zurückgehen; wir verfahren dabei *regressiv*, bei dem Schließen a priori (ad posterius) aber *progressiv*. An die Stelle dieses auf den Argumentationsgang bezüglichen Gebrauchs der Ausdrücke a priori und a posteriori hat Kant, zum Teil nach dem Vorgang Humes und anderer, einen ganz neuartigen Gebrauch gesetzt, wonach der Unterschied auch auf die Urteile als solche bezogen wird; unter der Erkenntnis a posteriori versteht Kant die empirische (von der Erfahrung abhängige) und unter der Erkenntnis a priori die nichtempirische (von der Erfahrung unabhängige) Erkenntnis.

[21] Berkeley verkennt in diesem Passus, daß Bewußtseins*transzendenz* des Seins als solche nicht notwendig *Absolutheit* des Seins bedeutet; die letzte wird durch seine Argumentation trotz aller ihrer Inadäquatheit prinzipiell getroffen, die erste dagegen keineswegs. Im Gegenteil, nur wenn man die Erkenntnisrelation als Seinsbeziehung versteht und aus dieser eine hinsichtlich ihrer Glieder völlig gleichwertige *Korrelation* von Bewußtsein und Sein entwickelt, ist das Erkenntnisphänomen überhaupt philosophisch zureichend erklärbar. So wie Berkeley verkennt auch *Luce* („Berkeley's Immaterialism", S. 85-90, 116, u. ö.) den hier vorliegenden, in Wahrheit überaus *komplexen* Sachverhalt. Übrigens weist *Johnston* (a.a.O., S. 187) mit Recht darauf hin, daß Berkeley gleichwohl absolute und relative Existenz der Ideen unterscheidet: in Gott und in geschaffenen Geistern.

[22] Dieser Zusatz der zweiten Auflage ist sehr interessant und

zwar erstens deswegen, weil Berkeley hier gegenüber den rein negativen Feststellungen der ersten Auflage als das methodische Instrument zur Erfassung der ganzen Sphäre des geistigen Seins positiv den *Begriff* bezeichnet, und zweitens, weil er hier — offenbar unter dem Eindruck des Briefwechsels mit Johnson — *innerhalb* der Sphäre des geistigen Seins die *Tätigkeit* vom *Subjekt* (des Willens z. B.) de facto unterscheidet, nachdem er in der ersten Auflage ausdrücklich abgelehnt hat, einen Unterschied zwischen dem *Willen* und dem *Subjekt* des Willens zu machen und etwa den Substanzbegriff zur Kenntlichmachung dieses Unterschiedes zu verwenden. Auf diese tiefgreifende Unklarheit (vgl. Anmerkung 19), die von Anfang an in seinem Denken lag und derzufolge das Sein der Ideen percipi sein sollte und das Sein der Geister percipere = velle, wird noch zurückzukommen sein. Ein ähnliches Problem kann für Berkeley innerhalb des sinnlichen Seins deswegen nicht entstehen, weil er hier ja nur Einzelideen und „Kollektionen" von Einzelideen, nicht aber irgendwelche „Träger" gelten läßt.

[23] Wenn unser Geist diese Wirkung *erleiden* kann, daß durch ein anderes Wesen Ideen in ihm hervorgebracht werden, so ist er offenbar — als *Geist* — nicht ein seiner Natur nach stets *aktives* Wesen, sondern ebensowohl auch der *Passivität* fähig. Hierdurch relativiert sich der Gegensatz zwischen Aktivität und Passivität, und der Hauptunterschied zwischen Ideen bzw. sinnlichem Sein und geistigem Sein kommt ins Wanken. An dieser Stelle bricht, um nur diese eine Affektion des Geistes herauszugreifen, das Problem des Verhältnisses von Perzipieren und Perzeption auf, das Berkeley infolge der ausschließlichen Entgegensetzung von aktivem Geist und passiver Idee ganz außerstande ist zu lösen. Entweder ist das Perzipieren *passiv*, dann muß es eine *Idee* sein und kann nicht als etwas Geistiges angesehen werden, oder aber es ist *geistiger* Natur, dann muß es *aktiv* sein — eine für Berkeley unausweichliche Alternative. Der zweiten Seite dieser Alternative trägt er beispielsweise Rechnung in den §§ 138 und 139 der „Prinzipien", wo perceiving eindeutig zu den *Kräften* (powers) der Seele gerechnet und damit als eine spezifisch *geistige Aktivität* deklariert wird (§ 139: a soul or spirit is an *active being*, whose existence consists in *perceiving ideas* and thinking). Die erste Seite der Alternative wird dagegen von Berkeley auf das schärfste herausgearbeitet in der zweiten Hälfte des *ersten* der „Drei Dialoge zwischen Hylas und Philonous". Hier werden an jeder Wahrnehmung zwei Bestandteile unterschieden: die *Tätigkeit* und das *Objekt* des Wahrnehmens. Dies — das Objekt — wird, obwohl es als das allein *Geistige* an der Wahrnehmung bezeichnet wird, für völlig *passiv* erklärt, während eine Beteiligung des Willens nur bei der Herstellung der physiologischen Bedingungen der Wahrnehmung eingeräumt wird. Der Sinn dieser ganzen Erörterung

ist eindeutig der, daß *wir uns beim Wahrnehmen völlig leidend verhalten* und der *Akt* des Wahrnehmens gar nicht zur eigentlichen Wahrnehmung hinzugehört. Wie gesagt, es gibt keine Möglichkeit für Berkeley, aus dem Dilemma herauszukommen. Bald wird das Wahrnehmen seinem Wesen nach als *aktive* Leistung des *Geistes* bestimmt (dann kann es ihm zufolge gar nicht *passiv* sein), bald als *Passion* („passion") — dann kann es ihm zufolge gar nicht *geistig* sein, denn Geist ist Wille nach Berkeley und „Wille" und „Verstand" ein und dieselbe Sache, nur unter verschiedenen Gesichtspunkten betrachtet.

[24] Vgl. zur Lehre von den Ideen (im neueren Sinne) meine Schrift über *„John Locke"*, S. 30-88. Hier wird auch der sowohl in den „Prinzipien" als auch in den „Drei Dialogen" (vor allem im dritten Dialog) immer wiederkehrende Ausdruck „unmittelbare Objekte" (immediate objects), die „nur im Geist existieren" sollen, einer strengen Kritik unterzogen. „Unmittelbare Objekte" widersprechen sich selber; es kann sie nicht geben, da *jedes* Objekt *vermittelt* ist, durch *Bewußtseinsinhalte* nämlich, was auch für die Bewußtseinsinhalte selber — *als* Objekte — ausnahmslos gültig ist.

[25] Wiederum ist zu diesen Ausführungen zu sagen: entweder ist der Begriff der Substanz als Träger von Eigenschaften, Modifikationen oder Attributen überhaupt sinnvoll und verständlich oder nicht; ist er es nicht, dann ist er es auch nicht im Falle des *geistigen* Seins; warum das Problem im Falle des *sinnlichen* Seins für Berkeley gar nicht entstehen kann, ist am Schluß der Anmerkung 22 gesagt. Was nun den Kern der Argumentation des § 49 angeht, so braucht darum, weil Berkeley die *Gegenstände* der Vorstellungen zu *Vorstellungen* macht oder (was auf dasselbe hinausläuft) diese zu Gegenständen, der Geist natürlich nicht selber ausgedehnt oder farbig zu sein, er kann es vielmehr gar nicht sein, denn es handelt sich ja eben um *Vorstellungen* von Ausgedehntem oder von Farbe. Im übrigen aber kommt diesen Ausführungen eine hohe grundsätzliche Bedeutung zu, da sie geeignet sind, über den wahren Charakter der Berkeleyschen Philosophie infolge der Doppeldeutigkeit des Ausdrucks „Idee" hinwegzutäuschen und einen nichtgeistigen „Realismus" der Ideen *als* „Objekte" oder gar der Objekte *der* „Ideen" vorzuspiegeln. Fürs erste ist festzuhalten: die Idee *hat* nach Berkeley gar kein Objekt, sondern sie *ist* das Objekt, als solche ist sie nach Berkeley real, aber *im* Geist. Über die ontologische Bedeutung dieses Verhältnisses der Ideen zum Geist hat sich Berkeley keine besonderen Gedanken gemacht, wie dies bei der Flüchtigkeit und Unentwickeltheit seiner Philosophie des geistigen Seins nicht verwunderlich ist; die Klärung hätte auch in diesem Falle, wie Samuel Johnson mit Recht erwartete, Teil II der „Prinzipien" bringen müssen. Da diese Klärung für immer ausgeblieben ist, ist angesichts des vorliegenden Status

der Berkeleyschen Philosophie noch einmal mit grundsätzlichem Nachdruck folgendes festzustellen.

Wenn die Darstellung der Berkeleyschen Philosophie durch *André Joussain* in einem entscheidenden Punkte recht hat, dann darin, daß für Berkeley in der Tat die Objekte der sinnlichen Wahrnehmung "manières d'être du sujet", "états passifs d'âme", "modifications de l'esprit" oder "faits de conscience" sind (a.a.O., bes. S. 44, 88, 148/9, 190, 193/4). Denn ist erst einmal die sinnliche Welt völlig entsubstantialisiert, und gibt es nur eine einzige Substanz des Seins: die geistige, sind ferner die Gegenstände der Vorstellungen identisch mit den Vorstellungen selber, genauer mit ihren Inhalten (contents), so gibt es keine andere Möglichkeit, das Verhältnis dieser Bewußtseinsinhalte zum Geist adäquat zu bezeichnen, als die Verwendung der traditionellen Termini von Eigenschaften, Akzidentien oder Modifikationen, die einer Substanz inhärieren, mag dies Berkeley nun wahrhaben wollen oder nicht. Daher muß auch *Hicks,* so sehr er sich immer auch bemüht, für Berkeley wenigstens ein Objekt-Verhältnis des Geistes zu seinen Ideen selber zu retten, gleichwohl zugeben: "But it is difficult to unterstand in what way they can thus inhere in mind as their substance *without being 'states' or 'modifications' of mind.*" (A.a.O., S. 111, die Sperrung ist hinzugefügt.) In der Tat: anders ist das Verhältnis der Berkeleyschen Ideen zum Geist gar nicht zu verstehen und zu formulieren.

In allen seinen Schriften sucht *Luce* diesen klaren Tatbestand auf das entschiedenste zu bestreiten, obwohl er ihn, wie wir sehen werden, selber durchaus treffend formuliert. Wegen der außerordentlichen Wichtigkeit der Sache, von deren genauer Erfassung ein gut Teil des rechten Berkeley-Verständnisses abhängt, seien zunächst zwei diesbezügliche Äußerungen Luces aus „Berkeley and Malebranche" hierher gesetzt. S. 67 heißt es: "Light and colours, tastes and sounds cannot, for Berkeley, be modifications of mind, part of the fabric of the mind; for they are passive and not active. They are idea-things, not spirit-things. They are objects that are not subjects though necessarily related to a subject." Diese Hinweise sind ganz unstichhaltig, denn es duldet erstens (von den unbehebbaren Berkeleyschen Widersprüchen in bezug auf aktiv und passiv einmal abgesehen) keinen Zweifel, daß unsere Seelen auf die mannigfachsten Weisen mit Zuständen, Gefühlen, Erlebnisinhalten affiziert werden können, die etwas durchaus Passives und gleichwohl etwas rein Seelisches sind. Zum andern: soll es sich um eine echte Erkenntnisrelation handeln, muß das Objekt ein dem Subjekt vollkommen gleichwertiges Sein haben und kein Sein *im* Subjekt. Da Berkeley gerade diese ontologische Gleichwertigkeit der beiden Relationsglieder leugnet und nur dem Geist ein substantielles Sein zuerkennt, wird auch der Unterschied von idea-thing und spirit-thing grundsätzlich hinfällig: als Bewußtseins*inhalt* ist die Idee eo ipso spirit-thing in *dem* Sinne, daß sie *Bestandteil* des allein selbständigen geistigen Seins oder eben „Modifikation" der Seele ist. Bei tatsächlicher Relationalität würde das Subjekt ontologisch ebenso abhängig sein vom Objekt wie dieses von jenem. An anderer Stelle sagt Luce in der gleichen Schrift (S. 98): "Ideas are neither modes of spirit, nor states of mind. 'In' mind, they are not 'of' mind. They are essentially unlike spirit. Spirit can act, ideas cannot. The Berkeleian idea is object which is not subject, and which, being made and conserved by spirit, has no independent nature." Abgesehen von dem letzten bemerkenswerten Hinweis (daß Ideen „vom Geist gemacht und erhalten werden") ist auch diese Argumentation unhaltbar. Bewußtse*insinhalte* haben unter allen Umständen ein *geistiges* Sein, denn der Geist kann wesensgesetzlich nur *geistige* Inhalte haben, was freilich nicht im mindesten für seine *Gegenstände* gilt, die eben etwas völlig Anderes sind wie seine Inhalte mit einer gänzlich davon verschiedenen Seinsweise — also sind die Berkeleyschen Ideen nicht nur "in" mind, sondern auch "of" mind. Natürlich ist darum das Sein der Affektionen, Emotionen, Zustände, Akte usw. der Seele kein *substantielles* — sie sind nicht selber spirits oder *selbständige* spirit-*things* —, sondern ein *akzidentelles:* Seins- oder Handlungsweisen der Seele können definitionsgemäß gar nicht selber die Seele sein, Inhalte des Geistes nicht der Geist selber! Dem immer wieder entgegenzuhalten, daß diese Inhalte für Berkeley doch "Objekte" sind, ist vollkommen müßig, denn diese scheinbaren, depotenzierten, entwirklichten und entrechteten Objekte sind — und dies ist der Hauptpunkt der Berkeleyschen Ideen-Lehre — die Vorstellungen, die Wahrnehmungen und Empfindungen selber und nichts anderes. Im übrigen formuliert Luce in der gleichen Schrift den Sachverhalt ja auch überaus treffend, wenn er (S. 70) sagt, daß Berkeley „das Ding idealisiert und die Idee spiritualisiert" (desgl. spricht er S. 71 von dem „twofold process of idealizing the object and spiritualizing the idea"). Dies heißt doch: *Spiritualisierung des sog. Objekts, das zuvor „idealisiert", d. h. mit der Idee gleichgeworden ist!* Es ist mir, wie ich bekennen muß, nicht ganz verständlich, wie man diesen Satz niederschreiben und sozusagen im gleichen Atemzug ein anderes als ein geistiges Sein für die Berkeleysche Idee in Anspruch nehmen kann. — Es würde zu weit führen und zu viel Raum beanspruchen, hier auch auf die ähnlich gerichteten Ausführungen von *Jessop* (in „Berkeley Philosophical Writings", Edinburgh 1952, S. XII - XV) einzugehen und ihre diesbezüglichen Argumente Zug um Zug zu entkräften, obwohl es sehr instruktiv wäre.

Der Anschein, daß Berkeley doch Perzeption und Objekt der Perzeption unterscheidet — was Luce und Jessop mit Recht für den Kern der Berkeleyschen Lehre auf das entschiedenste bestreiten —, entsteht überhaupt nur dadurch, daß Berkeley selber manchmal zwischen beiden hin und her pendelt und des öfteren von Ideen *von* Dingen oder irgendwelchen Gegenständen (ideas *of* things or objects whatsoever) spricht — eine für ihn ganz unzulässige Redeweise. Denn mit der Gleichsetzung von Ideen und Dingen verwirft Berkeley überall da, wo er konsequent ist, jede Art und jeden Grad von sog. *Repräsentationismus*. Die Idee „stellt" bei ihm nicht etwas „vor", was sie nicht selber ist, sie ist nicht ein Mittel „zu" irgend etwas anderem oder ein Instrument „für" etwas anderes, kein kognitives Medium, „durch" das „hindurch" erkannt wird, sondern sie ist das Erkenntnisobjekt selber, an dem daher nach Berkeley auch nichts unerfaßt oder unerkannt bleibt — also kann es hier keine wirkliche Existenz des von der Idee und ihrer Existenzweise verschiedenen Objektes geben. Anders ausgedrückt: eben deshalb ist seine Philosophie negativ Immaterialismus und positiv Spiritualismus; sie erkennt, alles in allem genommen, nur geistiges Sein an, dem alles andere Sein als seiner Substanz inhäriert und als seinem Substrat zugehört. Übrigens ist gerade die Entschiedenheit, mit der Berkeley diesen einseitigen Standpunkt vertritt, dasjenige, was seine Lehre für die neuzeitliche Philosophie so interessant und bedeutsam macht; wäre er hier im Ernst verschiedener Auslegungen fähig, würde sie weitgehend philosophisch bedeutungslos und uninteressant werden.

26 Die *„Occasionalisten"* Geulincx und Malebranche, welche, von der kartesischen Ansicht der völligen Verschiedenartigkeit von Seele und Leib ausgehend, nicht zugaben, daß zwischen beiden eine gegenseitige Einwirkung stattfindet, sondern annahmen, daß Gott *bei Gelegenheit* des einen Vorgangs den anderen bewirkt, z. B. auf Anlaß einer Affektion meiner Sinne die zugehörige Empfindung hervorruft und auf Anlaß meines Begehrens meinen Arm bewegt. Vom Occasionalismus aus und besonders von der Lehre Malebranches aus, daß wir Körper vermittelst der Repräsentation ihres Wesens im göttlichen Geist erkennen, und daß wir überhaupt alle Dinge in Gott schauen, lag der Übergang zu der Berkeleyschen Doktrin in der Tat in greifbarer Nähe.

27 Der neunte Einwurf ist von Berkeley nicht ausdrücklich als solcher formuliert worden; er betrifft die Erklärbarkeit des allgemeinen Glaubens an die Materie und geht aus dem Beginn des § 56 hervor. (Vgl. die Inhaltsübersicht auf S. LXIV.)

28 Vgl. Anmerkung 20.

29 Unter Bezugnahme auf diese Paragraphen bestimmt *Luce* Berkeleys Verhältnis zum Occasionalismus dahingehend, daß B. zwar nicht die volle Lehre übernahm, da er stets den endlichen Geist als ein Zentrum wirklicher Aktivität anerkannte, aber doch mit dem Occasionalismus darin völlig übereinstimmte,

daß er die Passivität und Impotenz der Idee und die Abwesenheit einer zweiten oder materiellen Ursache annahm, wobei er die körperliche Kausalität durch die Kategorien des Zeichens und des bezeichneten Dinges ersetzte und die Ideen als die Sprache des Urhebers der Natur ansah. In § 150, so hebt L. hervor, erweitert B. diesen Begriff der göttlichen Tätigkeit, und hier werde das, was er Malebranche verdanke, besonders merklich. ("Berkeley and Malebranche", S. 118.) Vgl. zu Berkeleys Kausalitätsauffassung auch die Luceschen Schriften „Berkeley's Immaterialism", S. 91-97, und "Sense without Matter or Direct-Perception", S. 71-95. Im letztgenannten Zusammenhang unterstreicht L., daß es in der unbelebten Natur keine andere wahrhafte Ursache *(true* cause) geben könne als die universale erste Ursache Gott, während alle anderen natürlichen Ursachen nur natürliche Zeichen seien (*cue* causes), aber keineswegs bewirkende *(efficient* causes) im eigentlichen Sinne. Die Sinneswelt sei gänzlich passiv, wahrhafte Verursachung sei stets ein Akt des Geistes, nur geistige Verursachung verstünden wir überhaupt und zwar von unserem eigenen Inneren her, so daß uns, woimmer wir wahrhafte Verursachung anträfen, ein Geist evident werde usw.

Damit stellt sich Luce wie in allen anderen Hauptpunkten so auch hinsichtlich der Kausalitätsauffassung schützend vor Berkeley. Wie dieser konfrontiert er causa causans: die eigentliche, echte, aktive, bewirkende Ursache und causa significans: die nur scheinbare, unechte, völlig passive und wirkungslose Ursache, die nur Effekt, Aufeinanderfolge, Zeichen, Wink und Stichwort ist für Wirkungen, die lediglich der Geist, letzten Endes Gott allein zu bewirken vermag. Eine Auseinandersetzung mit dieser Auffassung würde hier zu weit führen. Daher sei nur folgendes mit prinzipiellen Nachdruck festgestellt. Die These, daß die gesamte sinnlich wahrnehmbare Welt *jeder Aktivität entbehrt,* ist überhaupt nur aus Berkeleys unhaltbarem immaterialistisch-spiritualistischem Prinzip und gewissen, heute undiskutablen occasionalistisch-metaphysischen Spekulationen, die der kartesischen Zweisubstanzenlehre entsprangen, heraus verständlich. Darüber hinaus aber ist zu sagen, daß diese ganze Auffassung zwei Grundmängel aufweist, die in der hier nur kurz angezogenen Interpretation Luces besonders klar heraustreten: erstens die Aufstellung einer unmöglichen Alternative im Sinne von entweder *absolute* Ursachen oder *gar keine,* zweitens die Außerachtlassung der *Mannigfaltigkeit* der im Ganzen der Wirklichkeit oder des Realprozesses ineinander spielenden Gesetzlichkeiten, Determinationsweisen oder, wenn man so will, Arten von „Kausalität". Die rückhaltlose Preisgabe dieser beiden gleich schwerwiegenden Vorurteile, von denen das eine spiritualistischen, das andere materialistisch-mechanistischen bzw. im engsten Sinne des Wortes naturwissenschaftlichen Charakter hat, stellt die notwendige Voraussetzung dar für eine zumal heute angemessene Bewältigung desjenigen umfassenden Problemkomplexes, der mit dem Prinzip der Kausalität gegeben ist oder allgemeiner mit dem Begriff dessen, was wir die Gesetzlichkeit oder Ordnung der Natur überhaupt nennen.

[30] Diesen Paragraphen nimmt *Samuel Johnson* zum Anlaß, um in seinem ersten Brief an Berkeley (vom 10. IX. 1729), in dem er elf Schwierigkeiten bzw. Einwände herausarbeitet, an letzter Stelle auf die *Seinsweise der Geister* einzugehen. Er stellt zunächst fest, daß ihm das Verhältnis der Ideen zur geistigen Substanz als ihrem Substrat ebenso unklar sei wie die Materie, und es ihm zweifelhaft erscheine, ob sie nun, präzise gesprochen, „Modifikationen" des Geistes, „Eindrücke" auf ihn oder was sonst seien. Dann fährt er unter Bezugnahme auf § 98 fort: „Welcher Art ist das Sein (esse) der Geister? Sie scheinen es für unmöglich zu halten, ihre Existenz von ihrem Denken zu abstrahieren. Ist denn das esse der Geister nichts anderes als percipere, so wie das esse der Ideen percipi ist? Sicherlich muß es, wie mir scheint, *ein unbekanntes Etwas* geben, *das* denkt und handelt, *das ebenso schwierig zu erfassen ist wie die Materie,* und dessen Schöpfung über unsere Kräfte ebenso sehr hinausliegt wie die Erschaffung der Materie. *Können Handlungen das esse von irgend etwas sein?* Können sie ihrerseits existieren und ausgeübt werden ohne irgend etwas, *das* da handelt? Und kann nicht dieses Etwas ganz leicht als *nicht*handelnd *d. h. nicht*denkend vorgestellt werden? Und kann man infolgedessen (denn Sie sprechen dort auch von Dauer) von ihm nicht das durare, etsi non cogitet aussagen, so daß es im Sein beharrt, obwohl das Denken für eine Weile aussetzt? Und ist dies nicht tatsächlich manchmal der Fall? Die Dauer des ewigen Geistes muß ganz gewiß etwas anderes ausser einer ewigen Folge von Ideen einschließen. Kann ich denn nicht, obwohl ich meine Idee der Dauer durch Beobachtung der Aufeinanderfolge von Ideen in meinem Geist erhalte, durchaus verstehen, daß es ein perseverare in existendo gibt, eine Dauer meines Seins und des Seins von anderen Geistern, die verschieden und unabhängig von der Aufeinanderfolge von Ideen ist?" (Die Sperrungen sind hinzugefügt.)

Es ist gewiß nicht zu viel gesagt, wenn man feststellt, daß Johnson mit diesen Sätzen Berkeley gleichsam eine Lektion erteilt, denn sie beweisen mit leuchtender Klarheit, daß das esse der Geister selber unter gar keinen Umständen percipere sein kann, sondern das percipere eben ein *Subjekt,* ein *Substrat,* einen *Träger* voraussetzt, dessen Seinsweise eine *andere* ist wie die des percipere. Darüber hinaus wird Berkeley auch mit unmißverständlicher Deutlichkeit darauf hingewiesen, daß die geistige Substanz für uns ein ebenso *unbekanntes* Etwas ist wie die Materie, daß wir auch sie nur in ihren Wirkungen erkennen, also nur mittelbar und indirekt, keinesfalls aber direkt, unmittelbar und an sich selbst. Man kann wohl verstehen, daß Berkeley einer Beantwortung dieser Fragen ausgewichen ist, denn mit seiner leichtgezimmerten Ontologie und Gnoseologie des geistigen Seins war er in der Tat ganz außerstande, eine zureichende Antwort auf sie zu geben.

Indessen hat Johnson das Berkeleysche Schweigen (vgl. dessen Brief von 25. XI. 1729) zum Anlaß genommen, in seinem zweiten Brief an Berkeley (vom 5. II. 1730) auf diesen Problemkomplex zurückzukommen. Hier heißt es: „Was das esse von Geistern anlangt, so weiß ich, daß Descartes der Meinung war, die Seele denke immer, aber ich habe geglaubt, daß Herr Locke diese Auffassung, die er nur für eine zweckdienliche Hypothese hielt, hinreichend widerlegt hat. Die Schulphilosophen nennen allerdings die Seele *Actus* und Gott *Actus purus;* aber ich bekenne, daß ich ihre Meinung niemals recht habe verstehen können . . . . . Das eigentliche Sein von Geistern in den bloßen Akt des Denkens zu verlegen, *scheint mir recht sehr der Bildung von abstrakten Ideen von ihnen gleichzukommen.* Es gibt gewiß etwas Passives in unseren Seelen, wir sind rein passiv bei der Aufnahme unserer Ideen; und vernünftiges Denken sowie Wollen sind Handlungen eines *Etwas, das* vernünftig denkt und will, und *darum können sie gar nichts anderes als Modalitäten dieses Etwas sein . . . . . Seine Betätigungen sind nicht das Ding selber, sondern dessen Modalitäten, die eben von ihm verschieden sind wie Handlungen vom Handelnden* — eine Unterscheidung, die sich meines Erachtens ohne Rekurs auf abstrakte Ideen vornehmen läßt . . . . *Wenn esse nur percipere ist, worauf gründet sich dann unser Bewußtsein von ihm?* Ich hatte gestern Wahrnehmungen und habe sie jetzt, aber in der Nacht zwischen meinen gestrigen und meinen heutigen Wahrnehmungen fand eine Unterbrechung statt, während der ich nichts wahrnahm. Mir scheint, daß *irgendein Prinzip* da sein muß, das diesen Wahrnehmungen gemeinsam ist, *dessen esse nicht von ihnen abhängt, sondern in dem sie, wie es tatsächlich der Fall war, mit einander verbunden sind, und von dem sie ihrerseits abhängen, wodurch ich mir ihrer bewußt bin und bleibe*". (Die Sperrungen sind wiederum eine Zutat.)

Dieser Ausschnitt aus den diesbezüglichen Erörterungen des zweiten Briefes mag genügen, die eine ausgezeichnete Erläuterung der Argumente des ersten Briefes darstellen und nun Berkeleys Auffassung des Seins der Geister mit dem für ihn vernichtenden Terminus der *„abstrakten Idee"* belegen, während die Unterscheidung von Perzipierendem und Perzipieren, Handelndem und Handlungen, Wollendem und Wollen mit Recht als das Gegenteil einer unzulässigen Abstraktion bezeichnet und erneut die *Seinsweise* von beiden klar gegen einander *abgehoben* wird. Auch diesmal hat Berkeley in seiner Antwort vom 24. III. 1730 nicht mehr dazu zu sagen, als daß er *Lockes* abstrakte allgemeine Idee der Existenz nach wie vor ablehnt.

[31] Dieser Irrtum war durchaus entschuldbar zu seiner Zeit, als die Astronomie vorzugsweise noch der Erforschung des Planetensystems zugewandt war und die Frage nach der Bewegung der Fixsterne noch nicht ernstlich in Angriff genommen hatte.

[32] Auch diese Irrtümer Berkeleys bedürfen heute keiner Widerlegung mehr. Jeder Teil der emporwachsenden Pflanze, der elastischen Luft hat Schwere; diese selbst wird nicht aufgehoben, wenn ihre Wirkung durch Gegenwirkungen beeinträchtigt und in ihr Gegenteil verkehrt wird. Überall aber, wo mehrere Kräfte miteinander zusammenwirken und teilweise einander kompensieren, kann nach der Konsequenz des Berkeleyschen Prinzips, wonach Gott unmittelbar die Erfolge bewirkt, die Wirksamkeit der sich in den einfacheren, komplikationsfreien Fällen klar bekundenden Naturgesetze nicht mehr erkannt und anerkannt werden; diese Gesetze erscheinen nicht als allgemeingültig, obschon sie es in der Tat sind, sie weichen anderen Gesetzen, denen dann gleichfalls nur eine sehr eingeschränkte Gültigkeit zugeschrieben werden kann. Das Berkeleysche Prinzip ist, wie sich auch hier wiederum zeigt, zwar mit einer allgemein gehaltenen Anerkennung des Bestehens von Naturgesetzen als Regeln des göttlichen Handelns, aber nicht mit einer wissenschaftlich durchgeführten Erkenntnis von Naturgesetzen vereinbar.

[33] *Newton* macht die von Berkeley hier angeführten und bekämpften Unterscheidungen in dem Scholion zur achten Definition in der Einleitung zu seinen Principia (Ausgabe von 1687, S. 5 ff.).

[34] Nämlich in einem Gefäß, welches an einem Faden aufgehängt ist und plötzlich rasch gedreht wird, wobei das Wasser erst allmählich in die Bewegung des Gefäßes mit hineingezogen wird.

[35] Hierzu macht *Hicks* die treffende Bemerkung: „Berkeleys Methode der Argumentation ist kurios. Er besteht darauf, daß das Wasser im Gefäß zu der Zeit, zu der es nach Newton die größte *relative* Bewegung hat, tatsächlich überhaupt keine Bewegung hat. Newton würde vermutlich geantwortet haben, daß dies einfach ein Mißverständnis dessen ist, was mit relativer Bewegung gemeint ist". (A.a.O., S. 176.)

[36] Zu dem, was Berkeley in den letzten Paragraphen über die Bewegung sagt, ist der Schlußsatz des § 14 hinzuzunehmen, in dem nicht nur festgestellt wird, daß die Bewegung (wie alle anderen Qualitäten) lediglich „im" Geist existiert, sondern auch, daß sie von der Schnelligkeit oder Langsamkeit der Aufeinanderfolge der Ideen in unserm Geist abhängig ist. Daß unter diesen Umständen eine Wissenschaft der Dynamik unmöglich

sein würde, wird treffend hervorgehoben von *Hicks (a.a.O.,* S. 176/7). Auch *Johnston* weist mit Recht darauf hin, daß eine In-Verhältnis-Setzung der Bewegungen der Körper mit der Schnelligkeit oder Langsamkeit der Ideen in irgendeinem beliebigen Geist eine offensichtliche Übersteigerung der Relativitätsauffassung der Bewegung ist (a.a.O. S. 237). Darüber hinaus stellt er treffend fest, daß Berkeley durch die Grundvoraussetzung seines Systems, derzufolge unsere Ideenwelt in der archetypischen Ideenwelt Gottes gegründet ist und in ihr die Garantie ihres ununterbrochenen Seins hat, auch zu der Unterscheidung zwischen relativer und absoluter Bewegung gezwungen ist, die er doch vermeiden will, denn eben die Aufeinanderfolge der Ideen im Geist Gottes bzw. die von Gott wahrgenommene Bewegung muß die absolute Norm für die Aufeinanderfolge der Ideen und die Wahrnehmung der Bewegung in endlichen Geistern sein. (S. 238.)

[37] Außer an Newton, Malebranche, Spinoza usw. denkt Berkeley hier vor allem auch an Locke, in dessen Essay die Elementaranalyse der Ideen des Raumes, der Zeit und der Unendlichkeit eine überaus gewichtige Rolle spielt. Vgl. hierzu meine Schrift über *„John Locke“*, S. 216-259. Daß Berkeley mit der Bestreitung eines absoluten Raumes und einer absoluten Zeit grundsätzlich im Recht ist, bedarf heute keiner weiteren Erörterung. Auch Locke hat vor der Veröffentlichung seines Essay in der zweiten Hälfte der 70er Jahre die Relativität des Raumes und der Zeit vertreten, sich dann aber unter dem Einfluß Newtons und Henry Mores (eines Denkers der Schule von Cambridge, auf den auch die absolute Raum- und Zeitauffassung Newtons zurückgeht) in die absolute Auffassung des Raumes und der Zeit hineindrängen lassen (a.a.O., S. 242-253). In einer neuerdings wieder veröffentlichten Studie „Der Kampf um den Raum in der Metaphysik der Neuzeit“ hat *Heinz Heimsoeth* die Raumauffassung Berkeleys in die größeren Zusammenhänge eingeordnet („Studien zur Philosophie Immanuel Kants“, Köln 1956, S. 93-124). Vgl. hinsichtlich des Problemkomplexes Raum — Zeit — Unendlichkeit auch den Briefwechsel Berkeleys mit *Samuel Johnson* (Bd. II der Gesamtausgabe, S. 265 ff.) sowie *Hicks* a.a.O., S. 154/5. Im übrigen muß hervorgehoben werden, daß Berkeley wie bei der Bewegung so auch hinsichtlich *Zeit* und *Raum* durch die Gesamtzusammenhänge seines Systems dazu gezwungen ist, die von ihm zurückgewiesene Unterscheidung von *relativ* und *absolut* auf seine Weise und de facto zu vollziehen. Wiederum wird dies treffend herausgearbeitet von *Johnston* (a.a.O., S. 242 ff.). Seine Raum-, Zeit- und Bewegungslehre hat Berkeley weiter ausgeführt in der Schrift „De motu“ von 1721. Vgl. zu diesem ganzen Problemkomplex außer *Johnston* (a.a.O., S. 226-246) und *Hicks*

(a.a.O., bes. S. 171 ff.) auch *J. O. Wisdom* "The unconcious Origin of Berkeley's Philosophy", London 1953, S. 85/6.

[38] Vgl. Anmerkung 20.

[39] Nämlich seit der *Newtonschen* Erfindung der „Fluxionsrechnung", womit die von *Leibniz* bald nachher, und zwar ehe Newton seine Erfindung veröffentlicht hatte, aufgestellte „Differential- und Integralrechnung" sachlich übereinkommt; beide fallen unter den Begriff „Infinitesimalrechnung". Newton hat die „Arithmetik der Fluxionen" seit 1665 allmählich ausgebildet und sie bis zum Jahre 1672 einzelnen Freunden mitgeteilt, obschon mehr andeutungsweise als in ausführlicher Entwicklung; veröffentlicht hat er sie zuerst 1687 in seinen „Principia philosophiae naturalis". Leibniz ist in den siebziger Jahren, vielleicht nicht ganz ohne Kenntnis Newtonscher Andeutungen, jedoch auch gestützt auf seine eigenen früheren Reihenbetrachtungen, mit mindestens relativer Selbständigkeit zu dem neuen Kalkül gelangt und hat ihn zuerst 1684 (in den „Acta eruditorum") veröffentlicht, also drei Jahre vor Newton. Der unerfreuliche Prioritätsstreit, der sich im Anschluß daran entwickelte und der zunächst zugunsten Newtons entschieden wurde, hat lange Zeit das Verdienst Leibnizens ungebührlich verdunkelt. Auch Berkeley war, wie aus § 18 des „Analyst" hervorgeht, der Meinung, daß Leibniz die Methode „mit einigen kleinen Abänderungen" von Newton „geborgt" habe.

[40] In der ersten Auflage folgten hier noch die Sätze: „Und was auch immer Mathematiker von den *Fluxionen* oder dem *Differentialkalkül* und dergleichen denken mögen, so wird ihnen ein geringes Nachdenken zeigen, daß sie beim Arbeiten mit diesen Methoden nicht Linien oder Oberflächen, die kleiner als das sinnlich Wahrnehmbare sind, erfassen oder auch nur sich vorstellen können. Sie mögen in der Tat diese kleinen und nahezu unsinnlichen Größen *Infinitesimalien* oder *Infinitesimalien von Infinitesimalien* nennen, wenn es ihnen beliebt: aber das ist im Grunde auch alles, denn in Wahrheit sind sie endlich, und die Lösung von Problemen verlangt auch keine Annahme anderer Größen. Aber dies wird später klarer gemacht werden." Diese in der zweiten Auflage weggelassene Stelle ist deswegen von Interesse, weil sie die Newtonsche „Fluxionsrechnung" ausdrücklich einbezieht, während die übrigen Ausführungen vor allem der Leibnizischen „Infinitesimalrechnung" zu gelten scheinen. Das Versprechen, alle diese Fragen später eingehender zu behandeln, hat Berkeley mit dem 1734 veröffentlichten „Analyst" erfüllt — im gleichen Jahr also, in dem die zweite Auflage der „Prinzipien" erschien. Der vollständige Titel dieses Werkes lautet: "The Analyst or a discourse addressed to an infidel mathematician, wherein it is examined, whether the object, principles and inferences of the modern analysis are more

distinctly conceived or more evidently deduced, than Religious Mysteries and Points of Faith."

In einer Schrift „Berkeleys Philosophie der Mathematik", Berlin 1921, behandelt *Gerhard Stammler* ausführlich Berkeleys in den „Prinzipien" und im „Analyst" gegen die Fluxionsrechnung und den Differentialkalkül vorgetragene Polemik. Obwohl er die — überhaupt nur im Zusammenhang mit dem esse percipi verständliche — Auffassung Berkeleys mit Recht als sachlich unhaltbar und zur damaligen Zeit rückwärts gerichtet ansieht, erkennt er ihr doch das in der Tat unbestreitbare geschichtliche Verdienst zu, die Mathematiker zu einer schärferen und logisch einwandfreien Fassung der neuen Lehre im Sinne des Grenzbegriffs (theory of limits) veranlaßt zu haben. (Vgl. bes. S. 33, 41, 43/4, 47/8, 55, 58/9, 67-69). — *Luce* glaubt hinsichtlich der Bestreitung der unendlichen Teilbarkeit des Raumes einen erheblichen Einfluß Pierre Bayles auf Berkeley feststellen zu können (vgl. „Berkeley and Malebranche", S. 53-55, und „Berkeley's Immaterialism", S. 143). Vgl. ferner zu Berkeleys Philosophie der Mathematik *Johnston,* a.a.O., S. 261-281, bes. S. 267 und 280, und *Wisdom,* a.a.O., S. 86/7.

[41] In der ersten Auflage lautete dieser Satz "If, therefore, it is impossible that any degree of those powers, shou'd be represented in an idea *or notion,* 'tis evident there can be no idea *or notion* of a spirit." In dieser früheren Fassung ist der Satz höchst bezeichnend für Berkeleys anfängliche Tendenz der Beschränkung der Erkenntnis auf den Bereich der Ideen. Eine Auslassung des Wortes notion in der 2. Aufl. findet sich auch zu Beginn des § 25. Übrigens weist *Johnston* (a.a.O., S. 352) mit Recht darauf hin, daß in den „Philos. Kommentaren" noch perception und imagination die beiden einzigen Arten der „Erkenntnis" im engeren Sinne sind. Vgl. meine Einleitung S. XII und S. XXIV f.

[42] Mit dem gewichtigen Zusatz der 2. Aufl. (or rather a notion) und dem großen noch bedeutsameren Zusatz der 2. Aufl. zum § 142 sucht Berkeley seine Methodologie der Erfassung des geistigen Seins zu vervollständigen und ein für allemal sicherzustellen. (Vgl. hiermit auch die Zusätze der 2. Aufl. zu den §§ 27 und 89.) Indem er sich gleichzeitig damit einverstanden erklärt, daß ideas und notions, wenn man sie entsprechend weit faßt, wechselseitig für einander gebraucht werden können, deckt er die völlige Haltlosigkeit seiner Position mit unüberbietbarer Klarheit selber auf, denn er kann den beiden großen Gegenstandsbereichen seiner Philosophie, die er mit so schneidender Schärfe einander entgegensetzt, keine ihnen spezifisch zugehörigen Erfassungsmethoden zuordnen. Sind Begriffe *Ideen* im weiteren Sinne und dementsprechend Ideen *Begriffe* im weiteren Sinne, so kündigt sich darin ein Verhältnis von Denken und Anschauung an, das der Berkeleyschen Auseinanderreißung von

beiden diametral widerspricht. In der Tat kann ja auch keinesfalls bestritten werden: 1. daß es *Begriffe* von den *Dingen der Außenwelt* genau so gut gibt wie von Geistern und ihren Tätigkeitsweisen (sonst würden wir ja Termini wie Stein, Baum, Tier usw. gar nicht verstehen), und daß *bloße* Sinnesanschauung grundsätzlich unzureichend ist für das Zustandekommen der allereinfachsten Wahrnehmung, die ohne Denken schlechthin unmöglich ist und eine Reihe von kategorialen Momenten *einschließt*, 2. daß es ein „direktes" Denken auch im Falle des geistigen Seins *nicht* gibt, da das Denken seinem Wesen nach eine *mittelbare* Vorstellungsweise, genauer eine in irgend einer Art von Anschauung *fundierte* Vorstellungsweise ist (was mit dem Unterschied von sog. signifikativem und intuitivem Denken noch gar nichts zu tun hat). Eben aus diesem letztgenannten Grunde hat Samuel Johnson mit Recht geltend gemacht, daß wir die geistige Substanz nicht besser kennen als die materielle, weil beide nur in ihren Wirkungs- und Erscheinungsweisen erfahren werden können, die kein noch so „reines" Denken mit seiner angeblichen „Direktheit" überspringen kann. Wir werden uns unserer selbst sowie unserer Akte und Affektionen „bewußt" — nun wohl: es gibt kein *Bewußtsein* ohne ein *Objekt*, das es erfaßt, ein *Etwas*, worauf es gerichtet ist, aber eben dies kann niemals das *Subjekt* des Bewußtseins selber sein (auch nicht im Falle des sog. Selbstbewußtseins). Mit „bloßen" Begriffen läßt sich so wenig etwas erkennen wie mit bloßen Anschauungen, im ersten Falle sind die intuitiven, im zweiten die kategorialen Momente unerläßlich. Eben damit bricht die Methodologie oder Erkenntnislehre Berkeleys, seine Gnoseologie oder Epistemologie zusammen.

Zugleich mit ihr bricht aber auch seine Seinslehre oder Ontologie zusammen. Und zwar aus folgendem Grunde. Wenn Berkeley eine wechselseitige Vertauschung von *Begriffen* und *Ideen* zu gestatten geneigt ist, so erweckt er damit den täuschenden Anschein einer *Parallelisierung* von beiden, die es für ihn in Wahrheit gar nicht geben kann, weil er Ideen ja mit *Dingen* gleichsetzt und — überall da, wo er konsequent ist — keinen instrumentalen oder medialen, repräsentationistischen Charakter der *Idee* zulassen darf, denn dann wäre die Idee eben *nicht* das Ding, sondern die Vorstellung oder Wahrnehmung (repräsentatio) *von* dem Ding. Erst dann wäre die Parallele mit dem Begriff da. Denn Geister und geistige Äußerungen sollen ja nicht *selber* Begriffe oder Gedankendinge (sog. entia rationis) sein, sondern *durch* Begriffe, *vermittelst* ihrer erfaßt werden im Sinne von notions *of* spirits, *of* their actions usw. In diesem Sinne heißt es beispielsweise in § 139 der 1. Aufl. der „Prinzipien" an einer später fortgelassenen Stelle: "If I shou'd say, that . . . I was an idea *or notion,* nothing cou'd be more evidently absurd . . .". Wären nun parallel damit auch die Ideen ideas *of* things, *of* their qualities usw. — wie dies sachlich ohne jeden Zweifel gefordert ist —, so wäre damit sofort die Möglichkeit von materiellen *Substanzen* und ihren *Kausalitäten* gegeben, der ausschließliche Gegensatz von aktiv und passiv fiele weg und damit das Herzstück der Berkeleyschen Ontologie. Andererseits: wären wirklich ideas und notions methodologisch auf die gleiche Stufe zu stellen, so wäre das esse der Geister (wie man manchmal gemeint hat) in der Tat ihr concipi und die Möglichkeit eines *substantiellen* geistigen Seins vollkommen hinfällig.

Im übrigen liegt es ja auf der Hand, daß die vermeintliche völlige Passivität bei unserm anschauenden Verhalten sich bei Berkeley ebenso mit der sog. völligen Passivität der Dinge (= Ideen) verwirrt hat, wie sich die Spontaneität des Denkens bei ihm verwirrt hat mit der Aktivität der Geister. In diesem Sinne erklärt er ja immer wieder, daß Aktives nicht durch Passives, Geistiges nicht durch irgendeine Idee (instrumental) erfaßt, bezeichnet oder ausgedrückt werden kann — ein völlig unstichhaltiges Argument, denn Gegenstand und Vorstellung oder Erfassung des Gegenstandes sind zwei ganz verschiedene Dinge, und zwar so verschieden, daß ich mich, auch wenn ich geistiges Sein denke, weitgehend *rezeptiv* verhalten muß. Wäre dies nicht der Fall, würde ich ja *mit* meinem Denken oder *durch* meine Begriffe das geistige Sein *erzeugen.* Jedenfalls aber macht ein solches *zugleich* passives und aktives Verhalten der Geister den ontologischen Kardinalunterschied zu den Ideen hinfällig. Wie immer man also auch das Verhältnis von Idee und Begriff bei Berkeley dreht und wendet, ob erkenntnismäßig oder seinsmäßig — in jeder denkbaren Hinsicht führt es sowohl die Berkeleysche Gnoseologie als auch Ontologie ad absurdum: der ontologischen Parallelisierung von notion und idea widerspricht der epistemologische Charakter der notions, ihrer methodologischen Parallelisierung der ontologische Charakter der ideas. Daher klären diese Zusätze der zweiten Auflage (aus denen *Johnston* in bezug auf die Entwicklung der Berkeleyschen Philosophie ohnehin völlig falsche Schlüsse gezogen hat) nichts, sondern lassen alles noch ärger, als es zuvor war. Erst ein neuer *zweiter* Teil der „Prinzipien" hätte hier Klärungen bringen können, die, wenn sie zureichend gewesen wären, einschneidende Revisionen des Systems hätten bringen müssen. Man kann es *Wisdom* nicht verdenken, wenn er Berkeleys Handhabung der notions mit dem Satz quittiert: "This is obscure and has never been clarified." A.a.O., S. 14.)

[43] Diese auf eine Unterstützung des Beweises durch moralische Herabsetzung des Gegners ausgehende Behauptung wird keineswegs durch die Erfahrung bestätigt, welche weder für die Bedingtheit des Unsterblichkeitsglaubens durch Charakter-

tüchtigkeit noch auch für die Bedingtheit der Charaktertüchtigkeit durch den Unsterblichkeitsglauben spricht.

[44] Diese Polemik Berkeleys gegen die abstraktive Sonderung (oder Hypostasierung) der „Seelenvermögen" ist sehr verdienstlich; nur hätte sie weit eingehender geführt werden müssen, um den Erfolg herbeizuführen, den ihre Wiederaufnahme in späterer Zeit durch Herbart herbeigeführt hat.

[45] Die Erkenntnis anderer Geister, auf die schon in § 140 angespielt und die in den §§ 147 und 148 erläutert wird, stellt wohl den allerschwächsten Punkt der Philosophie Berkeleys dar. Er läßt andere Geister, die uns doch nur als Ideenkomplexe gegeben und zugänglich sind, Ideen in uns hervorrufen — gerade so, als ob Ideenkomplexe Wirkungen ausüben könnten, was er ihnen ja sonst gänzlich abspricht. Daher sieht er sich denn auch gezwungen zuzugestehen, daß wir die Existenz anderer Geister nicht unmittelbar, sondern nur mittelbar, durch Analogieschluß, erkennen. Im Widerspruch dazu erhebt er zu Beginn des § 147 dennoch Anspruch auf einen Grad der Gewißheit und eine Unmittelbarkeit der Erkenntnis anderer Geister, die den Merkmalen der Erkenntnis Gottes nicht nachstehen, muß aber schließlich zugeben, daß es einzig am Willen *Gottes* liegt, daß andere Geister überhaupt auf uns einzuwirken vermögen und wir dadurch ihre Existenz zu erkennen in der Lage sind. Auch im *dritten* der „Drei Dialoge" begnügt sich Berkeley mit Wahrscheinlichkeits- und Analogieschluß und räumt im großen Zusatz der dritten Auflage zum dritten Dialog ein, „daß wir weder eine unmittelbare Evidenz noch eine beweisbare Erkenntnis vom Dasein anderer endlicher Wesen haben". Indessen lohnt es nicht, auf diesen Punkt näher einzugehen. Eine treffende Kritik findet sich z. B. bei *Johnston* (a.a.O., S. 203/4). Und selbst *Luce* sieht sich gezwungen, hier eine sehr summarische und skizzenhafte Behandlung des Problems durch Berkeley einzuräumen („Berkeley's Immaterialism", S. 149/150. Vgl. auch „Berkeley and Malebranche", wo es S. 107 heißt, daß dieser Teil der Berkeleyschen Lehre „viel zu wünschen übrig läßt").

[46] Was Berkeley hier von *Malebranche* behauptet, ist nicht ganz zutreffend, denn Malebranche hat ausdrücklich davor gewarnt anzunehmen, daß wir die Wesenheit oder Essenz Gottes in ihrem Ansichsein selber sehen, z. B. mit den Worten: „Mais il faut bien remarquer qu'on ne peut pas conclure que les esprits voient l'essence de Dieu de ce qu'ils voient toutes choses en Dieu de cette manière. L'essence de Dieu, c'est son être absolu, et les esprits ne voient point la substance divine prise absolument, mais seulement en tant que relative aux créatures ou participable par elles. Ce qu'ils voient en Dieu est très imparfait, et Dieu est très parfait." usw. („Recherche de la vérité" III, 6. Vgl. hierzu auch *Luce* „Berkeley and Malebranche", S. 79). Ausführlicher setzt sich Berkeley mit Male-

branche im *zweiten* der „Drei Dialoge zwischen Hylas und Philonous" auseinander, wo er den Unterschied folgendermaßen präzisiert: „Merke wohl: ich sage nicht, daß ich die Dinge durch die Wahrnehmung dessen sehe, was sie in der intelligiblen Substanz Gottes repräsentiert. Das verstehe ich nicht; sondern ich sage, daß die Dinge, die ich wahrnehme, vom Verstand eines unendlichen Geistes gewußt und durch dessen Willen hervorgebracht werden." Im übrigen tadelt Berkeley in diesem Zusammenhang an Malebranche mit bemerkenswerter Schärfe, daß seine Weltauffassung zu ontologisch und nicht genügend teleologisch ist — ein Einwand, der in Wahrheit ein hohes Lob für Malebranche bedeutet; außerdem wirft er ihm (in einem gleichfalls ungewöhnlich scharfen Zusatz der dritten Auflage) vor, daß er seine Lehre auf die abstraktesten allgemeinen Ideen gründet, da er eine absolute Außenwelt anerkennt — wiederum ein Einwand, der wie die ganze Berkeleysche Abstraktionstheorie auf unhaltbaren Voraussetzungen ruht.

[47] Hierzu bemerkt *Hicks* treffend: „Aber dieser Beweisführung . . . . kann man schwerlich folgen. Wenn das, was wir wahrnehmen, nur eine gewisse „Kollektion" von Ideen in unserem Geist ist, wie kann man von *dieser* „Kollektion" sagen, daß sie das „distinkte Prinzip des Denkens und der Bewegung" eines anderen Geistes begleitet? Was das „distinkte Prinzip des Denkens und der Bewegung" eines anderen Geistes begleitet, muß sicherlich eine „Kollektion" von Ideen dieses anderen Geistes sein; und da diese numerisch von den unseren verschieden sind, würde es offenbar „keinen Weg" vom einen zum andern geben." (A.a.O., S. 148.)

[48] Von diesem Paragraphen sagt *Luce:* „Hier erhebt sich Berkeley zu seinem höchsten Punkt . . . . Gott als die Heimat „unserer" Ideen, Gott als zuinnerst unserem Geist vertraut und gegenwärtig, Gott als dasjenige Sein, von dem wir absolut und vollständig abhängen, Gott, in dem wir leben, weben und sind — im Rahmen dieses göttlichen Vierecks wird die Schau aller Dinge in Gott entwickelt." („Berkeley and Malebranche", S. 113/4.)

Sach-Register

Personen-Register